本书撰写分工

第一章　周　宇

第二章　徐明棋

第三章　李　刚

第四章　李　刚

第五章　杨雪峰

第六章　孙立行

目　　录

第一章　人民币国际化的现状、特点及发展趋势

从2009年中国政府正式启动跨境贸易人民币结算政策以来，人民币国际化取得了举世瞩目的发展。本章将立足于跨境和离岸人民币交易的发展历程，对人民币国际化的现状、特点和未来的发展前景展开具体分析。

第一节　人民币综合实力的上升

2009年，中国正式启动跨境贸易人民币结算试点，由此人民币国际化进入了快速发展时期。在经历了短短几年的发展后，人民币已经基本确立了其国际货币的地位。环球银行金融电信协会(SWIFT)的数据显示，2015年8月，人民币已经超过日元成为全球第四大支付货币①。另外，相关数据显示，2014年人民币已经成为全球第二大贸易融资货币和全球第六大外汇交易货币②。而且，国际货币基金组织在2015年7月的一份报告中指出，2014年人民币已经成为全球第七大外汇储备货币③。另有数据显示，2015年第一季度，人民币计价国际债务证券余额占全球债务证券总额的0.6%，全球排名第八。以上这些排名表明随着中国成为全球第二大经济体，人民币作为国际货币的崛起已经成为历史的必然。

回顾人民币国际化的历程，毋庸置疑，2009年是一个重要的分水岭和里程碑。2009年以前，人民币的跨境使用主要局限于周边地区，即用于边境贸易结算。2009年以后，随着人民币国际化政策的推出，跨境人民币收付开始用于经常

① 2015年9月以后，重新回落到第五名，到同年12月为止，排名为第五名。

② 人民银行：《人民币国际化报告》，2015年6月。

③ 国际货币基金组织：《特别提款权(SDR)估算方法的评估——初步考虑》，2015年7月16日。

项下的货物贸易结算、服务贸易结算和其他经常项目的结算。在跨境贸易人民币结算迅速发展的同时，人民币在资本项下的使用也获得了明显的突破。资本项下推出的人民币投资项目主要包括点心债券、人民币直接投资和RQFII等内容。

从人民币国际化政策的内容来看，中国政府选择了在经常项下全面推进人民币国际化和在资本项下有选择地推进人民币国际化的发展战略。由于中国已经实现了经常项下的人民币可自由兑换，因此经常项下已经基本上不存在妨碍进行跨境人民币收付的制度障碍。在这一背景下，经常项下跨境人民币结算的使用完全取决于市场的选择。换句话说，企业是否使用人民币进行结算以及企业在多大程度上使用人民币进行跨境结算主要取决于其意愿，而企业的意愿又取决于人民币结算对企业经营效益的影响。但是与经常项目不同，资本项下的人民币使用由于受制于资本项目管理的影响，所以其发展情况不仅取决于投资者的意愿，而且还取决于政府在多大程度上允许投资者用人民币进行投资。

在人民币国际化的早期研究中，有一种观点认为，资本项目开放是推进人民币国际化的必要条件之一。但是从现实情况来看，尽管资本项目管理的存在有可能会对人民币国际化产生不利影响，但是有选择地开放一部分资本项目并不会妨碍人民币国际化的快速发展。2009年以来，受益于政府对经常项下人民币结算和对部分资本项下人民币交易的支持，人民币国际化不仅在经常项下获得了快速的发展，而且在资本项下也获得了显著的进展。

图1-1的数据反映了人民币在全球国际支付中的比重和该比重的变动情况。国际支付涉及所有的跨境和离岸交易，其内容不仅包括与贸易结算相关的跨境人民币支付，而且也包括与资本项目相关的跨境和离岸人民币支付，因此，该数据可以综合地反映人民币国际化的进程情况。从图中我们可以看到，从2013年10月到2015年8月，人民币占全球国际支付的比重尽管时有波动，但是总体上维持了稳步上升的格局。2011年该比重为0.3%左右，2012年年末上升到0.6%，在全球的排名为第13位；2013年年末超过1%，排名上升到第8位；2014年12月上升到2.17%，排名上升到第5位；2015年8月，进一步上升到2.79%，由此人民币一度超过日元，成为全球第四大国际支付货币。这一数据表明，人民币已经正式步入全球主要国际支付货币的行列。

从数值上看，2.79%并不算很高的比重，但是鉴于美元和欧元在全球国际支付中占据了75%左右的比重，而其他货币的占比在25%左右，因此人民币占比上升到 2.79%实属不易。中国政府正式推出跨境贸易人民币结算政策是在 2009 年 7 月，从那时以来，在 6 年左右的时间里，人民币就在国际支付货币中占有了一席之地。在如此短的时间内，人民币的国际地位获得如此快的提升，这在国际货币发展的历史中，不能不算是一个奇迹。

图 1-1 的数据显示，人民币在全球国际支付中的占比有加速上升的趋势。这是因为随着中国开放力度的提高和人民币网络外部性的改善，人民币国际化获得了新的发展动力。当前，资本项目管理是制约人民币国际化的重要制度障碍之一，未来随着资本项目开放程度的提高，人民币国际化的发展将会获得更多的制度红利，这意味着人民币国际化仍有巨大的扩展空间。

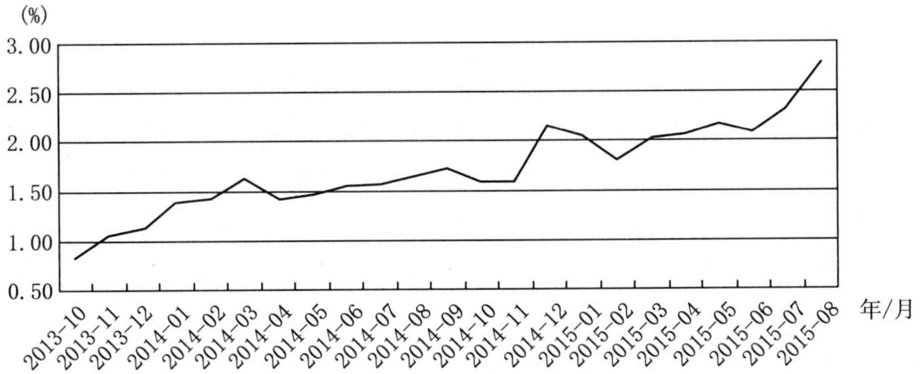

图 1-1　人民币国际支付:全球市场份额

资料来源:WIND(万得)数据库。

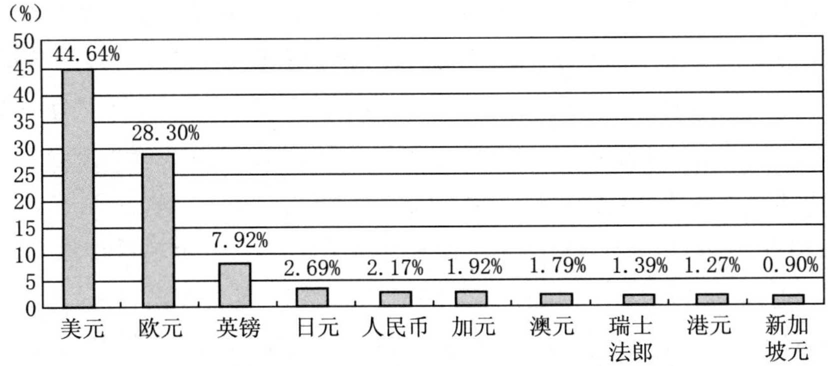

图 1-2　2014 年年末全球主要国际支付货币的占比及排序

资料来源:WIND 数据库。

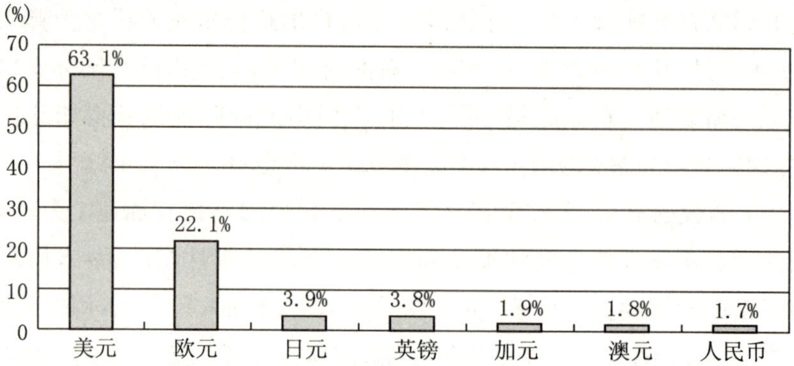

图 1-3　2014 年年末全球外汇储备的货币构成

资料来源：人民币以外货币的数据源自国际货币基金组织数据库，人民币的比重是根据人民银行数据进行估算的数值。

图 1-2 和图 1-3 分别记录了 2014 年全球主要国际支付货币的占比排名和国际储备货币的占比排名情况。从中可以看出，主要国际货币的两项排名顺序基本上一致。图 1-3 的数据显示，在全球外汇储备的货币构成中，美元占 63.1%，欧元占 22.1%，分别为第 1 和第 2；日元占 3.9%，英镑占 3.8%，分别为第 3 和第 4；加元占 1.9%，澳大利亚元占 1.8%，分别为第 5 和第 6，人民币的占比为 1.7%，排名为第 7。从图 1-2 的数据中，我们可以看到，就全球主要国际支付货币的构成来看，2014 年年底，美元为 44.64%，排名第 1，但是该比重大幅度低于其国际储备货币的占比；欧元为 28.3%，排名第 2，该比重高于其国际储备货币的占比；英镑为 7.92%，排名第 3，比其储备货币的占比高出一倍，在国际储备货币中，英镑排名第 4，落后于日元；日元国际支付货币占比为 2.69%，排名第 4，该比重远远低于其储备货币的占比，其储备货币排名第 3；2014 年人民币国际支付货币的占比为 2.17%，排名第 5，明显高于其储备货币的比重；加元和澳元的国际支付货币占比分别为 1.92%和 1.79%，排名第 6 和第 7，该比重非常接近其国际储备货币的占比。

如前所述，作为国际支付货币，2015 年 8 月，人民币一度超过日元，成为全球第四大国际支付货币。但是，人民币与英镑还有一定的距离，从动态的变化趋势来看，人民币有可能在 5 年之内赶超英镑。而作为国际支付货币，人民币与美元和欧元之间仍存在巨大的差距，要缩小这一差距还需要相当长的时日。

一个值得强调的现象是：在有关国际货币的研究中，外汇储备货币占比是衡量货币国际化的核心指标，有些研究直接以该指标判断货币国际化程度的高低，因此该指标的重要性要明显高于国际支付货币占比。

从图 1-2 和图 1-3 中我们可以看到，2014 年人民币国际储备货币的占比只有 1.7%，排名第七，其比重要低于加元和澳元，而人民币国际支付占比为 2.17%，排名第五，其比重要高于加元和澳元。通过这一比较，不难发现人民币国际储备货币的占比和排名要明显低于其国际支付货币的占比和排名。

在此需要解释的是：在图 1-3 中，除中国以外国家的数据都来自国际货币基金组织数据库，而中国的数据来自其他途径。国际货币基金组织在《官方储备货币构成》中，只给出了 7 种货币，即美元、欧元、日元、英镑、加元、澳元、瑞士法郎的外汇储备金额，没有单独列出人民币的数据，人民币在储备货币中的金额被包括在其他货币里①。但是国际货币基金组织和中国人民银行的高管都在不同场合表示人民币已经成为第七大国际储备货币。另外中国人民银行的数据显示，2015 年 4 月末，境外央行或货币当局持有 6 667 亿元人民币的金融资产，其金额相当于 1 058 亿美元，按此进行推算人民币占全球外汇储备的比重约为 1.7%左右②。

人民币国际储备货币职能的滞后发展与资本项目管理体制的存在有着密切的联系，这是因为资本项目管理在一定程度上限制了外国央行和货币当局对人民币金融资产的投资。人民币储备资产是专指外国央行和货币当局持有的人民币金融资产。由于外汇储备投资注重流动性和安全性，因此其投资标的一般为人民币国债和存款等固定收益类金融产品。由于现阶段，中国仍然在一定程度上限制非居民投资人民币金融资产，因此一些国家央行和货币当局仍缺乏投资人民币资产的合法渠道。当前，外国央行和货币当局主要通过以下路径进行人民币储备资产投资。

第一，借助 QFII（合格境外机构投资者）渠道对人民币金融资产进行储备投资。2010 年 8 月，中国政府出台相关政策允许国外央行和货币当局通过 QFII 渠道进入银行间债券市场进行投资。这一政策正式开启了境外央行和货币当局进行人民币储备资产投资的大门。2012 年 12 月，国家外汇管理局对

---

① IMF："Currency Composition of Official Foreign Exchange Reserves"，2015 年 8 月。

② 人民银行：《人民币国际化报告》，2015 年 6 月。

《合格境外机构投资者境内证券投资外汇管理规定》进行了修改，规定主权基金、央行及货币当局等机构投资额度上限可超过等值10亿美元。尽管中国在一定程度上开放了人民币储备资产投资，但是一些境外央行和货币当局并不想公开其投资人民币金融资产的内容和规模，因此采用了通过QFII进行代理投资的模式。2013年1月12日，《21世纪经济报道》透露已有多家欧洲央行秘密购买了少量人民币金融资产。另外，2014年10月，中国央行行长周小川在参加国际货币基金组织和世界银行秋季年会期间指出：一些国家已经将人民币作为储备货币，只是"还不愿意说出来"①。由于一些国家未公开其持有的人民币储备资产，因此一部分投资未进入官方统计数据。

第二，外国央行和货币当局利用双边投资协议进行人民币储备资产投资。如2011年11月，中国人民银行与奥地利央行即奥地利国民银行在北京正式签署了奥地利央行投资中国银行间债券市场的代理协议。另外，2012年3月，日本政府官员透露日本政府已经与中国政府达成了购买中国人民币国债的协议②，额度为650亿元人民币。日本将通过外汇基金特别账户逐步投资中国国债。此外，一些国家央行和货币当局可以利用双边货币互换协议进行人民币资产投资，即通过人民币互换协议获得进行人民币储备投资的资金来源。但是，目前这一制度框架下的人民币储备投资是否存在仍是未知数。

第三，通过离岸人民币债券市场进行人民币储备资产投资。当前，中国离岸人民币国际债券市场主要包括香港的"点心债"市场、新加坡的"狮城债"市场、中国台湾地区的"宝岛券"市场、法国的"凯旋债"市场和英国的"伦敦债"市场。外国央行和货币当局可以通过两种路径对上述债券进行人民币储备资产投资。一是直接在离岸市场购买人民币债券。2012年7月，国家开发银行在香港发行了25亿元人民币债券。其中，尼日利亚央行和坦桑尼亚央行认购了5亿元人民币债券。这一动向表明非洲地区的央行开始将人民币金融资产纳入其外汇储备。另外，2012年中国财政部在香港离岸人民币市场共发行230亿元人民币的点心债券，其中外国央行认购了20亿元的点心债。这部分投资构成了外国央行的人民币外汇储备。二是外国货币当局在离岸人民币债券市

---

① 罗政：《越来越多国家已将人民币作为储备货币，只是"还不愿意说出来"》，《国际先驱导报》2015年3月10日。

② 徐岚：《日本获准可购650亿中国国债》，《信息时报》2012年3月14日。

场发行人民币债券，并以债券发行获得的人民币资金进行人民币储备投资。例如，2014 年 10 月，英国政府成功发行了 30 亿元人民币债券，成为首个发行人民币主权债的外国政府。英国政府用这些资金进行人民币存款或购买人民币债券均会形成人民币储备资产投资。

就以上三个渠道来看，第一个 QFII 投资渠道还存在明显的规模限制；第二个渠道只适合与中国有双边金融合作协议的国家和地区，而且也存在规模限制；而第三个渠道受制于离岸人民币债券市场规模过小的制约。

由上可见，首先，投资渠道未全面开通是妨碍人民币储备资产增加的重要原因之一；其次，国债市场的滞后发展也是造成人民币外汇储备货币占比过低的原因之一。基于这一判断，要提高人民币的储备货币功能，重要条件之一是建立具有广度和深度的国债市场。

通常国际储备货币的投资对象是政府国债。国债作为储备资产具有以下优势：一是国债市场的规模较大，有成熟的二级市场，可以提供充足的流动性供给；二是国债属于固定收益类产品，可以提供稳定的投资收入；三是国债市场品种相对单一，具有同质化的特点，这一特点有助于国债期货市场的发展，从而为国债投资提供了优质的避险工具；四是，国债的发行主体是一国政府，在各类金融产品中，国债通常具有最高的信用级别，因此具有较高的安全性。正是基于以上特点，国债成为外汇储备的核心资产。

在有关国际储备货币的研究中，一个被学术界普遍接受的共识是：美国成熟的国债市场为美元成为主要国际储备货币提供了有利条件。借鉴美国的经验，如果要让人民币成为国际储备货币，中国必须大力发展国债市场。具体而言，国债市场建设需要进行以下几方面的努力。

其一，壮大中国国债市场的规模。与其他发展中国家相比，中国国债市场的规模并不算小，但是从容纳全球 100 多个国家和地区的储备投资需要来看，人民币国债市场的容量显然无法满足其要求。就中美国债市场的规模比较来看，2014 年美国国债对 GDP 之比超过 100%，而中国国债余额对 GDP 之比在 15%左右。美国每年的国债发行额在 5 000 亿～6 000 亿美元，而中国的国债发行额在 2 000 多亿美元。可见，中国国债明显存在规模过小的问题。但是，从另一方面来看，这一状况意味着中国国债市场存在巨大的发展空间。

其二，提高国债的流动性，增加二级市场的活力。与美国国债市场相比，中国国债二级市场存在交易量清淡的问题。美国可交易国债的市场存量大概在 12.5 万亿美元，一级交易商与他们的客户及其他交易方之间平均每天要交易 5 000 亿美元；而中国国债日均交易量停留在几十亿美元的规模。2014 年中国国债二级市场的年交易量为 57 447 亿元人民币，其中银行间市场 57 024 亿元人民币，上交所 416 亿元人民币，深交所 7 亿元人民币。国债二级市场的日均交易量为 246 亿元人民币，换算成美元，只有 39 亿美元，远远小于美国日均 5 000 亿美元的交易量。造成中国国债二级市场交易量低迷的重要原因之一是：中国国债存量的 70%左右掌握在商业银行手中，而商业银行缺乏在二级市场进行交易的意愿，这一状况妨碍了国债二级市场的发展。为了改变以上局面，一方面需要引入做市商制度，鼓励和支持商业银行在二级市场从事以获得短期差价为目的的自营业务；另一方面需要降低准入门槛，全面开放银行间债券市场，让更多的投资者能够参与国债二级市场的交易。

其三，加强国债期货市场的建设，为投资者提供避免风险的工具。外国央行和货币当局是否愿意投资人民币国债市场不仅取决于该市场的收益率水平和流动性状况，而且还取决于该市场是否能够提供有效避免风险的工具。美国国债市场之所以能够吸引全世界的投资者，其重要原因之一是拥有成熟的期货市场。就国债期货市场的发展来看，中美之间存在巨大的差异。美国国债期货市场在美国金融市场占据着非常重要的地位。通过以下一组数据，我们不难发现美国国债期货市场的规模。2011 年美国交易量最大的 10 年期国债期货合约年度成交金额高达 28.7 万亿美元；交易量排名第二的 5 年期国债期货合约年交易额达 12.82 万亿美元①。与美国国债期货市场的规模相比，中国国债期货市场几乎小到可以忽视的程度。万得资讯数据库的数据显示，2014 年中国国债期货主力合约 TF1503 的成交量占全部国债期货成交量的 97%，该合约年度成交量 4 348 亿元人民币，日均成交金额为 32 亿元人民币。由此可见，中国国债期货市场的规模要远远小于美国。

从国债期货与股指期货的规模比较来看，美国国债期货交易量占整个期货交易量的一半以上，其规模远远大于股指期货交易。但是，与美国的情况不同，中国国债期货的交易量要远远低于股指期货的交易量。2014 年，中国沪深

---

① 陈颖：《美国国债期货市场的发展之路》，《期货日报》2012 年 3 月 8 日。

300 股指期货成交量 2.2 亿手，成交金额 163.1 万亿元，日均成交金额 6 659 亿元，要远远大于 32 亿元的日均国债期货交易量。另外，从以上数据可以看到，中国股指期货的日成交金额为 6 659 亿元，其规模竟然超过了国债期货 4 348 亿元的年度成交金额。

其四，提高中国国债市场的国际化程度，为国外央行和货币当局全面开放国债市场。要让人民币成为全球的国际货币，首先需要让中国的国债市场成为由全球投资者参与的开放型国债市场。从外国投资者的参与程度来看，中国国债市场与美国国债市场相比，仍存在巨大的差距。美国国债市场是一个向全球投资者开放的市场。在美国国债市场，外国投资者持有 1/3 的国债①。当前，中国没有具体公布非居民持有人民币国债的比重，但是通过一些数据可以推断该比例仍处于较低水平。中国人民银行的数据显示：据不完全统计，截至 2014 年年末，非居民持有境内人民币债券 6 716 亿元人民币。即使假设所有这些债券全部都是人民币国债，其比重也仅为 7%；但是如果剔除企业债等其他种类的债券，非居民持有人民币国债的比重要远远小于 7%。

另外，美联储数据显示，2015 年 3 月，外国央行持有的美元债券超过 3.2 万亿美元，持有的美国国债超过 2.9 万亿美元。中国人民银行的数据显示，2015 年 4 月，境外中央银行或货币当局在境内外持有债券、股票和存款等人民币资产余额约 6 667 亿元，折合成美元约为 1 000 多亿美元。从以上两个数据的比较可以看出，就债券市场的非居民参与度来看，美国债券市场的开放程度要远远高于中国。拥有开放的国债市场是美元成为国际储备货币的优势之一，这也是未来人民币成为国际储备货币的必要条件之一。

第二节　经常项下的人民币国际化

在中国存在资本项目管理的前提下，人民币国际化首先发生在经常项目下。从人民币国际化的现实情况来看，2009 年以前的人民币周边化和 2009 年以后的跨境贸易人民币结算都属于经常项下的内容。经常项目包括：货物和服务贸易、收益和经常转移。这些项目下的跨境人民币结算和收付都属于经

① 张明：《中国投资者是否是美国国债市场上的价格稳定者》，《世界经济》2012 年第 5 期。

常项下人民币国际化的内容。

跨境贸易人民币结算构成了经常项下人民币国际化的主要内容。图 1-4 显示了跨境贸易人民币结算的发展情况。该业务起步于 2009 年年中，当年跨境贸易人民币结算金额是 36 亿元人民币。在此后的两年中，由于基数较低，该业务出现了井喷式的快速增长，2010 年和 2011 年，其规模分别达到 5 063 亿元和 20 800 亿元人民币，增速高达 1 400%和 310%。2012 年以后，随着基数的增大，增速有所回落，但是年增长率基本上仍维持在 40%以上。2012 年、2013 年、2014 年和 2015 年，该业务的交易额分别为 29 400 亿、46 300 亿、65 500亿和 72 343 亿元人民币，增速分别为 41%、57%、41%和 10%。从变化趋势来看，随着基数的上升，跨境贸易人民币结算的增长速度趋于稳定，结算金额仍维持着可观的增长。

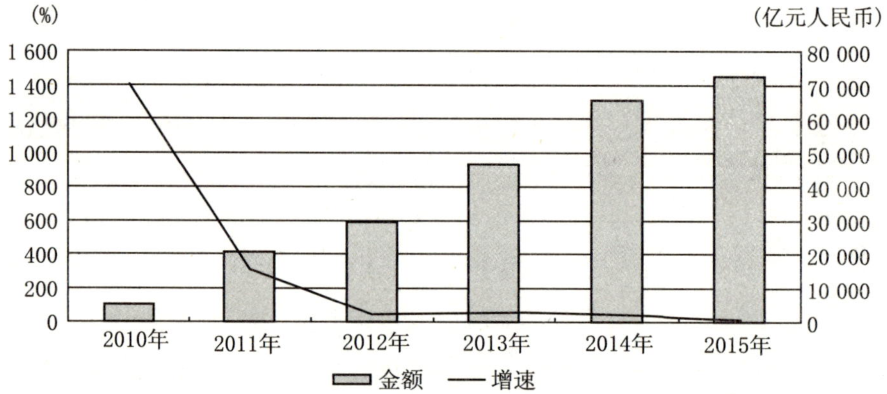

图 1-4　跨境贸易人民币结算的发展情况

数据来源：中国人民银行数据库。

图 1-5 显示跨境贸易人民币结算占货物贸易比重呈现稳步上升的态势。2010 年，该比重仅为 2%，2011 年和 2012 年分别上升到 7%和 8%；2013 年上升到 12%，与头一年相比，增加了 4 个百分点；2014 年和 2015 年进一步上升到 19%和 29%。在跨境贸易人民币结算金额没有加速增长的情况下，跨境贸易人民币结算的贸易占比出现加速上升的势头，是因为跨境贸易人民币结算的增速快于贸易的增速。2012 年、2013 年、2014 年和 2015 年中国跨境贸易人民币结算的增速分别为 41%、57%、41%和 10%，但是同期中国进出口贸

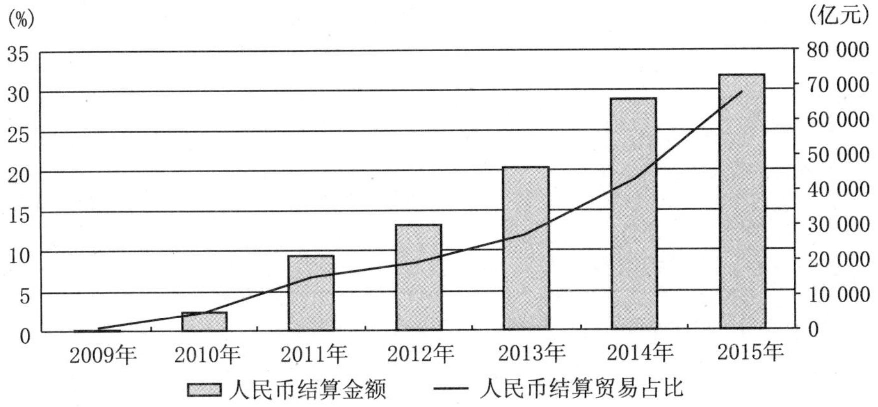

图 1-5　人民币结算占贸易的比重

资料来源:根据中国人民银行数据库和海关总署的数据编制。

易的增速分别为 6.2%、7.6%、2.3%和－7%,可见增速的差异是引起人民币结算比重快速上升的主要原因。未来这一状况仍有可能持续下去,这意味着人民币结算的贸易占比仍会延续上升趋势。

表 1-1　　银行代客涉外收付中人民币的占比　　单位:%

年　　份	2010	2011	2012	2013	2014
银行代客涉外收入人民币占比	0.50	5.50	11.40	14.10	21.90
银行代客对外支出人民币占比	3.10	8.10	11.90	17.50	25.30
银行代客涉外收付款合计人民币占比	1.70	6.70	11.70	15.80	23.60

数据来源:WIND 数据库。

表 1-1 是银行代客涉外收付的人民币占比,其主要构成是经常项下的人民币收付。图 1-1 反映了人民币在全球国际支付中的占比,而表 1-1 反映了人民币在中国对外收支中的占比。表 1-1 显示银行代客涉外收付人民币占比呈现稳步增长的趋势。该占比 2010 年为 1.7%,2011 年上升到 6.7%,增长了 5 个百分点;2012 年上升到 11.7%,增长了 5 个百分点;2013 年上升到 15.8%,增加了约 4 个百分点;2014 年上升到 23.6%,增加了近 8 个百分点。从2011～2013 年,该占比平均每年增长 5 个百分点,而 2014 年出现了加速增长的迹象。在中国对外结算收付中,贸易结算占据了大部分份额,因此人民币对外收付占比的变化主要受到人民币贸易结算占比的影响。

表 1-2　　跨境贸易人民币结算的构成　　单位:亿元人民币

年　　份	2011	2012	2013	2014	2015
货物贸易	15 600	20 600	30 200	59 000	63 911
服务贸易及其他	5 213	8 765	16 100	6 500	8 432
货物贸易占比(%)	75	70	65	90	88
服务贸易及其他占比(%)	25	30	35	10	12

资料来源:根据中国人民银行和海关总署数据库的数据编制。

表 1-2 是跨境贸易人民币结算的构成,跨境贸易人民币结算是经常项下人民币国际化的主要内容。从表 1-2 中,我们可以看到,中国跨境贸易人民币结算主要出现在货物贸易项下,其规模远远大于服务贸易项下的人民币结算,这是因为货物贸易本身的规模要远远大于服务贸易。一般而言,货物贸易占贸易项目的比重在 80%～90%,从 2011—2014 年的 4 年里,该比重分别为 89%、89%、88%和 88%,而同期货物贸易人民币结算的占比分别为 75%、70%、65%和 90%,后者的比重大体上反映了前者的比重。

表 1-3　　贸易项下人民币结算收支的变动情况　　单位:亿元人民币

年　　份	2010	2011	2012	2013	2014
出口人民币结算(收入)	760	7 696	13 000	18 800	27 300
进口人民币结算(支付)	4 304	13 104	15 700	27 500	38 200
净流出	3 544	5 408	2 692	8 700	10 900
进口占比(%)	85	63	55	59	58
出口占比(%)	15	37	45	41	42
人民币收付比	1∶5.5	1∶1.7	1∶1.2	1∶1.5	1∶1.4

资料来源:根据中国人民银行数据库的数据编制。

表 1-3 汇总了中国跨境贸易人民币结算的收支情况。从总体上看,自从跨境贸易人民币结算政策推出以来,该业务基本上延续了进口人民币结算金额大于出口人民币结算金额的格局。进口人民币结算表现为中国企业进口境外的商品,以人民币支付境外企业的货款,因此,人民币从境内流向境外。由此可见,进口人民币结算发挥了向境外输出人民币的作用。而出口人民币结

算形成人民币资金的反向流动，即境内企业向境外出口商品，收取人民币货款，与此相对应，人民币资金从境外流向境内，出口人民币结算发挥了从境外回流人民币的作用。

从表 1-3 中，可以看到中国进口人民币结算要大于出口人民币结算，贸易项下的人民币输出要大于人民币输入。这一状况表明中国经常项目发挥了输出人民币的作用。尤其在跨境贸易人民币结算的早期阶段，这一特征尤为突出。2010 年跨境贸易人民币的 85%用于进口人民币结算，此后该比重呈现下降趋势，2011 年下降到 63%，2012 年、2013 年和 2014 年分别下降到 55%、59%和 58%。与此相对应，人民币收入和支出之比，即人民币收付比从 2010 年的 1∶5.5 下降到 2014 年的 1∶1.4。尽管人民币收付比呈现下降趋势，但是人民币净流出的绝对规模并没有出现下降趋势，2010 年人民币的净流出为 3 544 亿元人民币，但是到 2014 年，其规模已经上升到 10 900 亿元人民币。在跨境贸易人民币结算总规模不变的情况下，收付比的下降会引起人民币净流出的下降，然而由于中国跨境贸易人民币结算维持了快速增长的势头，因此即使在收付比下降的情况下，人民币净流出仍维持了不减反增的格局①。

在跨境贸易人民币结算实施的初期阶段，人民币收付比过大问题成了一部分学者质疑该业务合理性的原因。2009 年和 2010 年人民币仍面临巨大的升值压力，为此央行为了缓解人民币升值压力，需要大量买入美元和卖出人民币，这一干预引发了以美元为主体的外汇储备的过度膨胀和人民币流动性的泛滥。因此，在这一时期，缓解人民币升值压力构成了中国对外金融的核心议题。在这一背景下，跨境贸易人民币结算不仅没有缓解人民币升值压力，反而助长了人民币升值压力。这是因为进口结算用人民币代替美元进行支付，减少了外汇资金的流出，增加了境内外汇资产的积累，从而加大了央行干预外汇市场的压力。

2012 年以后，学术界对收付比问题的关注程度已经明显下降。这是因为：首先，收付比本身已经出现下降趋势，基本已经回落到合理区间；其次，人民币升值压力明显趋缓。2014 年年中以后，中国外汇储备已经出现阶段性下降趋

---

① 2015 年受人民币汇率贬值的影响，人民币净流出转为净流入。由于 2015 年人民银行将跨境人民币收付数据的口径进行了调整，因此表 1-3 未使用 2015 年的数据。2015 年跨境人民币收付出现 2 800 亿元的净流入。

势，这一变化意味着人民币开始面临贬值压力。在这种情况下，质疑收付比过大问题的意义已经减弱。另外，近年来，随着资本项下人民币国际化的推进，资本项下的人民币跨境收付形成了与经常项下的反向流动，即形成了经常项下输出人民币和资本项下回流人民币的格局，这一变化缓解了收付比过大问题的负面影响。

尽管收付比问题不再是一个大家关注的现实问题，但是研究收付比过高问题的成因和变化趋势及其影响仍具有十分重要的理论价值和现实意义。

收付比过高问题是人民币国际化在特殊情况下出现的特殊问题。一般而言，人们认为其根本性原因是人民币升值趋势的存在。在人民币处于趋势性升值阶段，持有人民币可以获得升值收益，受此影响，在境外方的出口结算中，非居民愿意接受人民币货款，中国的进口对应于境外的出口，因此中国进口更容易推进人民币结算。

另外，香港离岸人民币外汇市场与内地在岸人民币外汇市场之间的无风险套汇也是引起收付比上升的主要原因之一。在人民币面临升值压力的情况下，香港离岸人民币汇率通常要高于境内的在岸人民币汇率。之所以如此，是因为境内货币当局为了维持汇率稳定，通常会干预外汇市场，其结果，人民币升值压力无法完全释放出来；然而，境外离岸人民币汇率不受政府干预的直接影响，因此其人民币价格会高于在岸人民币价格。当两个市场的人民币价格出现差价的时候，两个市场之间就会出现无风险套汇，即在相对贵的市场卖出人民币，在相对便宜的市场买入人民币，这种套汇交易会使两个市场的价格趋于一致。在资本项目完全开放的情况下，以上套汇交易可以在两个市场同时进行，因此两个市场的人民币价格几乎不会存在差异。但是，在存在资本项目管理的状态下，套汇交易只能借助一些合法的交易进行。中国已经实现经常项下的人民币可兑换性，在经常项下，金融监管部门无条件地满足合法的外汇买卖，因此，现阶段的套汇交易会利用贸易结算进行。就具体的操作来看，香港离岸市场和内地在岸市场之间的套汇交易需要香港和内地的关联企业联手进行。

在此，我们可以通过列举借助黄金交易进行套汇的案例，考察具体的操作程序。其操作方法如下：第一步：境内关联企业从香港购买黄金，以人民币支付黄金货款，人民币流入香港离岸人民币市场。第二步：香港关联企业在香港离岸人民币市场以较贵的价格将人民币兑换成美元。第三步：香港关联企业从境内关联企业买回此前卖出的黄金，以美元支付黄金货款，由此，美元流入境内。第四步：境内关联企业在收到美元货款后，以较低的价格在内地在岸市场购买人民币。

按照以上方法循环往复频繁进行交易，参与套汇的公司可以获得巨额的无风险套汇收益。尽管人民币离岸市场和在岸市场的价格差异微乎其微，但是黄金交易金额巨大，因此套汇者可以获得相当可观的收益。以上套汇交易在形式上通过正常的贸易进行，因此属于合法交易。然而，由于该黄金交易服务于套汇交易，并不属于实需交易，因此实际上属于非法交易。套汇者之所以借助黄金交易进行套汇，是因为黄金便于运输，而且交易金额巨大，因此是进行套汇的最佳商品之一。

但是套汇并不局限于在形式上利用黄金贸易，也不局限于由专营套汇业务的投机公司进行，所有同时从事进出口贸易的公司，都可以通过境内（境外）母公司和境外（境内）子公司之间的合法贸易进行合法的套汇交易。只要这种贸易不是虚假贸易，而是真实存在的贸易，企业选择何种货币进行结算是其拥有的合法权利，因此这种在进行正常贸易的同时，顺便进行套汇交易的行为在法律上不存在任何问题。而且，只要在离岸人民币价格与在岸人民币价格之间存在差价，这种套汇行为就会延续下去。

未来，套汇的形式和路径会随着经济和金融环境的变化而变化。一旦中国实现资本项目的完全开放，套汇交易将无需借助贸易结算进行，而是会在金融市场瞬间完成，届时离岸市场与在岸市场的人民币价格将会收敛于同一价格。但是在存在资本项目管理的情况下，香港离岸市场和内地在岸市场的人民币价格仍会出现差异，只要存在这种差异，就会存在利用贸易结算进行套汇的行为。但是套汇对人民币国际化的影响会因为人民币汇率走势的不同而有所差异。如同前文分析的那样，在存在人民币升值压力的情况下，套汇会助长进口人民币结算和出口美元结算；一旦出现人民币贬值压力，套汇有可能会引发反向的变化，即引起进口美元结算的增加和出口人民币结算的增加。

通过以上分析，我们不难发现，人民币汇率走势的变化将会引起人民币内外循环路径的变化。迄今为止，在人民币升值压力的影响下，中国跨境贸易人民币结算维持了进口人民币结算大于出口人民币结算的格局，在这一格局下，经常项目发挥了向境外输出人民币的作用。与此相对应，资本项目发挥了回流人民币的作用。但是，如果人民币出现贬值压力，而且如果人民币贬值趋势引发与以往不同的逆向套汇，那么这种套汇行为会引起进口人民币结算的下降和出口人民币结算的增长。其结果，受此影响，经常项目在人民币国际化中的作用有可能发生根本性的逆转，即从人民币输出渠道转化为人民币回流渠道，一旦发生这种变化，人民币国际化势必面临重构人民币输出渠道的压力。为了维持人民币在境内境外的大循环，只能让资本项目承担输出人民币的重任。

其实，人民币贬值的以上影响已经在一定程度上显现出来。到 2014 年年底，中国经常项目一直承担了向境外输出人民币的职能，即经常项下的人民币收支一直为逆差，但是进入 2015 年后，以上情况正在发现明显的变化。从 2015 年 1—6 月，只有 4 月经常项下的人民币收支为逆差，其他月份都转为顺差。2015 年上半年，经常项下人民币收支出现了 1 858 亿元人民币的顺差。

以上变化意味着人民币输出与回流的大循环正在恢复正常的模式。在国际货币形成的历史中，货币输出和回流包括两种基本模式：一是经常收支赤字输出模式，即当今的美元模式。著名经济学家特里芬曾指出：美国必须借助经常收支赤字输出美元，通过增加经常收支赤字为全球经济提供美元流动性供给，但是经常收支赤字的增加会削弱美国的支付能力，进而削弱美元的信用基础①。美元模式表明，美国通过经常收支赤字输出美元，通过资本项目回流美元。美元模式的基础是经常收支逆差和资本收支顺差的国际收支格局。二是本币资本项目输出模式。从现实情况来看，经常收支赤字并不是输出本币的唯一渠道。第二次世界大战结束后，德国和日本是两个维持了巨额经常收支顺差的国家，但是这两个国家同样在一定程度上实现了本币国际化。其货币国际化的共同特点是，资本项目承担了向境外输出本币的任务，而经常项目承担了回流本币的作用。因此资本输出模式的基础是经常收支顺差和资本收支逆差的国际收支格局。

经常收支输出模式和资本收支输出模式的共同点是以国际收支的逆差项目输出本币，以顺差项目回流本币。但是以上原则并不适用于人民币国际化

① 罗伯特·特里芬：《黄金与美元危机——自由兑换的未来》，商务印书馆 1997 年版。

的现状。这是因为长期以来中国维持了双顺差的格局。如果只能以国际收支逆差项目输出本币，那么中国将无法推进人民币国际化进程。但事实上，自2009年以来，人民币国际化已经获得显著的发展，而且人民币国际化的发展趋势已经获得国际社会的广泛认可。这一事实表明，与传统的两种货币国际化模式不同，人民币在非常特殊的国际收支结构下，遵循了特殊的国际化路径，即开辟了进口人民币结算输出模式。这一模式的出现表明，即使存在经常收支和资本收支双顺差的情况，人民币仍可以通过进口结算进入离岸市场。

但是，鉴于中国经常项下的人民币输出主要起因于由人民币升值趋势引发的套汇行为，因此随着人民币趋势性升值进程的终结，经常项目将无法继续担当输出人民币的作用，作为经常收支顺差国的货币，人民币国际化终将回归资本收支输出模式，即以资本收支逆差作为本币输出的主要渠道。当前，中国政府正在推进人民币汇率形成机制的市场化改革，随着政府对外汇市场干预程度的下降，中国外汇储备的变动将趋于减弱，这一变化将会对中国国际收支结构产生深远的影响。从理论上讲，在完全自由浮动的汇率制度下，政府不对外汇市场进行任何干预，外汇储备的变化为零。在这种情况下，经常收支顺差(逆差)必然等于等额的资本收支逆差(顺差)。基于以上原理，随着中国政府对外汇市场干预程度的下降，资本收支将逐步转化为逆差，届时，资本收支有可能成为输出人民币的主要渠道。

第三节　资本项下的人民币国际化

2009年在中国正式推出人民币国际化政策之际，学术界关注的一个焦点问题是，在存在资本项目管制的情况下，人民币国际化是否切实可行？有一种观点认为在中国政府完全开放资本项目以前，资本项下的人民币国际化难于获得实质性的进展。

2009年至今，已经过去了6年，从这6年的实践来看，中国政府并没有完全开放资本项目，而是有选择地开放了一部分资本项目，并且有选择地在一部分资本项目下实施了跨境人民币投融资业务。资本项目的开放并不等同于资本项下人民币跨境业务的开放，两者的内容并不完全相同，但是两者的内容具有较高的相关性，通常资本项下人民币业务的开放都是在已经基本开放的资本项目业务中进行的。比如,中国开放度最高的资本项目业务是直接投资,而资本项下跨境人民币业务也最早在直接投资业务中推出。在证券投资方面,中国已经推出 QFII(合格境外机构投资者),与此相对应,作为资本项下人民币国际化业务,政府推出了 RQFII(人民币合格境外投资者)机制。国家外汇管理局的数据显示,截至 2015 年 9 月 28 日,中国累计批准了 787.69 亿美元的 QFII 额度,累计批准了 4 115 亿元人民币 RQFII 额度,相当于 650 亿美元的金额。从这一组数据可以看出,RQFII 额度已经接近 QFII 额度。就资本项目管理较严的业务来看,跨境贷款和借款存在较多的限制,与此相对应,跨境人民币贷款和借款业务也同样存在较多的限制,该业务当前只在深圳前海和上海(中国)自由贸易区试行。

从以上内容来看,为了维护金融安全,中国政府采取了局部开放一部分资本项目和在一部分已经开放的资本项目业务中率先推进跨境人民币业务的政策。从目前的实际效果来看,这些政策在总体上加速了人民币国际化的进度。在这些政策的影响下,资本项下的人民币国际化已经取得了初步成果。

表 1-4　　有关人民币直接投资的政策法规

时　间	内　容
2009 年 5 月 18 日	国家外汇管理局公布《境内机构境外直接投资外汇管理规定(征求意见稿)》,首次提出境内机构以人民币进行境外直接投资的管理办法
2011 年 1 月 6 日	中国人民银行公布《境外直接投资人民币结算试点管理办法》,允许境内公司使用人民币在境外进行投资
2011 年 6 月 21 日	中国人民银行公布《关于明确跨境人民币业务相关问题的通知》,正式明确了外商直接投资人民币结算业务的试点办法,成为推进人民币跨境流动的又一重大举措
2011 年 10 月 12 日	商务部发布《关于跨境人民币直接投资有关问题的通知》,标志着中国在推进人民币国际化和开放资本项目上又迈出了重要一步
2011 年 10 月 13 日	中国人民银行发布《外商直接投资人民币结算业务管理办法》,制定了外商对内人民币投资的管理方法
2013 年 9 月	境外投资者可以使用人民币在境内设立、并购和参股金融机构
2014 年 6 月	直接投资跨境人民币结算业务办理流程进一步简化
2014 年 11 月	符合一定条件的跨国企业集团可以开展跨境双向人民币资金池业务

资料来源:根据中国人民银行和国家外汇管理局等部门发布的信息整理。

从表 1-4 中我们可以看到，与人民币直接投资相关的政策涉及两方面的内容：一是境内企业对外人民币直接投资；二是境外企业对内人民币直接投资。从相关政策出台的时间来看，政府首先推出了境内企业对外人民币直接投资的政策，然后在稍晚的时候，出台了境外企业对内人民币直接投资的政策。这一时间排序反映了政府对境内企业对外人民币直接投资的重视。这是因为推进对外人民币直接投资可以帮助境内企业回避投资风险和降低汇兑成本。另外，从促进人民币国际化的视角来看，在人民币国际化的初期阶段，输出人民币是当务之急，因此政府优先出台了促进对外人民币直接投资的政策。

表 1-5　　人民币直接投资　　单位：亿元人民币

年　　份		2011	2012	2013	2014	2015
人民币直接投资	金　额	1 108.7	2 840.2	5 337.4	10 500	23 233
	增　速		156%	88%	97%	121%
人民币对内直接投资	金　额	907.2	2 535.8	4 481.3	8 620.2	15 871
	增　速		180%	76.7%	92%	84%
	占　比	82%	89%	84%	82%	68%
人民币对外直接投资	金　额	201.5	304.4	856.1	1 865.6	7 362
	增　速		51%	181%	118%	295%
	占　比	18%	11%	16%	18%	32%
人民币直接投资收付比	收付比	4.5∶1	8.3∶1	5.2∶1	4.6∶1	2.2∶1

资料来源：根据中国人民银行数据库的数据编制。

表 1-5 显示，2011 年以来，人民币直接投资获得了较快的发展，平均年增长率超过 100%。2011 年和 2012 年分别为 1 108.7 亿元和 2 840.2 亿元，2012 年同比增长了 156%。2013 年、2014 年和 2015 年分别为 5 337.4 亿元、10 500 亿元和 23 233 亿元，增速分别为 88%、97%和 121%。2011—2015 年，人民币直接投资的规模从 1 108.7 亿元人民币增加到 23 233 亿元人民币，4 年实现了 20 倍的增长。

如前所述，人民币直接投资包括境外企业对内人民币直接投资和境内企业对外人民币直接投资，从相关人民币直接投资政策出台的时间顺序来看，对外人民币直接投资要先于对内人民币直接投资。但是，从这两个业务的进展情况来看，境外企业对内人民币直接投资的规模要远远大于境内企业对外人民币直接投资。2011 年和 2012 年，对内人民币直接投资的金额分别为 907.2 亿元和 2 535.8 亿元，占人民币直接投资的比重为 82%和 89%；而人民币对外直接投资的金额分别为 201.5 亿元和 304.4 亿元，占人民币直接投资的比重为 18%和 11%。2013 年、2014 年和 2015 年，对内人民币直接投资的金额分别为 4 481.3 亿元、8 620.2 亿元和 15 871 亿元，占比为 84%、82%和 68%；而人民币对外直接投资的金额分别为 856.1 亿元、1 865.6 亿元和 7 362 亿元人民币，其占比为 16%、18%和 32%。

表 1-6　　人民币占对内对外直接投资的比重　　单位：亿元人民币

年份		2011	2012	2013	2014
对外直接投资	A. 对外直接投资净增额	3 115.4	4 099.6	4 522.4	4 941.5
	B. 对外人民币直接投资	201.5	304.4	856.1	1 865.6
	B/A	6%	7%	19%	38%
对内直接投资	A. 对内直接投资净增额	18 098.8	15 221.1	17 995.9	17 754.5
	B. 对内人民币直接投资	907.2	2 535.8	4 481.3	8 620.2
	B/A	5%	17%	25%	49%

资料来源：直接投资净增额的数据来自国家外汇管理局的《国际收支平衡表》；人民币直接投资的数据来自中国人民银行数据库。

从以上数据来看，境外企业对内人民币直接投资的规模要远远大于境内企业对外人民币直接投资的规模。在人民币直接投资中，前者的占比在 70%～80%，后者的占比在 20%～30%。就对内人民币直接投资大于对外人民币直接投资的原因而言，主要受到以下因素的影响：

第一，外商对内直接投资的规模要远远大于境内企业对外直接投资，在这种情况下，即使两者人民币投资的占比相同，前者使用人民币结算的绝对值会大于后者。从近几年的情况来看，境外企业对内直接投资是境内企业对外直接投资的 3～4 倍，对内对外人民币直接投资金额的差异在一定程度上反映了对内对外直接投资总规模的差异。但是，从表 1-6 中我们可以看到外商对内人民币直接投资占对内直接投资的比重要高于境内企业对外人民币直接投资占对外直接投资的比重。这一状况意味着即使排除总投资规模因素的影响，对内人民币直接投资仍大于对外人民币直接投资。

第二，离岸人民币市场的区域分布情况也是影响人民币直接投资的重要因素之一。人民币在境外流通的区域主要集中于中国香港、台湾地区和新加坡等华人经济圈，而这些华人经济圈又是外商对内直接投资的主要来源地。这一状况为华人经济圈的对内人民币直接投资提供了有利条件。同时，中国对外投资主要以获得资源为主要目的，而那些拥有资源的国家对人民币的接受程度相对较低，到目前为止，基本上还没有具备接受人民币投资的条件。受此影响，对外人民币直接投资的数量相对有限。

第三，外资企业的人民币利润再投资有可能在一定程度上提高了外商对内人民币投资的占比。从法律角度来看，外商可以用境内获得的合法利润进行人民币再投资，而这部分投资也属于直接投资的内容。中国《外资企业法实施细则》(2014 修订)第 25 条规定：经审批机关批准，外国投资者也可以用其从中国境内举办的其他外商投资企业获得的人民币利润出资。据此判断，外资企业人民币利润的再投资属于直接投资的范畴。但是，商务部在《关于跨境人民币直接投资有关问题的公告》(商务部公告 2013 年第 87 号)第 1 条明示："跨境人民币直接投资"是指境外投资者(含港澳台投资者)以合法获得的境外人民币来华开展新设企业、增资、参股或并购境内企业等外商直接投资活动。如果按照这一规定进行理解，境内人民币利润再投资并没被包括在对内人民币投资的数据中。现在还没有确凿的信息可以确认人民币利润再投资是否计入人民币直接投资的数据中，如果计入，那么无疑会提高人民币直接投资的占比。

以上是关于人民币直接投资的发展情况。除直接投资以外，证券投资也是跨境人民币业务发展较快的资本项目之一。表 1-7 汇总了近几年出台的与跨境人民币证券投资相关的政策。从这些政策的内容来看，中国开放的相关业务包括银行间债券市场投资、人民币合格境外机构投资者机制(RQFII)、人民币合格境内机构投资者机制(RQDII)和沪港通投资机制等内容。

表 1-7　　与跨境人民币证券投资相关的政策

时　间	政　策
2010 年 8 月	境外中央银行或货币当局、境外人民币清算行和境外参加行等境外机构可以进入银行间债券市场投资
2011 年 12 月	出台人民币合格境外机构投资者(RQFII)制度。境内一部分金融机构的香港子公司可以利用香港离岸人民币资金投资境内证券市场
2013 年 3 月	修订 RQFII 试点办法,扩大试点机构范围,放宽投资比例限制
2014 年 11 月	出台人民币合格境内机构投资者(RQDII)制度,可以运用来自境内的人民币资金投资境外金融市场的人民币计价产品
2014 年 11 月	沪港股票市场交易互联互通机制正式启动,两地投资者可以买卖在对方交易所上市的股票
2015 年 5 月	已获准进入银行间债券市场的境外人民币清算行和境外参加行可以开展债券回购交易

资料来源:根据中国人民银行《人民币国际化报告》(2015 年 6 月)等资料编制。

表 1-8　　RQFII 的分配额度(到 2015 年 9 月为止)　单位:亿元人民币

国家 / 地区	授予额度	批准额度	批准率(%)
中国香港地区	2 700	2 700	100
韩　国	800	540	68
新加坡	500	287	57
英　国	800	228	29
法　国	800	150	19
澳大利亚	500	100	20
德　国	800	60	8
瑞　士	500	50	10
中国台湾地区	1 000	0	0
加拿大	500	0	0
卡塔尔	300	0	0
卢森堡	500	0	0
智　利	500	0	0
匈牙利	500	0	0
合　计	10 700	4 115	38

数据来源:外汇管理局数据库。

表 1-8 汇总了 RQFII 的授予额度和批准额度。截至 2015 年 9 月底，共有 14 个国家和地区获得了 RQFII，总金额为 10 700 亿元人民币，共有 8 个国家和地区获得批准额度，总金额为 4 115 亿元人民币，批准额度占授予额度的比重为 38%，批准额度较多的国家和地区包括：中国香港地区（授予额度：2 700 亿元人民币；批准额度：2 700 亿元人民币；批准率：100%）、韩国（授予额度：800 亿元人民币；批准额度：540 亿元人民币；批准率：68%）、新加坡（授予额度：500 亿元人民币；批准额度：287 亿元人民币；批准率：57%）和英国（授予额度：800 亿元人民币；批准额度：228 亿元人民币；批准率 29%）。

以上使用 RQFII 较多的国家和地区均为离岸人民币存款市场和离岸人民币债券市场相对发达的区域。中国台湾地区也拥有相对发达的离岸人民币存款市场和离岸人民币债券市场，但是由于多方面原因，RQFII 额度的使用还未获得批准。

表 1-9　　非居民持有境内人民币金融资产的情况　　单位：亿元

项目	2013 年 12 月	2014 年 3 月	2014 年 6 月	2014 年 9 月	2014 年 12 月	2015 年 3 月	2015 年 4 月
股票	3 448	3 193	3 642	4 625	5 555	6 011	6 444
债券	3 990	5 123	5 593	6 341	6 716	7 128	7 352
贷款	5 310	7 468	8 938	8 605	8 190	8 769	8 739
存款	16 049	19 840	20 451	22 372	23 722	20 248	21 530
合计	28 797	35 625	38 625	41 943	44 183	42 156	44 065

数据来源：原始数据源自中国人民银行、中国证监会、中央国债登记结算有限责任公司、银行间清算所股份有限公司、中国证券登记结算有限责任公司，由中国人民银行整理。

表 1-9 显示了非居民持有境内人民币金融资产的情况。这些金融资产的形成源自资本项下的非居民人民币投资。资本项目包括直接投资、证券投资和其他投资。证券投资又包括股票投资和债券投资，而其他投资包括贷款和存款业务等。表 1-9 反映了非居民证券投资和其他投资的存量情况。非居民投资境内的人民币资产有两种途径：一是将外币汇入中国境内，在中国外汇市场将外币兑换成人民币，用其购买人民币标价的金融资产，QFII 属于这类投资。这类投资因为涉及外汇与人民币之间的交易，因此会对人民币汇率产生影响，非居民增加这类投资会形成人民币升值压力。二是直接用境外离岸人民币资金投资境内人民币金融资产，这一投资构成了跨境人民币投资，RQFII 属于这类投资。由于这

类投资在境内没有产生外汇交易，因此不会对在岸人民币汇率产生影响。

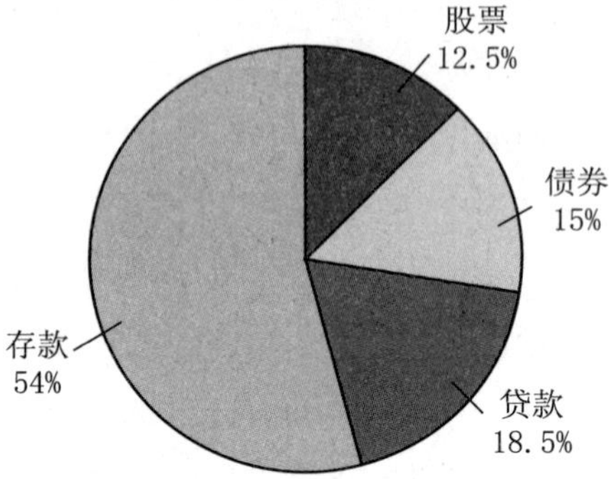

图 1-6　2014 年年末境内非居民金融资产的分布情况

资料来源：根据表 1-9 的数据编制。

图 1-6 反映了 2014 年年底，非居民持有中国境内不同种类人民币金融产品的比重。非居民持有人民币金融资产总额为 44 183 亿元，其中存款占 54%，贷款为 18.5%，债券和股票分别为 15%和 12.5%。就投资收益类型来看，接近 90%为固定收益类金融产品，非固定收益类产品在一成左右。

第四节　人民币国际化的区域性特征

人民币区域化，即人民币在亚洲地区的使用构成了人民币国际化的初级形态。从人民币跨境使用的区域分布情况来看，当前人民币国际化仍处于区域化阶段，其典型标志是绝大部分跨境人民币交易仍高度集中于亚洲地区。人民币国际化在亚洲地区的发展主要包括以下三大路径：人民币周边化、香港离岸人民币中心的形成和华人人民币经济圈的发展。基于这一判断，在此，我们将对人民币区域化的三大路径展开具体分析。

一、人民币区域化与国际化的关系

人民币国际化具有明显的两面性。一方面，人民币在全球国际货币的排名呈现快速上升的趋势。2015 年 8 月，人民币首次超越日元，成为全球第四大支付货币。从这一指标来看，人民币已经成为全球性国际货币。但是，另一方面，从区域分布来看，跨境人民币交易高度集中于亚洲，到 2014 年为止，

70％～80％的跨境人民币收付发生在亚洲地区，其中中国香港地区占一半左右。从这一视角来看，人民币现阶段仍属于区域性国际货币。

在2009年中国政府推出跨境贸易人民币结算试点以前，人民币国际化主要表现为周边化。以边境贸易为基础的人民币周边化发生在亚洲地区，由此构成了区域化的初级形态。2009年以后，人民币国际化的核心区域开始从中国周边地区转移到香港离岸人民币中心，但是就区域范围来看，人民币国际化仍局限于亚洲地区，香港离岸人民币中心的出现扩展了人民币区域化的领域，从而加速了人民币区域化的发展进程。2013年以后，离岸人民币业务的主要区域开始从中国香港扩大到中国台湾地区和新加坡，从而形成了以华人经济圈为主体的亚洲离岸人民币市场，该市场的出现将人民币区域化推向了更高的发展阶段。

从以上情况来看，2009年以来，尽管人民币国际化获得了快速发展，但是跨境人民币交易仍高度集中于亚洲地区，这一事实表明人民币国际化仍处于区域化的发展阶段。但是遗憾的是，在目前有关人民币国际化的研究中，人民币国际化的区域性特征并未受到足够的重视。现阶段，鉴于人民币区域化构成了人民币国际化的主要内容，因此，只有着眼于人民币的区域化特征，正确认识人民币区域化与人民币国际化的关系，我们才能客观评价人民币的国际化进程。

为了理解人民币区域化在人民币国际化进程中的定位，我们有必要回顾一下有关这一问题的前期理论研究。在早期人民币国际化问题的讨论中，学术界的主流观点认为人民币的跨境使用首先会经历区域化阶段，即人民币的跨境使用首先会在亚洲地区普及，在区域化基本完成后，人民币将会走出亚洲，成为全球性货币，从而进入全球化阶段。换言之，这一观点将人民币国际化划分为两个阶段：第一阶段成为区域性货币阶段；第二阶段成为全球性货币阶段。

但是，在人民币区域化与人民币国际化的概念界定上，学术界存在两种不同的观点。一种观点认为人民币区域化反映了人民币作为亚洲货币的崛起，而人民币国际化反映了人民币作为世界货币的崛起，因此两者属于两个独立的发展阶段，人民币区域化并不属于人民币国际化的内容。只有在人民币区域化基本完成后，人民币国际化才有可能正式拉开序幕。依据这一观点进行推论，只有在人民币走出亚洲成为全球性交易货币后，人民币才有可能成为真正意义上的国际货币。

与以上理解不同，还有一种观点认为所有跨境人民币交易都属于人民币国际化的范畴，立足于这一理解，人民币在亚洲地区的使用和人民币在全球范围内的使用都构成了人民币国际化的内涵。基于这一判断进行推论，人民币区域化，即人民币作为亚洲货币的崛起构成了人民币国际化的初期阶段，而人民币全球化，即人民币作为全球货币的崛起则构成了人民币国际化的高级阶段。因此，人民币区域化和人民币全球化是从属于人民币国际化的两个不同发展阶段。

结合以上两种观点，我们可以对目前人民币国际化的发展阶段做出怎样的判断呢？如前所述，当前，尽管跨境人民币交易有向全球扩展的征兆，但是从各项跨境人民币业务的区域分布情况来看，这些业务都高度集中于亚洲地区。基于这一现状，如果按照上述两种对立的观点进行判断，两者可以得出相同的结论，即当前跨境人民币交易仍处于区域化阶段。但是，两者的不同之处在于：第一种观点在现阶段只承认人民币区域化的存在，但是并不认可人民币国际化的存在；而第二种观点则认为人民币跨境交易已经获得显著的发展，但是其发展仍处于人民币国际化的初级阶段，即人民币区域化阶段。

以上，我们分析了学术界关于人民币国际化和人民币区域化关系的两种不同观点，并基于这两种观点，对跨境人民币交易的现状给出了两种不同的判断。从人民币国际化研究的现状来看，我们不难发现后一种观点已经成为主流观点，当前，尽管跨境人民币交易主要集中在亚洲地区，但是绝大多数学者认为人民币国际化已经拉开序幕，而且已经获得快速的发展。这一判断暗含了人民币区域化也属于人民币国际化的假设。

以上是对人民币区域化与人民币国际化关系的分析。尽管理解两者的关系和把握两者的差异与联系，对于客观评估人民币国际化进程具有十分重要的理论和现实意义，但是在多数现实研究中，人们并没有对两者的关系进行严格的界定和区分。就跨境和离岸人民币交易而言，无论交易发生在何处，很少有人使用区域化的概念，绝大多数描述都只使用了人民币国际化的概念。比如，最早发生的边贸人民币结算以及后来形成的中国香港离岸人民币中心都出现在亚洲地区，因此都属于典型的区域化内容，但是学术界很少有人强调其区域化的特征，多数研究都将这些跨境人民币交易视为人民币国际化的内容。

在如何对跨境人民币交易进行定性的问题上，中国人民银行也只使用了人民币国际化的概念，而没有使用人民币区域化的提法。2009 年中国政府启动跨境贸易人民币结算试点，在该试点推出的最初阶段，基于某种特殊的理由，中国人民银行一直未使用人民币国际化的概念。这一概念第一次被中国人民银行正式使用是在 2015 年，出现这一变化的重要背景之一是：经过 5 年多的发展，人民币跨境使用的范围出现了从亚洲地区向全球扩展的迹象，人民币国际化已经成为被国际社会广泛接受的概念。

但是值得强调的是，人民币从亚洲向全球的扩展以及人民币国际化趋势得到国际社会的认可并不意味着人民币已经完成了区域化的发展进程。因为人民币区域化的典型特征是人民币跨境使用的主体交易发生在亚洲地区，当前的跨境人民币交易仍具有这一特征，因此人民币仍处于区域化阶段。区域化并不排斥人民币在亚洲区域外的使用，同时人民币向亚洲以外地区的扩展也不意味着人民币区域化的完结。另外，人民币国际化得到国际社会的认可也并不意味着人民币已经走完了区域化的阶段。人民币区域化也属于人民币国际化的内容，人民币区域化从一个侧面反映了人民币国际化的发展，因此随着人民币作为亚洲地区货币的崛起，人民币国际化得到国际社会的认可也在情理之中。这一现象也并不意味着人民币已经完成了区域化进程。

通过以上分析可知：现阶段，跨境人民币交易仍高度集中于亚洲地区，因此人民币国际化仍处于区域化阶段，但是学术界并没有对人民币国际化的区域性特征给予足够的重视。当前的跨境人民币交易具有双重的性质，即：一方面，这些交易高度集中于亚洲地区，因此具有典型的区域化特征；另一方面，这些交易属于跨境和离岸交易，因此又具有货币国际化的特征。从人民币国际化研究的现状来看，学术界的关注点高度聚焦于人民币的国际化特征，但是忽视了其现实存在的区域化特征。

人民币区域化特征未受到应有的重视与中国经济的迅速崛起和中国已经成为全球第二大经济大国的现实有着密切联系。有一种观点认为，既然中国已经不是区域性大国而是全球性经济大国，那么对应于中国经济实力的人民币国际化应该是全球层面的国际化，而不应该是区域层面的国际化。受这一判断的影响，人民币国际化的研究与人民币国际化的现实出现了明显的偏差，即在研究层面，学术界更关注人民币作为全球性国际货币的崛起，但是在现实层面，人民币国际化仍处于区域化的发展阶段。

人民币国际化研究出现以上偏差是因为在认识上出现了简单地把经济崛起直接等同于货币崛起的误判，即认为既然中国已经成为全球第二大经济大国，人民币也理应成为全球第二大国际货币。这种认识显然不符合国际货币形成的客观规律。国际货币发展的历史显示，尽管一国的经济崛起有助于推动其货币崛起，但是一国的货币地位不可能完全对等于其经济地位。从美元国际化的历史来看，美国经济规模超过英国是在 19 世纪 70 年代，而美元赶超英镑成为全球第一大国际货币是在 20 世纪 40 年代，两者相差了 70 年左右。

与美元赶超英镑的地位相比，人民币赶超美元有可能需要花费更长的时间。这是因为中国经济发展具有两面性，即：一方面，从量的视角来看，中国的经济规模仅次于美国，中国已经成为全球第二大经济大国，这一量的优势有助于人民币成为国际货币；但是，另一方面，从质的视角来看，中国仍属于发展中国家，中国金融市场的成熟程度及金融市场的开放程度都远不及发达国家，这一质的劣势会形成人民币国际化的阻力。量的优势决定了人民币国际化的发展趋势，而质的劣势决定了人民币国际化将是一个渐进的过程，决定了人民币只有在成为区域性货币后，才有可能成为真正意义上的全球性国际货币。

另外，从当前中国贸易伙伴国的情况来看，人民币国际化在早期阶段，也最有可能在亚洲地区获得发展空间。中国的贸易对象国主要集中在北美、欧洲和亚洲地区。中国在北美的主要贸易伙伴国是美国，美国企业更倾向于使用本币美元进行结算，而欧洲企业更倾向于使用本币欧元进行结算，因此，中国对美、对欧贸易的人民币结算比重相对较低。与以上情况不同，亚洲多数国家和经济体无法使用本币进行国际结算，在这种情况下，那些与中国贸易关系密切的亚洲国家和经济体更具有使用人民币进行结算的潜力。其中，尤其是与中国具有广泛文化和经济联系的华人经济圈更有可能率先使用人民币结算。

综上所述，区域化是人民币国际化的必经之路；当前，人民币的跨境交易和离岸交易仍高度集中于亚洲地区，因此人民币国际化处于区域化阶段。立足于这一判断，下文将对人民币区域化的三大路径展开具体分析。

二、人民币区域化的三大路径

人民币区域化的三大路径包括：第一，以边贸为基础的人民币周边化；第二，中国香港地区离岸人民币中心的形成；第三，华人离岸人民币经济圈的出现。

从时间顺序来看，人民币国际化起步于人民币周边化。人民币周边化最早出现在20世纪90年代，因此周边化构成了人民币区域化的初级形态。中国香港地区离岸人民币中心起步于2009年，其发展受惠于跨境贸易人民币结算政策的推出，在早期的跨境贸易人民币结算试点中，香港作为境外试点区域，获得了先发优势。2013年以后，人民币跨境交易和离岸交易开始向中国台湾地区和新加坡等地扩展，由此形成了以中国香港、澳门、台湾地区和新加坡为主体的离岸人民币经济圈。以上三个路径的出现尽管在时间上存在先后顺序，但是未来在空间上，将会维持三位一体的平行发展模式。

（一）人民币的周边化

尽管2009年以后，人民币国际化获得了举世瞩目的进展，而且基于这一事实，许多人将2009年视为人民币国际化的元年，但是，事实上2009年跨境贸易人民币结算试点的推出并不是人民币国际化的起点。早在20世纪90年代，在政府严格禁止跨境人民币使用的大环境下，在中国周边边境地区已经出现了边贸人民币结算。随着边贸人民币结算的增加，中国政府采取了顺势引导，将其合法化的政策。20世纪90年代后期，在政府的大力支持下，边境贸易人民币结算迎来了快速发展的时期。从以上情况来看，边境贸易人民币结算是人民币国际化的初级形态。由于该阶段的跨境人民币使用主要出现在中国周边边境地区，因此我们将边境贸易人民币结算定性为人民币国际化的周边化路径。

早期人民币跨境交易的区域主要集中在周边边境地区，这一区域主要包括越南、缅甸、老挝、尼泊尔、蒙古、俄罗斯、吉尔吉斯、哈萨克斯坦和朝鲜等与中国边境接壤的地区。中国周边边境地区和中国周边国家并不是一个相同的概念。前者指周边国家靠近中国边境的地区，后者指周边靠近中国边境的国家，因此后者的范围要远远大于前者。从人民币周边化的区域内涵来看，2009年以前的人民币周边化主要指人民币在中国周边边境地区的使用，2009年以后，随着跨境贸易人民币结算政策的推出，人民币在周边地区的使用已经开始向周边国家的全境扩展，在这一背景下，人民币周边化的区域内涵开始演变为周边国家。

从早期边境贸易人民币结算的情况来看，这一时期的人民币跨境使用有以下一些特点：第一，以边境贸易为基础。边境贸易结算需求是形成人民币周边化的主要经济基础。边境贸易人民币收付构成了人民币流出境外和回流境内的主要渠道。第二，以现金为基础。尤其在早期阶段，由于人民币跨境交易具有非法性质，因此只能以现金形式进行。20 世纪 90 年代中期以后，随着边贸人民币结算的合法化，部分结算进入银行系统。第三，早期的边境贸易人民币结算具有自发性质。当时，中国和周边国家都面临外汇不足的困难，由于有限的外汇资金无法满足日益增加的边贸结算需求，而与周边国家的货币相比，人民币又属于相对坚挺的货币，在这一背景下，周边国家边境地区的非居民开始选择人民币作为结算货币。

90 年代以后，随着边境贸易人民币结算的兴起，这一现象引起了人们普遍的关注，一些学者将这一现象视为人民币国际化的萌芽形态，对其展开了研究。到 2009 年为止，由于人民币的跨境使用没有进入银行统计系统，因此当时的人民币国际化研究主要以估测边境国家和地区人民币流量和存量为主。就存量而言，当时出现过 1 000 亿、300 亿、200 亿、100 亿、50 亿和 10 亿元人民币等多种版本的推测。有一种观点认为当时人民币已经在很大程度上替代了一部分周边国家的本币。从现实情况来看，这一结论明显夸大了人民币国际化的程度。

2009 年以后，在跨境贸易人民币结算政策的推动下，边境贸易人民币结算进入了新的高速发展期。广西是边贸人民币结算最多的地区，2009 年 7 月至 2014 年 9 月，广西累计办理跨境人民币结算达到 3 316.62 亿元，在全国 8 个边境省(区)中排名第一。与东盟国家跨境人民币结算金额为 2 787.54 亿元，占广西跨境人民币结算总量的 84.04%。从这一区域结构来看，广西的跨境人民币结算反映了其周边化的特征。与广西进行跨境贸易人民币结算的周边国家主要有柬埔寨、印度尼西亚、马来西亚、新加坡、越南和泰国。另外，到 2014 年 9 月，人民币超越美元成为广西跨境收支的第一大结算货币。而且，人民币结算在广西货物贸易进出口的比重达 40.33%，远远高于 20%左右的全国平均水平①。

然而，尽管 2009 年以后跨境贸易人民币结算政策给边贸人民币结算提供了巨大的发展动力，但是由于大贸易下的跨境人民币结算规模远远大于边贸人民币结算，而且还由于跨境人民币结算的主要区域已经从边境地区转移到香港离岸人民币中心，因此，媒体和学术界对边贸人民币结算的关注程度明显下降。

① 牛娟娟、徐友仁:《跨境五周年:行走在中越边贸的人民币》,《金融时报》2014 年 12 月 3 日。

表 1-10　　2014 年各地区经常项目人民币结算情况　　单位:亿元

地　区	货物贸易		服务贸易及其他经常项目	合计	占比(%)
	出口	进口			
广　东	7 368	8 704.4	1 448.9	17 521.3	26.70
上　海	3 202.3	5 065.3	1 881.7	10 149.3	15.50
浙　江	3 795.3	3 453	190.2	7 438.6	11.40
北　京	885.8	4 534.7	1 314.4	6 734.9	10.30
山　东	1 577.8	3 904.8	188.5	5 671.1	8.60
江　苏	1 871	1 818.4	451.6	4 141	6.30
天　津	664.9	899.1	230.9	1 794.9	2.70
广　西	890	531.3	14.1	1 435.4	2.20
福　建	614.6	617.1	77.3	1 309	2.00
其他地区	4 300.6	4 274.8	767.7	9 343.2	14.30
合　计	25 170.5	33 803	6 565.2	65 538.7	100

数据来源:中国人民银行《人民币国际化报告》,2015 年 6 月。

表 1-10 从一个侧面反映了边贸人民币结算相对地位的下降情况。广西是边贸人民币结算的第一大省,但是在表 1-10 中广西经常项下人民币结算占全国的比重只有 2.2%,远远低于沿海地区的广东和上海。

据此,我们可以得出以下结论:人民币周边化,即人民币在周边边境地区的使用仍是人民币国际化的重要路径之一,但是 2009 年以后,随着大贸易项下人民币结算的兴起,人民币周边化路径的相对地位明显下降。

(二) 香港离岸人民币中心的快速崛起

2009 年以后,人民币国际化的区域结构发生了根本性变化,随着跨境贸易人民币结算的推出,人民币跨境交易的主要境外区域迅速从中国周边地区转移到中国香港地区。由此,香港确立了其全球离岸人民币金融中心的地位,香港作为离岸人民币金融中心的崛起构成了人民币国际化的又一重要路径。

作为人民币国际化的主要路径,香港离岸人民币中心与人民币周边化存在明显的差异。这表现在以下几个方面:一是地理形态的差异。周边化是以周边边境地区和周边国家为载体的人民币国际化,而香港离岸人民币中心是以香港国际金融中心为载体的人民币国际化。二是业务内容的差异。人民币周边化主要以跨境贸易人民币结算为主，而香港离岸人民币中心的业务不仅涉及跨境贸易人民币结算业务，而且还涉及离岸人民币业务，这些离岸业务包括离岸人民币债券业务和离岸人民币存贷款业务。三是业务规模的差异。在目前阶段，人民币周边化所涉及的跨境贸易人民币结算的规模相对有限，而香港离岸人民币中心的业务规模要远远大于前者。

香港地区成为离岸人民币中心具有天时地利人和的优势。这一优势可以概括为以下几点：

第一，先发优势。在20世纪90年代，香港地区就已经存在非正式的离岸人民币市场。从发展历程来看，这一业务的起步要早于2009年推出的跨境贸易人民币结算。在中国改革开放政策实施以后，香港地区与内地的经济、文化交流得到迅速发展。在这一背景下，香港开始接受内地游客用人民币进行支付，在香港市场流通的人民币数量日益增多。为了给香港人民币资金提供合法的回流渠道，同时也为了将非法离岸人民币市场纳入金融监管体系，2004年2月，中央政府正式决定在香港试办人民币存款业务。从此，香港离岸非居民人民币存款业务构成了人民币国际化的重要内容之一，同时也构成了香港离岸金融中心的主要业务之一。早期，香港的人民币资金主要来自旅游现金收入。2009年以后，随着跨境贸易人民币结算业务的起步，贸易渠道的人民币收入成为香港离岸市场人民币资金的主要来源。

第二，政策优势。香港地区在发展离岸人民币中心的过程中，得到了中央政府的大力支持。在中央政府实施的跨境贸易人民币结算政策的试点中，香港首先被确立为境外试点区域。早在2003年中央政府就批准在香港设立人民币清算银行，2004年又批准香港金融机构从事离岸人民币存款业务。此后，中央政府批准香港从事离岸人民币债券业务，在这一政策的推动下，香港离岸人民币国际债券即点心债券获得了快速发展。

第三，制度优势。香港是全球最开放的国际金融中心之一，其完全开放的金融制度为发展离岸人民币业务提供了有利条件。香港在正式启动人民币存款业务之前，有近一半存款为港币以外的外币存款，而外币存款中，美元存款又占绝对的优势。由此可见，香港已经成为成熟的离岸金融市场和离岸美元市场，其市场环境、市场结构及市场制度都非常适合离岸人民币业务的发展。

正是基于以上优势，在人民币国际化进程中，香港率先成了离岸人民币中心。香港离岸人民币业务主要包括离岸人民币存款业务、离岸人民币债券业务和离岸人民币贷款业务。在此，我们对这三项业务的发展现状展开具体的分析。

第一，向美元存款挑战的香港离岸人民币存款业务。图 1-7 显示了香港离岸人民币存款的变动情况。在离岸人民币存款业务正式启动的 2004 年，香港地区的人民币存款为 121 亿元，2005—2009 年逐步从 226 亿元上升到 627 亿元。2009 年以后，随着跨境贸易人民币结算制度的启动，贸易收支渠道的人民币资金流入快速增长。受此影响，2010 年以后，香港人民币存款大幅度增长。2010 年该存款余额激增到 3 149 亿元，2012 年上升到 6 030 亿元，两年实现了翻倍增长。2013 年继续攀升到 8 605 亿元。2014 年同比增长 17%，增加到 10 036 亿元，一举突破了 1 万亿元的大关。但是，进入 2015 年后，受人民币贬值的影响，该业务在经历了 10 年的高速发展后，首次出现了下降。与 2014 年的峰值相比，其金额下降了 1 525 亿元，降幅为 15%。

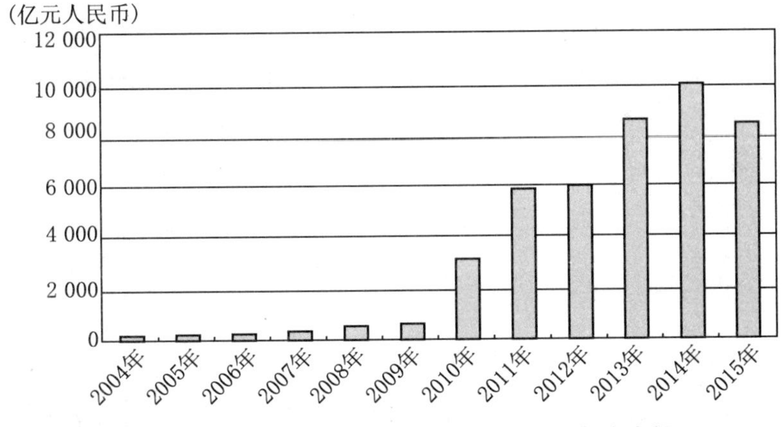

图 1-7　2004—2015 年香港离岸人民币存款年末余额

资料来源：香港地区金管局数据库。

在香港人民币存款正式推出前的 2004 年 1 月，外币和美元占香港存款的比重分别是 45.6%和 30.9%；2011 年 4 月外币存款比重上升到 49.2%，而美元存款比重下降到 29.9%，同期人民币存款所占比重则从零上升至 8.5%①。

① 孙建耘：《香港人民币离岸市场发展迅猛　货币替代纯属多虑》，《金融时报》2011 年 7 月 7 日。

2013 年 11 月人民币占香港存款的比重为 9.12%。

第二,面临挑战的香港点心债券业务。香港点心债券市场是最早形成的离岸人民币国际债券市场。WIND 的数据显示,自 2007 年 7 月该债券业务起步到 2015 年 7 月为止,共有 131 家境内实体(包含财政部,剔除非境内实体)在中国香港地区成功发行 349 只人民币债券,总发行规模达 4 310 亿元;存续债券共有 184 只,存量规模为 2 660 亿元。就最近的发展情况来看,进入 2015 年后,受人民币贬值的影响,香港点心债券的发行速度明显减弱。2015 年前 7 个月,其发行金额萎缩到 288 亿元,香港点心债券市场的发展面临起步以来最大的挑战①。

图 1-8 反映了 2007 年以来香港点心债券市场的发展情况。2007 年、2008 年和 2009 年的发行额分别为 158 亿元、120 亿元和 164 亿元人民币。2009 年,跨境贸易人民币结算正式起步,贸易项下人民币资金的流入为香港点心债券市场的发展注入了活力。受此影响,2010 年以后,香港点心债券发行额进入快速增长时期,2010 年和 2011 年发行 358 亿元和 1 079 亿元人民币,2012 年和 2013 年分别发行 1 122 亿元和 1 160 亿元人民币。2014 年香港离岸人民币债券的发行速度明显有所上升,规模达到 2 052.98 亿元人民币。但是,如前所述,2015 年受人民币贬值的影响,香港离岸人民币点心债券的发行量明显下降。2015 年全年的发行量为 1 071 亿元,下降幅度接近 50%。

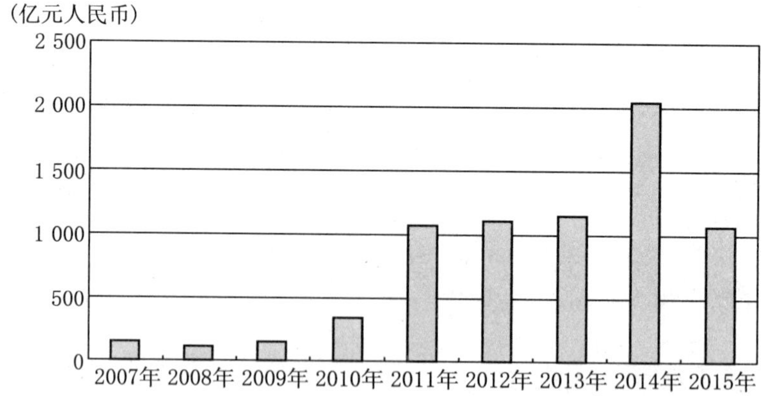

图 1-8　香港离岸人民币点心债券的年度发行额

资料来源:中国香港地区金管局数据库、路透社数据。

① 孙彬彬等:《中国内地企业在香港市场发债呈持续增长趋势》,《上海证券报》2015 年 9 月 25 日。

另外,从香港点心债券发行主体的区域结构来看,近80%的发行者来自境内,主要为境内金融机构、企业和政府部门。其中,企业约占60%,金融机构约占20%,政府及其他机构约占20%。境外机构的发行约占总发行的20%。境内机构在香港离岸市场发行人民币债券,如果将其获得的人民币资金用于境内经营活动,将构成非居民对境内的投资,从而形成资本流入。另外,境外机构在香港发行人民币债券,如果将其获得的人民币资金用于中国境内投资也将形成中国的资本流入,如果以支付货款的方式回流境内将形成经常项下的人民币流入。但是如果境外机构将资金用于购买境外的人民币金融产品,将不会对中国的国际收支产生影响。

通常非居民在中国境内和境外发行的人民币债券都属于人民币国际债券。其中,在境内发行的人民币债券属于在岸人民币国际债券,在境外发行的人民币债券属于离岸人民币国际债券。前者被称为熊猫债券,而香港的点心债券属于后者。从人民币离岸国际债券的发展情况来看,尽管该债券起步于香港点心债券,但是并不局限于香港点心债券。近几年在中国台湾地区已经出现以人民币发行的"宝岛券"。在新加坡有以人民币发行的"狮城债",在英国伦敦有以人民币发行的"伦敦债",以上债券都属于离岸人民币国际债券。这些债券正在成为香港点心债券的竞争对手,而且有可能分流一部分香港点心债券的业务。

第三,正在起步的香港离岸人民币贷款业务。离岸人民币贷款属于起步较晚、规模较小的离岸人民币业务。从香港离岸人民币业务的起步时间来看,贷款业务要明显滞后于存款业务和债券业务。离岸人民币存款业务开始于2004年,离岸人民币债券业务开始于2007年,而离岸人民币贷款业务开始于2010年左右。另外,就业务规模而言,2014年香港离岸人民币存款一度超过1万亿元,而同期贷款对存款的比重不及18%。由此可见,离岸人民币贷款业务的规模要远远小于离岸人民币存款业务。

尽管离岸人民币贷款业务起步较晚、规模相对较小,但是如图1-9所示,近几年该业务呈现快速增长趋势。2012年、2013年和2014年,香港离岸人民币贷款的规模为790亿元、1 156亿元和1 880亿元,分别实现了156%、46%和63%的高速增长。进入2015年,离岸人民币贷款出现了加速增长的势头,截至2015年3月,贷款余额已经上升到2 237亿元人民币。

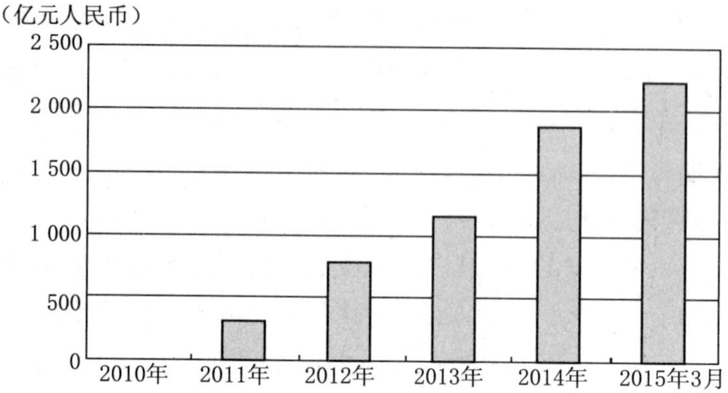

图 1-9　香港离岸人民币贷款业务

资料来源：万得数据库。

进入 2015 年以后，香港离岸人民币贷款业务的快速增长与人民币贬值压力的出现有着密切联系。2005 年以前，人民币步入长期升值阶段，人民币汇率的持续升值在一定程度上抑制了离岸人民币贷款的增长。这是因为如果境外企业接受人民币贷款，在偿还贷款时，需要将其他货币兑换成人民币进行还款，其结果将会遭受人民币升值带来的损失，因此人民币升值预期的存在是妨碍离岸人民币贷款业务发展的不利因素之一。进入 2015 年后，人民币开始出现阶段性贬值，这一变化在一定程度上加速了人民币贷款业务的发展。

未来，美元贷款利率的上升和人民币贷款利率的下降将有助于推动离岸人民币贷款业务的增加。在中国政府推出人民币国际化政策以来，正值美国实施量化宽松政策，美元贷款利率的下降降低了美元融资成本，这一状况有利于离岸美元贷款业务的发展，而不利于离岸人民币贷款业务的增长。未来随着美国退出量化宽松政策和人民币利率水平的下降，离岸人民币贷款有望获得新的增长动力。

（三）华人离岸人民币经济圈的出现

华人离岸人民币经济圈的形成构成了人民币区域化的第三大路径，而且这一路径正在成为人民币区域扩展的主要路径。2009—2012 年，离岸人民币业务高度集中于中国香港地区，但是这一状况正在发生变化，2013 年以后，离岸人民币业务开始迅速从中国香港向中国澳门、台湾地区和新加坡等华人经济圈扩展，从而形成了以华人经济圈为主导的人民币区域化格局。

从总的发展趋势来看，当前由于一部分离岸人民币业务在台湾地区和新加坡的发展速度快于香港地区，因此香港地区在离岸人民币业务总量中的比重已经出现下降趋势。但是由于香港地区的占比相对较高，中国台湾地区和新加坡离岸人民币业务的增加目前还无法动摇香港离岸人民币中心的主导地位。

表 1-11　　离岸人民币存款　　单位：亿元人民币

国家和地区	金　额	统计时间
香港地区	10 036	2014 年 12 月
台湾地区	3 023	2014 年 12 月
新加坡	2 770	2014 年 12 月
澳门地区	1 187	2014 年 12 月
韩　国	1 197	2014 年 9 月
卢森堡	672	2014 年 6 月
伦　敦	254	2014 年 6 月

数据来源：WIND 数据库。

从表 1-11 中，我们可以看到 2014 年离岸人民币存款业务高度集中于中国香港、台湾、澳门地区和新加坡，其占离岸人民币存款的比重接近 90%。其中，香港地区的比重超过 50%，台湾地区和新加坡在 15%左右，澳门地区大约为 6%。

表 1-12 比较了台湾和香港离岸人民币存款的变动情况。2012 年 1 月，台湾的离岸人民币存款相当于香港的 1%，2012 年年底上升到 10%，2013 年年底上升到 21%，2014 年年底上升到 30%，2015 年年中上升到 34%。这一比重的上升表明台湾离岸人民币存款的增长速度快于香港。从表 1-13 的数据中我们可以看到新加坡离岸人民币存款的增长速度也快于香港地区。2012 年 6 月新加坡离岸人民币存款相当于香港的 11%，2013 年年底上升到 23%，2014 年年底上升到 28%。

表 1-12　　台湾与香港离岸人民币存款的比较　　单位:亿元人民币

时　间	台　湾	香　港	台湾/香港(%)
2012 年 1 月	65.98	5 759.60	1
2012 年 6 月	324.06	5 577.10	6
2012 年 12 月	575.49	6 029.96	10
2013 年 6 月	711.98	6 979.59	10
2013 年 12 月	1 826.00	8 604.72	21
2014 年 6 月	2 927.38	9 259.13	32
2014 年 12 月	3 022.67	10 035.57	30
2015 年 6 月	3 382.18	9 929.24	34

数据来源:WIND 数据库。

表 1-13　　新加坡与中国香港地区离岸人民币存款的比较

单位:亿元人民币

时　间	新加坡	香港地区	新加坡/香港地区(%)
2012 年 6 月	600	5 577.10	11
2013 年 3 月	1 147	6 680.58	17
2013 年 6 月	1 380	6 979.59	20
2013 年 9 月	1 540	7 300.18	21
2013 年 12 月	1 950	8 604.72	23
2014 年 3 月	2 200	9 449.10	23
2014 年 6 月	2 540	9 259.14	27
2014 年 9 月	2 570	9 444.73	27
2014 年 12 月	2 770	10 035.57	28
2015 年 3 月	2 570	9 519.94	27
2015 年 6 月	3 220	9 929.24	32

数据来源:WIND 数据库。

表 1-14　　中国台湾地区与新加坡离岸人民币存款的比较

单位:亿元人民币

时　间	台湾地区	新加坡	台湾地区/新加坡(%)
2012 年 6 月	324.1	600	54
2013 年 3 月	483.0	1 147	42
2013 年 6 月	712.0	1 380	52
2013 年 9 月	986.6	1 540	64
2013 年 12 月	1 826.0	1 950	94
2014 年 3 月	2 683.9	2 200	122
2014 年 6 月	2 927.4	2 540	115
2014 年 9 月	3 004.3	2 570	117
2014 年 12 月	3 022.7	2 770	109
2015 年 3 月	3 245.8	2 570	126
2015 年 6 月	3 382.2	3 220	105

数据来源:WIND 数据库。

另外,表 1-14 比较了中国台湾地区与新加坡离岸人民币存款的变动情况。2012 年 6 月中国台湾地区离岸人民币存款的规模只相当于新加坡的 50%左右,此后该比率延续了上升趋势。到 2014 年 3 月该比率超过 100%,这一变化意味着台湾地区人民币存款的规模已经超过新加坡。2015 年 3 月台湾人民币存款比新加坡高出 26%。2015 年 6 月,中国台湾地区的增速有所回落,而新加坡的增速明显加快,两者的人民币存款规模基本上持平。

表 1-15 汇总了 2015 年 1—2 月离岸人民币债券的发行情况。从这些数据来看,离岸人民币债券业务在华人经济圈的占比要明显低于离岸人民币存款业务。尽管如此,未来该业务有可能在中国台湾地区和新加坡获得较快的发展。

表 1-15 的数据显示:在 2015 年的头两个月中,台湾地区离岸人民币国际债券的发行额已经超过香港地区。在离岸人民币国际债券的发展历程中,这是一个非常重要的变化。在 2012 年以前,离岸人民币国际债券的发行几乎全部集中于香港。2013 年和 2014 年在伦敦、新加坡和中国台湾等地区也相继出

现了离岸人民币国际债券业务，不过，其发行金额有限，无法与中国香港地区的规模相比。但是在2015年的头两个月中，台湾离岸人民币债券的发行额首次超过了香港。

表1-15　　2015年1—2月离岸人民币债券的发行情况

地　区	发债数(种)	占比	发债地点	发债主体(个)	发债额(亿元)
东　亚	16	70%	中国香港地区	3	15
			中国台湾地区	5	24.22
			新加坡	1	9.32
			韩　国	6	26.1
			菲律宾	1	2.5
欧　洲	4	17%	法　国	2	35
			德　国	1	16
			荷　兰	1	1
大洋洲	3	13%	澳大利亚	3	37.6

数据来源：路透社数据库，台湾地区的数据出自WIND数据库。

受人民币贬值的影响，进入2015年后，一部分离岸人民币业务出现了明显回落。与离岸人民币存款业务相比，离岸人民币债券业务受到的负面影响更为明显。2015年上半年全球离岸人民币债券发行总额为791.82亿元，环比减少16.34%，同比减少51.06%①。2015年前7个月，香港地区仅发行19只债券，发行金额共计288亿元人民币②。另外，路透社的数据显示，到2015年9月为止，台湾发行了298.72亿元的人民币债券③。从以上数据来看，2015年台湾与香港在离岸人民币债券业务方面的差距明显缩小。未来，台湾与香港有可能成为离岸人民币债券的两大主要市场。

① 中国人民银行上海总部金融市场管理部：《2015年6月境外人民币离岸市场综述》，2015年8月11日。

② 孙彬彬等：《我国内地企业在香港市场发债呈持续增长趋势》，《上海证券报》2015年9月25日。

③ 路透社：《背景资料：台湾主要人民币债券发行情况一览》，10月8日。

第五节　人民币国际化的前景展望

从 2009 年跨境贸易人民币结算政策推出以来，人民币的跨境和离岸交易获得了迅速的发展。但是，进入 2015 年后，随着阶段性人民币贬值压力的出现，人民币国际化的速度所有减缓。

就影响人民币国际化的因素来看，经济规模和贸易规模的变化，金融市场的发展以及资本项目开放程度都会影响人民币国际化进程，这些因素是决定人民币国际化长期发展趋势的基础性因素。然而，这些因素属于发展性因素和制度性因素，在短期内，这些因素具有相对稳定性，因此不会对人民币国际化的短期变动产生明显的影响。但是与这些因素不同，作为市场因素，人民币汇率的变化会通过对境内外金融资产收益率差异的影响，引起人民币国际化指标的短期变动。

从人民币汇率与人民币国际化的关系来看，人民币升值趋势有助于人民币国际化的发展，而人民币贬值会对人民币国际化产生不利影响。因此，未来人民币国际化的发展速度将在很大程度上取决于人民币汇率走势的变化。与升值和贬值相比，人民币汇率水平保持相对稳定将有助于人民币国际化的可持续发展。尽管人民币升值在短期内有助于提升人民币的国际化程度，但是，持续升值将会增加汇率回调的可能性，从而有可能成为日后引发人民币汇率贬值的诱因，而人民币贬值又有可能对人民币国际化产生不利影响。鉴于这一可能性，从促进人民币国际化的视角来看，保持汇率稳定是最佳的选择。

日元国际化的经验和教训也提示了保持汇率稳定的重要性。日元国际化在日元升值期间获得了快速发展。20 世纪 80 年代和 90 年代初期，在日元出现快速升值的背景下，日元国际化的各项指标都出现了快速上升。但是，90 年代后期以后，过度升值的日元开始出现回调，受日元贬值的影响，此后，日元的国际化程度不仅没有上升，反而出现了下降趋势。

人民币贬值之所以会对人民币国际化产生不利影响，主要受到以下两个因素的影响：其一，在资本项目没有完全开放的情况下，人民币一旦出现贬值压力，离岸人民币价格通常会低于在岸人民币价格，这一价格差异会引起套汇交易，从而引起离岸人民币回流境内，受此影响，离岸人民币资金池的规模会趋于萎缩。其二,在人民币出现贬值的情况下,非居民持有人民币资产会引起资产价值的缩水。为了避免这一损失,非居民会减持人民币资产,从而引起人民币国际化程度的下降。

鉴于人民币汇率与人民币国际化的以上关系,未来人民币国际化的前景有可能出现以下三种情况:一是人民币重新回归趋势性升值通道。一旦出现这种情况,流向离岸市场的人民币资金会明显增多,人民币国际化会维持较快地发展。但是鉴于 2015 年中国外汇储备快速下降的现状,短期内人民币重新回归升值趋势的可能性不大。二是人民币进入趋势性贬值通道。在这种情况下,境外离岸市场的一部分人民币资金会回流境内市场,离岸人民币业务的发展会进入低迷时期。不过,鉴于中国仍存在巨大的贸易收支顺差,人民币也不大可能出现趋势性贬值。三是人民币汇率进入双向波动阶段。一旦出现这种情况,人民币国际化有可能从快速发展阶段进入稳步发展阶段。另外,跨境人民币内外循环的格局有可能发生明显变化。迄今为止,跨境人民币循环一直延续了经常项下人民币输出和资本项下人民币回流的格局,未来有可能出现相反的情况,即经常项目成为回流人民币的渠道,而资本项目成为输出人民币的渠道。

最后,值得强调的是,当前人民币汇率只是影响人民币国际化的短期因素之一,从更长远的视角来看,人民币国际化的长期发展趋势最终取决于中国经济实力的变化,中国经济的可持续发展是推动人民币国际化的根本动力。

第二章 “一带一路”建设与人民币国际化

2013 年 9 月，习近平主席访问哈萨克斯坦提出了建立“丝绸之路经济带”的倡议，10 月习近平主席访问印度尼西亚和东盟总部时又提出了重建“海上丝绸之路”的设想。这是中共中央作出的一项重大的国际战略决策，是下一轮中国对外开放、周边外交、中国国内经济发展的大战略。

2014 年 11 月 4 日，习近平主席主持召开中央财经领导小组第八次会议，专门研究丝绸之路经济带和 21 世纪海上丝绸之路规划，发起建立亚洲基础设施投资银行和设立丝路基金。习近平发表重要讲话强调，丝绸之路经济带和 21 世纪海上丝绸之路倡议顺应了时代要求和各国加快发展的愿望，提供了一个包容性巨大的发展平台，具有深厚历史渊源和人文基础，能够把快速发展的中国经济同沿线国家的利益结合起来。要集中力量办好这件大事，秉持亲、诚、惠、容的周边外交理念，近睦远交，使沿线国家对我们更认同、更亲近、更支持①。可见，这是中国在未来开展经济外交的最重要的抓手。“一带一路”建设不是简单的对外合作的一个项目，他是中国对外战略和国家经济发展战略的集中体现。

“一带一路”与人民币国际化存在着直接的关联度，两者既是互动关系，相互呼应和促进，也是中国应对国际环境变化的两个重要战略，互为补充，缺一不可。本章将围绕“一带一路”与人民币国际化，展开深入讨论。

---

① 《习近平主持召开中央财经领导小组第八次会议》，http://www.gov.cn/xinwen/2014-11/06/content_2775891.htm。

第一节 “一带一路”建设与中国对外开放以及经济发展

一、“一带一路”与中国更高层次开放

中国改革开放30多年，总体上是以引进资本和技术，开放本国的市场和产业，融入世界经济体系为基本经济特征的。通过对内改革和对外开放的互动，中国经济获得了快速发展，1979—2013年的34年中，中国GDP平价每年递增9.8%，经济规模不断扩大，自2009年起超过日本成为世界第二大经济体。与此同时，中国经济融入世界经济的程度也不断提高，中国的贸易由1980年排名世界第23位成长为世界第1位；2013年的对外贸易规模达到4.16万亿美元，其中出口更是达到2.21万亿美元。中国每年吸引的海外直接投资一直稳定在全球第2位，从2011年以来一直稳定在1 000亿美元以上。从这些基本的数据看，中国经济外向型的经济格局非常明显，对外开放的程度已经很高。但是，这样一种开放经济形态具有明显的赶超型经济体的特征，与发达经济体的开放特征有很大的不同。

第一，中国经济的对外开放结构不够均衡，主要表现在资源内敛型，对外发散的程度不高。中国的出口有超过50%仍然是跨国公司的加工贸易出口，是由跨国公司将全球资源汇聚到中国与中国的优势要素相结合，然后将加工的产成品再销售到世界，由此决定了中国的贸易长期顺差。在资本流向上，基本上是外部资金流向中国，中国企业走出去投资只是在近几年才方兴未艾。

第二，中国对外开放的区域不够均衡，主要是对发达国家和东亚邻国的开放，对于中亚、西亚、中东欧、南亚相对开放度不高，经贸关系不够密切，对于拉丁美洲和非洲的开放也有待于进一步拓展。而从中国自身的对外开放区域格局看，东部沿海开放程度高，内陆和西部对外开放程度低。

第三，中国的开放基本上是通过一系列的政策安排，鼓励资源在中国集聚来提升中国的竞争力和生产力，开放型经济所需要的制度体系尚不完善。很多利于开放的政策源于中央政府和地方政府的有意扶持，与国际惯例和制度存在差距，稳定性不够。

第四，中国经济的开放领域有很强的选择性，宽度和深度尚有待提高。中

国以往的30多年改革开放重点主要是在制造业和商品贸易领域,因此中国的制造业和商品贸易在对外开放的进程中经历了痛苦的调整,从而增强了竞争力,在国际市场上有了自己的地位,当然需要进一步调整往更高的价值链转移。而在服务业上,中国还有很多领域未开放,有很多领域仍然有比较多的政府保护,需要在新一轮开放中扩大和提升开放的程度。

从全球看,由美欧主导的新一轮更高层次的开放也逐渐成为一个无法改变的趋势,其开放的核心内容不仅仅是商品市场的开放和国际规范,而且包括服务业开放以及与整个贸易相关的国内制度体系的开放与国际规范。美国主导的TPP(跨太平洋伙伴关系)和TTIP(跨大西洋贸易与投资伙伴协议)谈判就是这种努力的一个缩影,而在WTO框架里服务贸易协定谈判(TISA)也反映了这一趋势①。

正是从这个意义上看,中国的对外开放进入了一个更高层的新阶段。在这个阶段上,中国不仅需要应对外部环境变化产生的新压力,更重要的是要将中国过去30年来改革开放形成的中国竞争力和优势化为中国下一个阶段增长的新动力和新资源,主动地参与国际经济新规则的制定和博弈,实现中国由经济大国向经济强国的过渡。

在这个新的开放阶段上,中国的企业要走出去投资,将中国的金融资源变成海外的硬资产;中国的贸易应更加平衡地发展,不仅是出口与进口更加平衡,服务贸易和货物贸易也要更加平衡地发展;贸易对象也要既有发达国家又有发展中国家,更加平衡地发展;而国内则更是要形成全方位的开放,让内陆和西部省份走到开放的前沿;在金融领域中国的金融市场要更加开放,人民币要走出国门,而不再仅仅是不断地吸纳境外资金,要资源内敛与资源对外溢出和发散相平衡;在对外开放的制度层面,我们既需要构建与国际惯例相衔接的开放型经济体制又要保持中国特色。

这个更高层次的开放需要若干个抓手,中央所规划的抓手就是“一带一路”建设、亚太自贸区、人民币国际化、中美和中欧双边投资协定。在这些抓手中,“一带一路”建设又居于特殊重要的地位,因为“一带一路”建设是中国全方

① 中国人民大学中国经济改革与发展研究院的申现杰和国家发改委研究院国土开发与地区经济研究所所长肖金成认为,“一带一路”就是中国应对国际区域合作新形势的合作战略。参见申现杰、肖金成:《国际区域经济合作新形势与我“一带一路合作战略”》,《宏观经济研究》2014年第11期。

位对外开放与人民币国际化互动的战略。中国对外开放目前的特点是沿海和面向太平洋为重点的对外开放，西部省份和内陆地区开放度相对偏低；而面向西面的中亚、西亚和中东欧开放广度也偏低。中国与东北亚、东南亚国家的合作相对紧密，而与南亚印度洋沿岸国家的合作相对疏松。“一带一路”建设正是着眼于改变这种开放和对外合作的失衡，实现全方位的对外开放①。“一带一路”建设还与人民币国际化，改变中国资源内敛为向外溢和辐射直接相关。中国通过 30 多年的改革开放集聚了超过 4 万亿美元的外汇盈余资金，无论是从更好地让这些资金为中国经济发展服务，还是从分散风险的角度出发，都需要将这些资金从目前主要以流动性外汇储备资产为主，转变成以更有价值的有形硬资产和优质资源的所有权为主的形态。“一带一路”建设可以提供最佳的机会，因为“一带一路”沿线国家在金融资源以及经济发展所需要的基础设置建设方面都正好与中国所需要的对外投资相契合。而中国进出口平衡发展也将给“一带一路”沿线国家带来更多的将商品出口到中国的机会。

二、“一带一路”与睦邻、友邻、惠邻的周边外交战略

中国和平崛起需要周边和平安定的环境，而中国和平崛起又会给周边国家提供更多的利益和发展机会。中国秉持亲、诚、惠、容的周边外交理念，强调近睦远交。而惠邻、睦邻、友邻最重要的内容是在经济上让中国的周边国家从中国的经济发展中获得好处。中国经济 30 多年来快速发展，经济实力不断增强，与周边国家的经济互利合作关系不断得到拓展，中国经济发展为周边国家提供的发展机遇也不断增加。但是在中国周边国家中仍然存在一些疑虑，担心中国的崛起将损害他们的利益。因此，中国的周边外交需要将重心放在实实在在的国际经济发展战略上，为更多的国家提供经济发展机遇。这是务实外交的重要体现。

另外，从中国与周边国家的经济关系看，东亚国家由于与中国的经贸往来

---

① 商务部部长高虎城 2014 年 27 日在全国商务工作会议上部署 2015 年的重点工作时表示，要推进“一带一路”建设，实现全方位的开放。要用好已有各种多双边经贸合作机制，明确重点合作领域和合作项目，提升贸易投资便利化水平，支持在有条件的国家设立境外经贸合作区，与更多沿线国家探讨建设自贸区，促进经贸畅通。可见，全方位开放是“一带一路”建设的重要目标之一。

比较密切，从中国经济发展中获得的机会相对较多，互利互惠的关系比较明显。而中国与中亚、西亚以及南亚国家之间的经贸关系不够紧密，互利互惠关系发展的空间有待进一步拓展。“一带一路”正是从进一步拓展这一互惠互利关系，让中亚、西亚、南亚和中东欧更多国家从中国的发展中获得更多和更实在的经济发展机会出发做出的战略决策。从“一带一路”所能够带来的具体经济利益分析，起码将给沿线国家带来以下几个方面的利益。

第一，将加强亚洲与欧洲、太平洋与印度洋互通互连，更好地实现沿线国家各自的比较利益。“丝绸之路”传统上是连接亚洲与欧洲的通道，是亚洲与欧洲两个大陆进行贸易的通道，两个大陆在古代正是通过丝绸之路进行贸易和文化交流的；而“海上丝绸之路”是中国与东南亚和印度洋沿岸国家的传统贸易和文化交流通道。正是通过“一带一路”，东亚与中西亚和欧洲、太平洋与印度洋相连，加强了文明的对话和沟通，也进行了互通有无的贸易，将各自的商品销售给对方，不仅提高了各自的生活质量，而且也促进了双方的经济发展。现在，在现代意义上重建“一带一路”，将大大提高双方的互通互联效率，为贸易投资提供更好的基础条件。随着与沿线国家的互通互连基础设施建设所带来的物流、资金流、人流效率的提高，中国与沿线国家建设双边、区域自由贸易区就有了基础。这将使沿线国家的经济更好地发挥比较优势，从贸易创造和相互投资中获得更多的比较利益。

第二，将极大改善沿线国家的基础设施，为经济增长提供新的动力。构建现代化意义上的“一带一路”将需要全面提升现有的基础设施，从铁路、公路到港口都需要改造和重建，这会带来巨额的基础设施建设投资，沿带和沿路的国家都将在一个新的高度上规划和建设这些基础设施。“一带一路”建设不仅仅能加强亚欧大陆以及太平洋与印度洋之间的互通互联，而且能成为这两个大陆与两个大洋之间增强经济联系和全面合作的基础；而加强互通互联的核心或者基础条件就是基础设施建设，就是铁路、公路、桥梁、港口以及相关配套设施等建设，因此，基础设施建设在“一带一路”建设中也就成为最重要的和决定性的内容。这些投资本身不仅会造福这些国家的人民，而且还会带动一系列的其他经济活动，大大提升“一带一路”沿线国家的经济活力和实力。

第三，将加强东亚和西欧这两个经济活力最强的区域在物理上的联系，并利用其各自优势向中东欧和中亚、西亚辐射，带动相对落后地区的发展。这是

“一带一路”建设非常重要的一个目标。中国具有资金和巨大的制造业生产能力优势，而西欧则有着发达的技术基础，通过“一带一路”建设将两者的优势结合在一起，就会极大地带动相对落后区域的经济发展，为他们提供经济发展机会。而同时，东亚和西欧也将获得新的经济发展空间。

而往南，中国与东盟，直至印度洋，将通过海上丝绸之路得到更紧密的联系，使中国这个亚洲和太平洋的经济巨人更积极地影响印度洋沿岸。而印度作为南亚主要国家和经济增长潜力巨大的经济体，也将在这个过程中获得更多的经济腾飞所需要的资源和机会。

综上所述，“一带一路”建设很好地体现了中国睦邻、友邻、惠邻的周边外交战略，不仅可以为沿线国家提供经济发展机遇，更重要的是可以加强中国与沿线国家间的合作。

三、“一带一路”与中国经济发展的关系

中国经济正进入“创新驱动、转型发展”的新阶段，经济发展正进入一种新常态。在这个阶段，中国的经济增长率将从高速和超高速降至中高速增长，经济结构的升级和经济增长动力的转换将成为其发展主要的特征。伴随着这种转型的是中国传统产业的转型，这也在一定程度上决定着中国经济转型的成功与否。“一带一路”建设战略的提出也是在后一层意义上对中国经济转型发展提供支持。

“一带一路”打破原有点状、块状的区域发展模式。无论是早期的经济特区，还是最近成立的自贸区，都是以单一区域为发展突破口。“一带一路”彻底改变之前点状、块状的发展格局。横向看，它贯穿中国东部、中部和西部；纵向看，它连接主要沿海港口城市，并且不断向东盟和印度洋延伸。这将改变中国区域发展版图，使更多省份走到对外开放的前沿，参与国际产业承接与转移，有利于中国的对外开放，加快中国经济转型升级。

“一带一路”也与中共中央提出的国内重要区域（京津冀经济带、长江流域经济带）经济发展战略有着紧密的联系。根据笔者的理解，国内经济发展战略是“一带一路”战略的支撑点，而“一带一路”战略是中国国内经济向外的延伸。“一带一路”建设将为中国京津冀经济带和长江流域经济带提供市场和动力，而国内经济建设的推进，也会为“一带一路”建设提供更加坚实的基础。也正

因如此，“一带一路”战略启动后，国内各个省份和部委都在研究如何在其中发挥重要作用，而大多数处于“一带一路”沿线的国家也对“一带一路”建设寄予厚望，并且也积极与中国合作。现在土耳其铁路、泰国铁路、匈塞铁路新建设都将启动。

第二节 “一带一路”建设需要突破的瓶颈

一、“一带一路”睦邻、友邻、惠邻的战略意义尚需沿线国家形成共识

现在，“一带一路”尚处于初步探索阶段，从中国领导人提出这一战略设想到沿线国家都认识到这是中国睦邻、友邻和惠邻的战略举措尚需时日。从当前看，沿线国家存在一些片面的认识是需要我们做工作并且以实际行动予以化解的，否则将对推进“一带一路”建设构成障碍。

“一带一路”建设需要中国大量的资源，包括金融资源和其他资源的投入。这是一个双赢的战略，而非单方面受益的战略。这一点随着时间的推移正在被越来越多的沿线国家所理解。

一些西方媒体仍然用冷战思维方式看待中国“一带一路”建设的战略，他们从地缘政治角度出发，认为这是中国试图重建亚洲核心地位的举措，为的是获得新的战略通道，对俄罗斯欧亚战略和美国在亚洲的领导地位构成威胁①。这些看法都是错误的。首先，俄罗斯也是“一带一路”建设最大的受益方。因为通过“一带一路”建设欧亚之间的互联互通更加便捷、紧密，处于丝绸之路中间地带的俄罗斯所能获得的好处自是不言而喻。其次，“一带一路”是一个经济发展战略，通过经济建设项目来推动沿线国家的经济发展，并不是一个地缘政治的抓手，更不是排他性的政治经济联盟。中国与包括俄罗斯在内的所有沿线国家都建立了良好的合作关系，“一带一路”是要加强这种关系，而不是相反。至于用“一带一路”战略来夺取美国在亚洲的领导权就更是牵强。因为这

---

① Jasmintown Foundation 发表了一篇文章认为中国“一带一路”是试图获得新的战略通道，参阅“China's Silk Road Strategy: A Foothold in Sues, But Looking to Isreal”。路透社也载文认为中国的“一带一路”战略将损害俄罗斯主导的欧亚关税同盟。Simon Denyer 在美国华盛顿邮报撰文认为“一带一路”是中国应对美国亚太再平衡的战略，意在削弱美国在亚太的领导权。参阅他的署名文章“China Promotes Asia Pacific Dream to Counter US Povit”，2014 年 11 月 11 日 *Washington Post*。

与现实不符。中国已经明确表示承认美国在亚洲的现存地位，而且中美双方在经贸方面的合作也非常广泛，并正在谈判双边投资协定。中国对美国主导的 TPP（跨太平洋伙伴关系）也抱开放的心态，并且积极主动推进亚太自由贸易区谈判的启动。不能把没有美国加入而中国参与的经济合作计划都看成零和式博弈和挑战，这种思维本身就是错误的。

尽管如此，上述片面或错误的看法对“一带一路”建设的副作用不可低估。因此，中国政府要在更广泛的范围内形成共识。

二、以客观的态度评估“一带一路”建设项目的特点和金融需求

目前处于初始阶段的“一带一路”建设中的互通互联的基础设施建设项目主要还是由中国政府规划，与相关国家协商并最后确定的。就当前看，基础设施建设的规模究竟有多大，需要多少融资规模，目前还无法估算。但从建设高速铁路、高速公路所需要的巨额成本而言，融资需求应该非常大。如果要修建西安为起点到德国柏林的高速铁路线路，以每公里 1 000 万美元的最保守价格估算，光这样的铁路线修建就需要 650 亿美元，还不包括与此相配套的其他项目所需要的融资。

另外，除了基础设施中的公路铁路和桥梁等项目外，不同的国家对本国的基础设施建设顺序也不一样，比如电站、供水设施、医疗卫生设施等，都属于基础设施的范畴，这些也是在“一带一路”建设中需要考虑的建设项目。因此，仅从基础设施建设需要的资金规模看此项目工程就十分浩大。尽管中国政府发起建立了 1 000 亿美元资本金的亚洲基础设施投资银行（简称亚投行），提供了 400 亿美元的丝路基金，这些资金只能作为启动资金，发挥种子作用。国际性金融机构和官方提供的资金是无法满足“一带一路”基础设施建设所需要的全部融资规模的，而且全部由政府和国际金融机构提供融资也不符合“一带一路”的战略设想。“一带一路”建设的各类项目，尤其是基础设施建设项目必须在经济上有可持续性，通过融资建设后能够自我运行并产生经济效应。只有这样，才能令所在国和所在区域的经济与之有机地联系在一起，才能带动区域经济发展，最后由点到面形成经济增长带。否则，投入的资金将无法带动经济。正是从这一层意义上看，“一带一路”建设并非只是中国政府投资的项目，也不仅仅是中国企业和金融机构的事，它需要变成开放的平台，让沿线国家金

融机构和整个国际金融市场都能够参与规划和融资。

当然，在初始阶段，由于很多建设项目达不到国际金融市场融资的条件，未来回报率不高，国际金融市场恐无人愿意参与，中国的金融机构和企业需要从更长远的战略角度带头参与。国内的银行以及有着丰富金融资源的其他非银行金融机构，比如各类基金等，尤其保险公司可以通过不同的形式参与到“一带一路”基础设施建设的融资中，比如：参与亚投行发起的银团贷款，购买亚投行发行的债券，购买“一带一路”建设项目主体发行的建设债券，在风险可控的前提下为一些项目提供中长期贷款，为一些项目提供融资担保，参与国家开发银行和中国进出口银行牵头的银团贷款，为“一带一路”项目下的设备采购提供出口信贷，为“一带一路”沿线国家的贸易以及相关建设项目提供融资担保和信用保险，等等。但是，这种积极带头和参与不能忽视微观层面的风险，必须在微观层面上按照国际标准进行市场化的风险评估，备有风险控制措施。否则，投资将变成无偿的投入，没有投资回报也就意味着项目的自身可持续性存在问题，也就无法实现滚动开发和以点带面的目标，最终“一带一路”建设的战略目标就无法实现。而这一点，在很多地方政府蜂拥而上的一些项目规划中常被忽视。

三、中国金融机构参与“一带一路”建设的微观制约因素分析

笔者初步认为，尽管中资金融机构国际化业务拓展的经验相对薄弱，但是“一带一路”建设是中国国家战略，是中国集制造业、服务业和金融业以及中国制度优势与“一带一路”沿线国家进行的经济合作，这就与中国的银行和其他金融机构到海外开拓商业性的业务有很大的不同。所以，中国金融机构正好利用中国“一带一路”这个大战略，充分利用中国企业走出去投资所具有的资本输出优势，将金融服务扩展至中国资本进入的地区。

金融机构多种多样，从银行，证券、保险、基金机构，一直到信用评级机构，都可以在未来的“一带一路”项目建设中找到发挥作用的机会，既为国家大战略的实施做贡献，也为本身的业务拓展寻找机会。就当前看，国内金融机构主要是为国内企业参与“一带一路”建设提供金融服务，为相关的投资项目提供融资；国内金融机构还应积极开展为相关合作国家提供战略规划咨询、项目策划、投融资顾问、风险管理等综合性金融服务，以银行“走出去”推动企业“走

出去”。

但是，由于中国金融机构的国际化程度不高，在海外的分支机构布点相对有限，加上人民币还刚刚处于国际化的初级阶段，中国金融机构走出海外为“一带一路”建设项目提供融资和其他金融服务就面临着不熟悉环境、风险评判和管理手段不适应、业务开展渠道比较狭窄、人员素质和配置不足等制约。

如果不在上述几个方面加快改革和完善，中国金融机构在缺乏政府层面协议保障的情况下贸然以大手笔涉入“一带一路”沿线国家大项目融资，就可能会有比较高的风险。从长远看，这也会对“一带一路”建设产生负面影响。

第三节　人民币国际化的现状与发展趋势

一、人民币国际化进程简况

中国政府正式推动人民币国际化始于2009年。当年7月，中国人民银行、财政部、商务部、海关总署、国家税务总局联合颁布《跨境贸易人民币结算试点管理办法》，其主要目的在于通过人民币跨境结算来减少中国进出口企业的汇率变动风险，避免美元汇率变动对中国进出口产生冲击。跨境贸易人民币结算业务自2009年以来迅速扩大，2010年全国人民币贸易结算的规模增加至5 063亿元，比2009年增长了58倍；2011年达到2.08万亿元，2012年增加至2.94万亿元，2013年跃升至4.63万亿元；2014年人民币跨境结算业务更是达到6.55万亿元，比2013年增长了41.5%。2015年1—7月份，跨境结算规模就达到6.73万亿元，同比增长了20%。

人民币国际化的直接目标是让国内进出口商免受美元汇率波动风险，但除此之外，还有着更加长远的战略目标，那就是应对现存国际货币体系的缺陷以及维护中国国际金融利益。从长远看，推动人民币走出去，分散中国在国际金融资产上的风险，避免中国海外金融资产的价值损失，尤其是在极端条件下免受美国失信行为的损害也是人民币国际化的重要战略目标。中国经过30多年的发展，积累了将近4万亿美元的外汇储备，这些资产目前主要是以国际货币发行国家的政府债券的形式保有的，其中美国政府债券占较大比重。随着美元和其他外汇储备货币发行国货币不断贬值，中国在海外的金融资产价值就会受损失，因此推动人民币国际化，让人民币走出国门，成为中国在海外投资的计值货币，不仅可以让我们的“软资产”变成海外的矿产资源、土地、优质企业等“硬资产”，还可以让我们的海外资产避免外汇贬值可能带来的损失。从更长远的角度看，还可以让人民币成为国际储备货币，分享国际货币发行收益。

二、离岸人民币市场的发展与人民币国际化的关系

人民币离岸市场是指在人民币国际化快速发展的基础上形成的海外人民币交易市场，其特点是人民币流出海外，在海外的金融市场上沉淀，被用作金融资产的载体在金融市场被交易。其形态从最初的与贸易结算相联系的人民币存贷款，不断发展成包括人民币债券，人民币各种理财产品和金融衍生产品在内的全面的人民币产品的交易。

人民币离岸市场是在人民币发行所在地，即中国大陆之外以人民币为载体的金融市场，从其所具有的基本特性看，它与美元和欧洲其他货币的离岸市场相类似。但是人民币离岸市场发展的原因和在国际市场所起的作用，与其有很大的差异。前者是在布雷顿森林体系发生危机的背景下，巨额美元资金流出美国同时又试图规避美国国内的监管逐渐发展起来的，美国曾经试图抑制海外美元市场的发展。而人民币海外离岸市场的发展是随着中国经济实力不断增强，人民币资产在国际上越来越有吸引力，但是中国的金融市场没有开放，获得人民币资产的途径受到限制的背景下发展起来的。中国政府为了避免国内经济主体遭受美元汇率变动的冲击和损失，在 2009 年开始推动人民币贸易结算，人民币资金才开始大规模流向境外，人民币海外离岸市场获得了迅速发展。中国政府对于海外人民币离岸市场的发展持积极支持态度，为这个市场的发展提供了清算和结算的便利，并且和所在地中央银行合作，通过货币互换等方式为海外离岸市场发展构建了稳定机制。因此，人民币离岸市场发展是人民币国际化的一个过程，它对国际货币体系的稳定起到了积极作用。

三、人民币离岸市场的发展概况与人民币国际化

人民币离岸市场的源头是香港。由于内地与香港的经济关系紧密，即使

在人民币尚未实现经常账户自由兑换的 1996 年以前，香港也存在着一定范围的人民币交易，一部分商店也在较高贴水率基础上接受人民币支付，逐渐使香港有了人民币的沉淀资金。随着内地经济开放程度不断提高，与香港经济关系不断密切，尤其是内地开放了香港旅游后，内地居民在香港旅游消费的规模日增，人民币通过旅游消费流向香港。香港的商户和银行为了扩大业务，不仅接受人民币支付，而且还开辟了人民币存款业务。当人民币在香港集聚到了一定的规模，被香港的银行通过人民币贷款又提供给需要人民币的企业后，人民币的离岸市场就在香港形成了。为了配合这部分滞留在香港的人民币回流，国家开发银行 2007 年在香港发行了首笔人民币债券，随后人民币债券市场就成为香港人民币离岸市场重要组成部分。它与人民币与港币的兑换所形成的人民币外汇交易市场在性质上不一样，前者是人民币离岸市场的滥觞，而后者是香港外汇市场的组成部分。

不过，香港人民币离岸市场在 2009 年中国大陆推动国际贸易人民币跨境结算之前规模并不大。据香港金融管理局的资料，截至 2008 年年底，香港银行人民币的存款规模是 561 亿元，当年发行的债券规模是 120 亿元人民币。

随着 2009 年中国官方开始推动人民币跨境贸易结算，跨境贸易人民币结算业务迅速扩大，为香港离岸人民币市场的发展提供了极大的动力，香港的人民币业务进入了迅猛增长的阶段，因为跨境贸易结算主要是通过香港进行的。2009 年，香港跨境人民币贸易结算额合计为 19 亿元人民币，占中国跨境人民币贸易结算总额的 53%。2010 年，香港跨境人民币贸易结算额合计 3 692 亿元人民币，占中国跨境人民币贸易结算总额的比率上升至 73%。2011 年上半年，香港人民币贸易结算交易的金额达到 8 000 亿元人民币，已经超过 2010 年全年的两倍，占全国人民币贸易结算总额的比例亦上升至 80%以上；2014 年全国人民币贸易结算的规模为 6.55 万亿元，香港达到 6.26 万亿元，香港成为人民币跨境贸易结算的主要平台。与此同时，香港的人民币存款也不断上升，2009 年年底香港的人民币存款上升至 627 亿元，2010 年年底则增长至 3 149 亿元。进入 2011 年后，跨境人民币贸易结算和香港人民币存款规模持续快速增长（见表 2-1）。

表 2-1　　香港人民币资金和人民币离岸市场发展情况

单位:亿元人民币

年份	人民币跨境结算	人民币存款（不包括人民币存款证）	人民币债券发行
2008	—	561	120
2009	19	627	160
2010	3 692	3 149	410
2011	19 145	5 885	1 050
2012	26 325	6 030	1 287
2013	38 589	8 605	1 128
2014	62 583	10 036	1 970

资料来源:依据香港金融管理局相关报告整理。

第四节 “一带一路”与人民币国际化

一、“一带一路”沿线国家/地区与中国的金融合作需求巨大

“一带一路”建设与人民币国际化存在紧密关联。人民币国际化是改变中国制造业大国、金融弱国的重要举措,也是改变中国在国际金融体系中不利地位的战略措施,更是分散中国巨额外汇储备风险、促进中国企业走出去的重要抓手。而“一带一路”建设与人民币国际化目标是相重合的。目标的相同性决定了“一带一路”建设对于推动人民币国际化具有重要意义。

第一,“一带一路”建设所推动的中国企业到沿线国家投资的活动将为人民币走出去提供动力。当然,中国企业走出去并不一定直接导致人民币走出去,因为在沿线国家投资可能使用美元或者欧元计值。但是,如果投资的项目是由中国金融机构提供融资,基础设施建设使用的设备和商品是通过中国金融机构提供的出口信贷购买,那么就可以使用人民币结算,人民币就会在这个过程中更多地进入沿线国家,从而提升人民币的国际化程度。

第二,即便“一带一路”建设项目未必都由中国企业承建,但是基于“一带一路”沿线国家经济相对落后,资金相对缺乏,他们需要巨额的外部融资,这就为人民币资金进入沿线国家提供了机会。“一带一路”沿线国家是基础设施建

设相对薄弱的区域，无论是中亚、西亚、东南亚和中东欧，这些地区的基础设施与东北亚相比都存在比较大的差距。这些地区缺乏高速铁路、高速公路网络，缺少现代化的港口等设施，也缺乏相应的发达电子通信网络和金融网络等软设施。而要构建这些基础设施，需要大量的资金投入，但是这方面的缺口巨大，是建设“一带一路”的最大的瓶颈。根据亚洲开发银行的估算，2010—2020年，亚洲的人口增长和经济发展所需的基础设施投资规模将达到 8 万亿美元，其中东南亚就需要 6 万亿美元，资金的缺口将相当大①。中国政府和商业性的金融机构在基础设施融资方面将成为重要资金提供者。

第三，“一带一路”地区金融基础设施也相对欠发达，沿线国家金融机构对于动员本区域内的资金缺乏有力的抓手，为中国金融机构进入该地区提供金融服务留出了空间。亚洲和太平洋区域总体并不缺乏资金，该地区储蓄率高，金融资源丰富，但是由于金融体系相对不发达，很多国家的储蓄资源未能通过有效率的金融体系将储蓄资源导入实体经济建设中，很多资源被转移至国外，被西方的跨国银行所利用，成为他们在全球投资的资源。仅在 2011 年，亚洲的储蓄有 5.6 万亿美元用于区外的投资。同时，多数亚洲国家银行间接金融至今仍然是整个金融体系的主体，直接融资市场不发达，债券市场就更微不足道。银行对于基础设施建设提供融资具有一定的局限性，主要是基础设施融资通常期限长、资金规模大，提供这类融资常常会使银行的资金流动性水平下降，使银行的风险水平上升。尤其是在全球金融危机爆发以后，为了应对风险，银行所要求的风险资本比率提高，《巴塞尔协议 III》提出的增加风险资本比例的要求正在逐渐被更多国家的金融监管当局接受。基础设施融资在这样的背景下受到了不利的影响。据路透社关于东南亚基础设施的一份研究报告，2012 年私营部门为东南亚基础设施提供的融资下降了 6.3%，只有 135 亿美元。而据估计，仅印度尼西亚一个国家需要的基础设施投资就将达到 1 500 亿美元②。因此，中国的“一带一路”建设不仅需要中国企业走出去，也需要中

---

① “Fast Facts：ASEAN Infrastructure Fund”，www.ADB.org>Features。

② 路透社经济新闻专稿(Grudgings，Stuart and Neil Chatterjee，“Analysis-Southeast Asia Ready to Build，But Will Investors Come?”，http://uk.reuters.com/article/2013/03/27/southeastasia-infrastructure-idUKL1N0C60NL20130327)。

国金融机构走出去，为“一带一路”建设本身以及沿线国家提供金融服务①。随着中国金融机构在沿线国家提供的金融服务不断增加，人民币自然走进了这些地区。

第四，不少“一带一路”沿线国家中央银行和地区银行与中国人民银行签署了货币互换协议，这对人民币国际化有重要的促进作用。人民币由于价值稳定，而且中国经济保持高速增长的前景，逐渐成为一些企业甚至国家政府愿意持有的资产。在这样的背景下，中国人民银行也开始积极与一些国家的中央银行签署人民币与这些国家本币交换的货币互换协定。截至2015年年底，已与33个国家和地区签署了人民币货币互换协定，互换总额达到3.3万亿元，分别为韩国、中国香港地区、马来西亚、白俄罗斯、印度尼西亚、阿根廷、冰岛、新加坡、新西兰、乌兹别克斯坦、蒙古、哈萨克斯坦、泰国、巴基斯坦、阿联酋、土耳其、澳大利亚、乌克兰、巴西、英国、匈牙利、阿尔巴尼亚、欧洲中央银行、瑞士、斯里兰卡、俄罗斯、卡塔尔、加拿大、苏里南、南非、亚美尼亚、智利和塔吉克斯坦等国的中央银行和地区总行。除了大洋洲和拉丁美洲少数几个国家外，基本上都是“一带一路”沿线国家和地区，可见中国人民银行的货币互换也与“一带一路”建设相关联。

人民币互换对于人民币国际化有着积极的作用，因为官方的货币互换安排会极大地推进这些国家企业和个人使用人民币的积极性，并且利于他们在观念上将人民币作为可接受的交易货币。通常情况下，签署了双边互换协定的国家和地区之间将有必要进一步签署在各自金融市场上交易和兑换对方货币的附属协定，这对于人民币而言就意味着定向地逐步开放人民币自由兑换，意味着定向地开放对中国的金融市场，有利于这些国家获得人民币融资。

二、“一带一路”沿线国家/地区人民币离岸市场的构建

“一带一路”沿线国家数量众多，这些国家与中国的经贸关系发展极不平衡，其中有些国家，中国是它们的第一或者第二大贸易伙伴，双向的投资规模也很大。随着人民币国际化程度不断提高，人民币在这些国家的金融市场上交易的规模也快速增加，反过来也正是这些国家离岸市场上的人民币交易不

① 蒋志刚：《“一带一路”建设中的金融支持主导作用》，《国际经济合作》2014年第9期。

断扩大，提升了人民币的国际化程度。因此，未来“一带一路”沿线国家将是人民币离岸市场不断发展的主要区域。就目前看，除了中国香港地区因其特殊地位而成为海外最大的人民币离岸市场外，其余海外重要的人民币离岸市场也主要分布在“一带一路”沿线。

三、“一带一路”沿线主要人民币离岸市场现状

（一）新加坡人民币离岸市场

新加坡是海上丝绸之路的重要节点城市和交通枢纽。新加坡的人民币离岸中心发展要晚于中国香港，是在中国官方推动人民币贸易结算后逐渐发展的。目前新加坡是仅次于中国香港和伦敦的海外人民币外汇交易市场，日人民币外汇交易规模达到700亿元，占除中国大陆和中国香港以外地区的9%。

新加坡人民币存款从2011年1月份开始有了明显的增长，汇丰银行(新加坡)、大华银行、华侨银行、星展银行等陆续开始吸收人民币存款，到了2012年7月份，据新加坡金融管理当局表示新加坡的人民币存款已经达到了600亿元。随后，到2012年年底增长为2 350亿元，2013年年底人民币存款更是迅速增长至2 000亿元，比2012年年底增加了70%。2014年9月底，新加坡人民币存款余额已经达到2 570亿元，同期贷款规模增长至4 500亿元。

与此相应的是人民币贸易结算额也大幅度增加。据新加坡金融管理局的数据，在2013年3月—2014年的3月，新加坡人民币结算的规模增长了375%，是除中国大陆与中国香港之外贸易结算额最大的市场。

（二）伦敦人民币离岸市场

伦敦可以算是“一带一路”两个经济圈的终点，是欧洲和全球的国际金融中心，在“一带一路”中扮演着非常重要的经济堡垒的角色。由于伦敦的国际金融中心地位，近几年离岸人民币业务发展迅速，将成为“一带一路”范围内最重要的人民币离岸市场之一。2011年伦敦开始推出人民币离岸的业务，不过它不像香港，开始时，人民币资金供应并不充裕，人民币存款和信贷规模也不大。伦敦业务重点是在人民币的外汇交易上，近两年每年以50%以上的速度增长，2013年，日人民币交易量达到了253亿美元(约合1 520亿元人民币)。但是考虑到伦敦的日外汇交易量超过2万亿美元，253亿美元的规模只占1%多一点，其发展的空间巨大。当然，人民币外汇交易主要与贸易和实体经济活

动相联系，而其他货币的交易中 99%属于远期、期货、期权和其他金融性的对冲业务，与实体经济并不直接联系。简单的比较不一定准确，不过，这也从另一个层面说明了中国资本账户存在比较多的管制措施，对于海外离岸市场人民币交易规模的快速增长，有一定的抑制作用。如果要让人民币成为第五大交易货币，使人民币在伦敦的日交易规模上升至 10%以上(即假设其他四种货币都与美元交易，美元占 50%，其他货币各占 12.5%左右)，日人民币交易额就需要达到 2 500 亿美元(约为 1.5 万亿元人民币)的规模，也即需要增加 10 倍，如果没有大量的金融性交易支持这是无法达到的，而它与货币发行国基础性的金融市场开放有很大的关系，因为人民币的金融资产的主要提供方是货币发行国的经济主体。

人民币在伦敦的存款规模增长速度不快，主要在于英国与中国的贸易规模不大，人民币的来源不足。2013 年中英贸易规模 700 亿美元，如果 10%用人民币结算，也只有 70 亿美元(430 亿元人民币)，但伦敦 2013 年的人民币存款只有约合 23 亿美元(145 亿元)。

伦敦金融城在人民币资金来源上并不担忧，因为他们认为只要有需要，伦敦与香港的资金是连为一体的，资金可以很容易调过来。所以，他们的重点是放在扩大业务交易上。2013 年，伦敦市场上发行的人民币债券只有 20 亿元，与香港存在巨大的差别。不过伦敦的国际金融中心地位决定了未来人民币业务的增长潜力是巨大的。2014 年 10 月，英国政府发行了首笔外国主权政府发行的人民币债券 30 亿元，目的是为了刺激伦敦市场人民币的交易规模。未来伦敦人民币离岸业务有望获得快速发展。

(三) 欧洲大陆(巴黎、法兰克福、卢森堡)人民币离岸中心

欧洲大陆是丝绸之路经济带的西端基地，是整个经济带的双引擎之一。欧洲大陆的几个国际金融中心最近也在推动人民币离岸市场的发展。巴黎目前是欧洲人民币清算规模比较大的中心，中法贸易额约 20%是通过人民币来结算的，这使得巴黎的人民币支付额在欧洲大陆的几个中心中走在了前列。

欧洲的人民币存贷款业务主要集中在卢森堡，目前人民币存款额已经达到了 672 亿元。截至 2014 年 6 月，人民币贷款额达到了 730 亿元。

法兰克福的人民币业务主要是人民币的清算和人民币债券的发行。欧洲

大陆的人民币外汇交易也主要在法兰克福市场上。从人民币存贷款和贸易结算的规模看，法兰克福人民币离岸业务的发展与其他几个市场相比有一定的差距，不过欧洲中央银行与德国中央银行现在都积极支持法兰克福的金融机构开展人民币业务，加上中国与德国的贸易规模巨大，未来人民币离岸业务发展的潜力巨大。

法兰克福也是欧洲人民币债券的主要发行地，德国国有银行复兴信贷银行于 2014 年 4 月 29 日在法兰克福证券交易所发行了两年期的人民币债券，发行总量 10 亿元人民币。在此前的 2014 年 3 月份，中国建设银行也在法兰克福发行了 40 亿元人民币债券。

（四）首尔人民币离岸中心

韩国是中国的近邻，海上丝绸之路在北方出口所经过的第一站，如果从历史上福建泉州出发，海上丝绸之路并不经过韩国。但是在近代，韩国与中国的贸易和经济交往非常密切，中国现在已经成为韩国最大的贸易伙伴以及最大的海外投资国，韩国也成为中国第四大贸易伙伴和潜在的投资对象国。首尔的人民币离岸业务发展相对较晚，但是近两年增速很快。根据韩国央行的数据，2012 年年底韩国的人民币存款规模只有 1.7 亿美元；2013 年 7 月上升至 5.05亿美元；2014 年 2 月猛增至 76.2 亿美元，到 6 月底，韩国人民币的存款达 119.7 亿美元(约合 742 亿元)，连续 12 个月快速增长。

但是韩国人民币的业务主要是接待中国游客旅游消费收付人民币以及人民币兑换业务，人民币的存款也随着中国游客携带人民币的支付不断增加，韩国银行纷纷开展了 3 个月、6 个月和 1 年期的人民币存款业务。但是，中韩贸易以人民币计值结算的比重并不高，以 2013 年为例，中韩贸易规模达到了 2 288亿美元，但是人民币结算的比重只有 1.2%。2014 年中韩贸易人民币结算的规模虽然快速增长，但比重大约也只有 5%左右。如果按照 20%的目标计算，中韩贸易人民币结算的规模将会增长至 2 750 亿元人民币，首尔的人民币存款和其他人民币业务将会有极大的增长。

在中国人民银行与韩国银行签订了货币互换协定，并指定交通银行作为韩国人民币的清算银行后，首尔试图成为人民币离岸金融中心的目标也变得清晰起来，韩国不仅想将中韩贸易人民币结算的比重提高至 20%，而且还想成为东北亚人民币交易的一个枢纽。

（五）中国台湾地区人民币离岸市场的发展

从“一带一路”的视角看，宝岛台湾曾经是中国海上丝绸之路的起点港之一，是中国与海外联系的一个重要平台。台湾的人民币离岸市场的发展很快，目前它是紧随新加坡之后发展人民币存款和贷款业务的重要地区。据中国人民银行的数据，截至 2014 年 7 月底，台湾的人民币存款达到 2 927 亿元。另据建设银行台北分行行长 2014 年 11 月 4 日接受记者采访时透露，台北的人民币存款资金目前已经达到 3 000 亿元之多，台北获得的 RQFII 额度有 1 000 亿元人民币①。这些都是台北人民币业务发展的基础。随着两岸贸易规模继续增长，人民币在两岸贸易中的结算比例也在上升。据估计，人民币在两岸贸易结算中的比重已经从 2013 年的 5%左右上升至 8%左右。大陆与台湾贸易规模 2013 年达到 1 972.8 亿美元，如果人民币结算规模扩大至 20%，人民币的交易规模就将扩大一倍以上。当前海峡两岸之间的人民币汇款中约有 2/3 是非贸易结算款项往来，主要是旅游和其他服务贸易的资金往来，这一点也说明台湾人民币市场业务的潜力非常大。

2013 年 1 月 25 日，中国人民银行与中国银行台北分行签订了《关于人民币业务的清算协议》，指定中国银行台北分行作为台湾人民币的清算银行。台湾银行上海分行被指定为新台币的清算行，这些都为台湾人民币业务的开展提供了便利②。目前台湾金融当局和大陆中央银行正在积极合作，为人民币离岸业务的发展提供更多的便利条件。

四、“一带一路”未来人民币离岸市场发展的前景

人民币离岸市场发端于香港，目前正在向海外主要金融中心拓展。从未来的发展趋势看，海外人民币离岸市场的发展将会有两个趋势：一是离岸市场之间的内在联系会加强，人民币资金在不同的离岸市场流动的规模和速度都会提高，这是与人民币国际化程度提高、其被用于贸易之外的金融交易的规模和频率不断上升相联系的；二是人民币离岸市场的总规模会快速增长，新的市场将会出现。笔者判断“一带一路”沿线将是人民币离岸交易中心增长最快、

---

① 《陆资银行：台湾建设人民币离岸中心有优势》新华网，http://news.xinhuanet.com/2014-11/04/c_1113115384.htm。

② 《人民币清算行走进台湾》，http://forex.cnfol.com/130128/134，1381，14287666，00.shtml。

人民币交易规模扩大最为迅速的地区。

海外人民币市场从属于不同的国家和城市，大多数本身具有国际金融中心地位，各个市场上的金融交易具有各自的特点，并且受所在国金融监管当局的制约。但是从其人民币交易的性质而言，不管是在哪个金融中心从事人民币交易，他们都是整体人民币离岸市场的一部分，具有内在的联系。架构其内在联系的桥梁是各个离岸中心银行所提供的代理行服务网络以及在这个网络中的人民币自由流动。银行可以很便捷地将某个点的人民币资金调至另一个点来完成一笔交易。就目前看，中国香港是所有海外离岸业务的枢纽，是人民币离岸中心的中心，大多数海外从事人民币业务的金融机构都与中国香港的银行有人民币的收付业务，并在中国香港得到清算。本来人民币的最终清算应该在中国内地，即在上海的银行清算体系中完成，就像美元交易最终要在纽约完成清算。但是由于海外人民币资金的回流有着一定的限制，因此会有一部分人民币资金暂时只能假借香港的银行账户完成清算，中国人民银行的最终清算需要在境内外市场的隔离完全拆除后才会发挥完全的功能。这就使得境外人民币离岸市场之间的一体化程度要高于内地市场一体化程度。而中资商业银行将成为境外人民币离岸市场与境内市场一体化的桥梁。

就区域经济格局、地理位置所具有的特点看，在未来 5—10 年，由于“一带一路”战略的推动，各种投资项目会集中在“一带一路”沿线国家，尤其是中国资本未来的投资重点将会集中在“一带一路”沿线国家，这就使“一带一路”沿线国家成为离岸人民币交易集中的区域，新的离岸交易中将会在目前第一、第二梯队离岸人民币交易中心的基础上涌现。人民币离岸市场的不同梯队目前已经形成：

第一梯队：香港人民币离岸市场

由于香港毗邻内地，具有得天独厚的优势，加上香港扮演的介于内地与境外的转口贸易港，尽管重要性在下降，但仍然存在很大的空间，经过香港处理的人民币贸易结算仍会有不断的增长潜力。而且内地的金融开放程度短期内无法达到香港的水平，这就给香港的人民币离岸业务提供了继续拓展的空间，使香港在未来可成为境外人民币业务最重要的枢纽。

另外还有一个重要的原因，那就是内地资本开放将会经过一个不断试验探索的过程，在这个过程中香港将扮演对外开放桥梁和先行一步联通的角色。目前的“沪港通”以及将要开辟的“深港通”就说明了这一点。在这个过程中，香港离岸人民币市场也会获得新的发展动力，保持其在人民币离岸市场独占鳌头。

第二梯队：伦敦、法兰克福、新加坡

如前所述，伦敦是世界级的国际金融中心。随着伦敦金融城将开发人民币业务作为未来业务重点，凭借其坚实的国际金融业基础设施，人民币各种业务的开展可望获得比较快速的增长。以伦敦与香港便利的金融联系，及其对全球企业提供金融服务的巨大网络，它可以非常容易地获得人民币资金并且对全球配置。因此，伦敦有望成为第二梯队的重要人民币离岸金融中心。

法兰克福作为欧洲大陆的金融中心，其业务辐射面宽，金融机构集中。人民币离岸业务虽然在目前的发展规模还不大，人民币存款资金也有限，但是其与欧洲大陆其他金融中心之间存在紧密的联通，法兰克福可以利用其在欧元金融市场上的龙头地位将人民币业务迅速拓展。如果在零售业务上，卢森堡、巴黎可以保持自己的特色而不被取代，将来欧洲大陆的人民币批发业务也必然会集中在法兰克福。

新加坡是东南亚地区重要的国际金融中心，随着中国与东南亚地区的贸易和投资活动的增长，新加坡的人民币离岸市场有望继续扩大。新加坡本身是华裔集聚的通商中心，与中国大陆存在着比较密切的文化、亲缘、血缘等方面的关系，又是整个东南亚华裔财富的管理中心，随着人民币国际化程度的不断提高，其人民币业务也将进一步扩大。新加坡离岸人民币市场发展的主要障碍在于它离中国香港相对较近，其业务辐射至东北亚的空间受香港的竞争优势制约，空间上只能向南和向西发展。未来其服务半径可以扩展至南亚，从而成为整个人民币离岸市场中的重要节点。

第三梯队：首尔、台湾、孟买、约翰内斯堡

首尔虽然已经形成人民币离岸市场，近一两年人民币贸易结算和人民币存款增长速度较快，有一定的增长空间，但是其所面临的一些限制性因素将使得它的人民币市场无法跻身于第二梯队。首先，东北亚地区传统上是美元流通区域，而且韩国在政治上、安全上过分依赖美国，尽管韩国也试图从人民币国际化中获得好处，在一定程度上支持首尔人民币业务的发展，但受制太多。其次，韩国与中国的贸易规模虽然很大，但是大部分贸易是在韩国大跨国公司控制下的公司内贸易，这些公司在全球经营，基本上以美元结算，这是中韩贸易至今用人民币结算的比重相对于其他国家比例较低的真正原因。在可预见的将来，这一格局恐怕很难一下子改变。人民币国际化的基础即人民币贸易结算规模如果不能很快提升，其他人民币业务大幅度增长的可能性也不大。再次，从地理位置看，上海和香港的人民币业务辐射范围完全能够覆盖韩国，所以面临着上海和香港竞争的优势，韩国首尔金融市场上的金融机构也难以施展拳脚。但是尽管如此，如果中韩双边贸易和投资规模巨大，人民币业务也会在此基础上不断发展，使首尔成为整个人民币海外离岸市场的一个节点。不过，这个节点的影响辐射范围可能比较有限。

中国台湾地区也是一个快速增长的海外人民币离岸市场，台湾的人民币交易规模就目前看已经不小，尤其是人民币贸易结算规模和存款规模都超过了欧洲的人民币离岸市场。但是由于台湾的人民币离岸市场腹地较小，特殊的外部环境也限制了台湾人民币市场向其他地区辐射的空间，因此台湾人民币离岸市场只能处于第三梯队的水平。不过由于海峡两岸的经济一体化程度还会不断提高，两岸的货物贸易和服务贸易以及双向的投资还会不断增长，人民币在这个过程中作为结算货币和交易媒介的作用也会提升，台湾的人民币离岸市场也会继续扩大。

印度是海上丝绸之路的重要国家，印度与中国的贸易历史悠久。最近这些年，中印贸易和投资发展速度在加快，中国和印度还通过金砖国家峰会和金砖国家银行的纽带加强了互信和合作的信心。而孟买是印度西海岸的最大海港，商业和娱乐业之都，也是印度的重要金融中心，印度储备银行(RBI)、孟买证券交易所(BSE)、印度国家证券交易所(NSE)和许多印度公司的总部都设在这里。未来随着中印之间的贸易和投资的拓展以及人民币国际化程度的提高，在孟买形成新的人民币离岸中心是非常可能的。2011 年 9 月 15 日，中国工商银行在印度孟买设立分行，并获得了印度央行颁发的全功能牌照，使得工商银行孟买分行能为人民币贸易结算、人民币投资交易提供全面的服务，并成为孟买的人民币清算银行，为孟买成为南亚人民币交易中心奠定了基础。孟买人民币交易的潜在发展规模虽然可观，但是短期内会受制于中印贸易投资规模较小，双方的合作还需在政治层面进一步加强，从而为经济合作奠定良好的基础。

随着中非贸易不断发展，非洲的人民币贸易结算和人民币存款有望快速增长。2013 年中非贸易突破 2 000 亿美元，人民币的结算额大约占 5%，也就是 100 亿美元，约合 600 亿元人民币。如果按照这一比重计算，中非贸易的人民币结算额将在未来3年迅速上升至5 000亿元，相应地，人民币的存款也将超过1 000亿元。在这样的背景下，非洲的离岸人民币市场将在这个基础上形成。在非洲的金融中心城市中，南非的约翰内斯堡服务半径最宽、国际影响最大。未来人民币离岸市场最有可能在该地形成，成为非洲的人民币交易中心。

综上所述，未来完整的覆盖全球的人民币离岸市场的网络体系将会形成，并且三个层次的离岸市场将发挥不同的功能，使人民币的国际化水平提升至一个新的阶段。

第五节 几点政策建议

第一，做好“一带一路”外交战略的宣传工作，在沿线国家形成中国睦邻、友邻、惠邻的形象，更深层次揭示“一带一路”建设互利共赢的实质。

第二，鼓励中国企业在与“一带一路”沿线国家贸易时更多地使用人民币结算，逐步扩大“一带一路”沿线国家的人民币使用规模，形成人民币的流通区域。

第三，以亚投行、国家开发银行、中国进出口银行为龙头，与所在国家协商合作，率先筛选一批经济回报率较高、前景比较明朗的项目进行投资，以实际效益来吸引所在国和中国金融企业的参与，推动人民币资金在其中发挥主体投资的功能。

第四，加快与沿线国家政府合作和磋商，签订多层次的中国与沿线国家的自由贸易协定和投资保护协定，为中国企业投资和拓展贸易领域提供制度保障，也通过进一步对这些国家开放中国市场令其感受到中国的惠邻政策。

第五，建议中国的金融机构与企业抱团进行国际化的业务拓展；同时金融机构也需要充分利用当地的金融人才和机构，与他们开展多层次合作，迅速了解当地的金融监管和市场特点，不仅为中国企业走出去提供金融服务，而且将金融服务延伸至当地企业与居民，以金融“走出去”服务于中国企业“走出去”和资本“走出去”。

第六，建立有效的风险评估体系，鼓励有条件的研究机构和信用评估机构合作，为“一带一路”建设项目提供信用风险评估，降低中国企业和金融机构走出去的风险，并逐步将“一带一路”沿线国家的信用评估话语权掌握在中国机构手中。

第三章　中国国际收支结构演进对人民币国际化路径选择的影响

第一节　问 题 的 提 出

2008 年国际金融危机揭示出，当前以美元为主导的国际货币体系弊端重重，改革国际货币体系的呼声日益高涨，这为人民币国际化提供了难得的时间窗口和国际舆论背景。随着 2009 年中国跨境贸易人民币结算试点改革的启动，在国内外因素的共同作用下人民币国际化进程进入了一个实质性阶段。这里以跨境贸易人民币结算以及香港人民币离岸金融市场发展情况为例，首先看跨境贸易人民币结算发展情况。2009 年 7 月，国务院批准开展跨境贸易人民币结算试点，人民币国际化的征程自此启动。央行数据显示，跨境人民币结算金额 2009 年只有 35.8 亿元，2015 年上半年已经达到 3.37 万亿元，跨境货物贸易人民币结算达到 3 万亿元(图 3-1)。

2015 年 1～7 月，跨境人民币实际收付金额合计 6.73 万亿元，同比增长 20%；其中，经常项下人民币实际收付金额 3.99 万亿元，同比增长 5%；资本项下人民币实际收付金额 2.75 万亿元，同比增长 51%。截至 2015 年 7 月末，境外主体持有人民币金融资产金额合计 4.34 万亿元，其中股票市值 6 007.7 亿元、债券余额 7 974.4 亿元、贷款余额 9 749.6 亿元、存款余额 1.96 万亿元。人民币跨境收支额已经占同期本外币跨境收支额的 1/4，全国货物贸易人民币结算额占同期海关进出口额的比重达到 26%，人民币已成为中国仅次于美元的第二大跨境结算货币。至 2014 年末，超过 47 个国外央行与货币当局在中国境内持有人民币作为其储备资产。

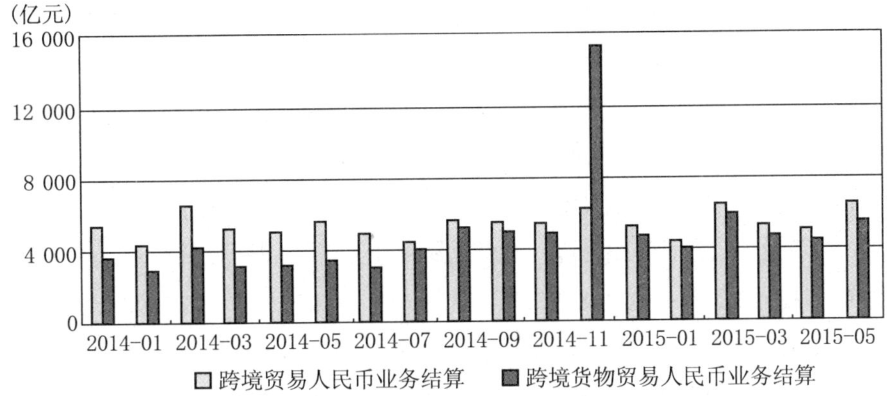

图 3-1　2014 年来中国跨境贸易发展情况

数据来源：WIND。

其次，看人民币离岸金融市场发展情况。在人民币国际化进程中，活跃的离岸人民币市场发挥着至关重要的作用。凭借独特的地缘优势，香港始终引领着离岸人民币市场的蓬勃发展。2010 年人民币国际化刚起步时，香港的离岸人民币资金池规模只有 630 亿元，而截至 2015 年 5 月底，该资金池已将近万亿元(图 3-2)。

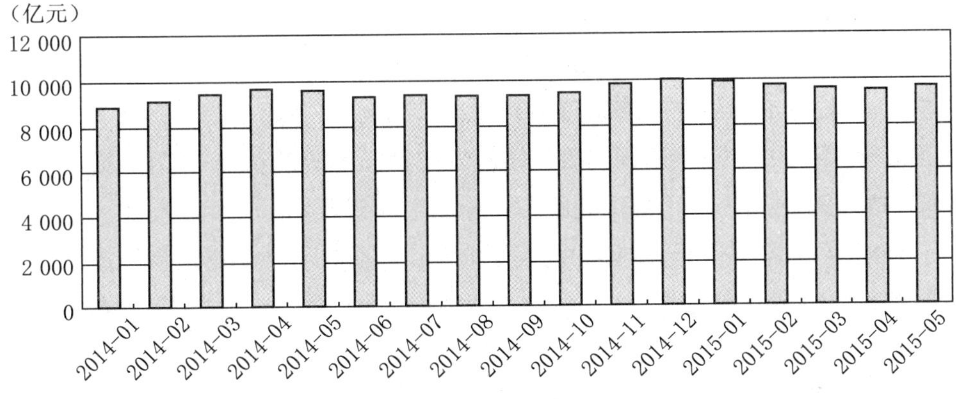

图 3-2　香港市场人民币存款余额

数据来源：WIND。

截至 2015 年 7 月末，人民银行与 32 个国家和地区的中央银行或货币当局签署了双边本币互换协议，协议总规模约 3.1 万亿元人民币，本币互换协议的实质性作用明显增加；截至 2015 年 7 月末，人民银行在 17 个国家和地区建立了人民币清算安排，覆盖东南亚、西欧、中东、北美、南美和大洋洲等地，支持了人民币成为区域计价结算货币。2015 年 6 月，据环球银行金融电信协会(SWIFT)统计，人民币已成为全球第二大贸易融资货币、第五大支付货币和第六大外汇交易货币。

总的来说，人民币开始从单一的"贸易计价货币"角色演变成为"贸易与金融计价"双重角色，且在国际官方外汇储备中所占权重有所增加。根据环球银行金融电信协会数据显示，2015 年 6 月人民币在全球支付市场的占有率为 2.09%，高于一年前同期的 1.39%，其市场占有率仅次于美元、欧元、英镑和日元，在全球支付货币中排名第五位。目前，全球超过 30 个国家的央行、主权基金和国际货币机构已将人民币列入主要储备货币；央行已在 15 个境外国家或地区建立了人民币结算中心，全面覆盖亚洲、欧洲、美洲、中东等多个国家和地区。香港以外地区债券、外汇交易、RQFII 等产品创新活动不断出现，离岸人民币市场发展初步具备全球性特征。中国人民大学国际货币研究所最新发布的《人民币国际化报告 2015》显示，人民币国际化指数已经从 2009 年底的 0.02% 提高到 2014 年底的 2.47%，5 年间增长了 120 余倍，有望在两年内成为第四大国际货币。

货币国际化的历史经验表明，货币国际化是由初级向高级逐步发展的过程，所处的不同阶段对应着不同的国际收支结构。人民币国际化是人民币从国内流向境外，成为他国普遍认可的计价、结算和储备货币的过程。随着人民币国际化进程的推进，中国国际收支结构也应做出相应的调整，同时国际收支结构的变化也会对人民币国际化路径选择产生深刻影响。

1999 年以来，中国国际收支持续了 13 年的经常账户和资本及金融账户(简称资本账户)双顺差格局，也导致了长期的总体顺差。2012 年出现了经常账户顺差与资本账户逆差并存的局面，国际收支顺差有所收窄，显示了趋于平衡的态势。2013 年，根据国家外汇管理局公布数据，中国经常账户顺差规模较 2012 年下降 15%，与 GDP 之比持续回落至 2%，但受企业顺周期财务运作导致资本项下证券投资和其他投资大量流入的影响，资本账户获得 3 262 亿美元的创纪录顺差，中国国际收支重回"双顺差"格局，总体顺差达 5 090 亿美元。

人民币国际化的过程，本质上是人民币资本走出国境、向外输出的过程。与中国经常账户和资本账户“双顺差”格局相适应。自 2009 年跨境贸易人民币结算试点以来，中国人民币国际化推进路径主要是通过贸易渠道，以进口支付的形式对外输出，同时通过资本项目适度回流，总体上保持了输出的态势。只有当进口人民币结算比重明显高于出口人民币结算比重时才能在贸易渠道输出人民币。2009—2013 年，进口人民币结算比重除在 2012 年略微下滑外，其他年份均快速上升，2013 年估计约 15%①，而出口人民币结算比重则上升速度比较平缓，2013 年估计约 9%，两者差距扩大至约 6 个百分点。因此，在中国出口长期大于进口的情况下，进口对外支付人民币数量仍大大超出出口收取人民币的数量，实现了贸易渠道净输出人民币。

2013 年货物贸易人民币结算占当年进出口总额的 11.7%；进口人民币结算(实际付款)19 674 亿元，占进口额的 16.3%；出口人民币结算(实际收款)10 516亿元，占出口额的 7.7%；进口人民币结算比重高于出口，推动人民币贸易项下净输出 9 158 亿元。2009 年试点至 2013 年末，人民币经常项下(以货物贸易为主)输出 20 900 亿元，资本项下回流 11 000 亿元，净输出约 9 900 亿元，形成了约 1 万亿元的境外人民币存量，致使离岸人民币市场快速发展。人民币国际化在贸易项下输出人民币开局顺利，奠定了良好的基础。但继续通过贸易渠道输出人民币以推进人民币国际化则面临两方面的问题②：一是中国贸易结构制约人民币贸易输出规模；二是导致国际收支不平衡和外汇储备积累。

2014 年第二季度，中国经常账户顺差 722 亿美元，资本账户(含净误差与遗漏)逆差 369 亿美元。这是 2012 年第三季度 579 亿美元逆差以来连续季度外汇“双顺差”的一次改变，中国再度出现经常账户顺差和资本账户逆差并存的国际收支总体平衡格局。在这一背景下，未来中国国际收支是否将趋于持续总体平衡(经常账户顺差、小幅顺差与资本账户小幅逆差组合)，不仅关系到外汇市场供求是否实现均衡和外汇储备积累，还关系到人民币国际化实际推进路径的选择。它成为各方面关注的焦点。

---

① 根据《2013 年中国货币执行报告》有关数据估算。

② 孙国峰：《资本输出：人民币国际化的战略选择》，《比较》2014 年第 6 期。

第二节　国际收支结构演进与货币国际化关系：理论梳理与经验借鉴

一、理论梳理

货币国际化理论认为，一国货币能否成为国际货币主要取决于人们对该货币的信心。一国货币的国际化程度是该国经济实力强弱的一种外在表现，国家经济实力的强弱决定了货币国际竞争能力的高低和作为国际货币周期的长短。作为一国居民与非居民经济交易系统记录的国际收支结构是一国经济实力的外在表现，国际收支状况及其变动趋势影响并反映该国货币国际化进程。

1958—1979 年任 IMF 研究局局长的波拉克①(Jacquses.J.Polak)提出的"波拉克模型"从货币角度分析国际收支平衡，结论是对外输出货币(货币国际化)本质上需要货币发行国出现国际收支缺口来实现。假设全球只有货币输出国(a)和货币输入国(b)两个经济体，CA 为经常账户净额，FA 为资本与金融项目净额，Ma 为货币发行国对外输出的货币，则：

$$CAa+FAa+CAb+FAb=0$$

$$CAb+FAb=Ma$$

∵$Ma>0$(b 国获得 a 国货币收入)

∴$CAa+FAa<0$，若 $CAa>0$，则 $FAa<0$

因此，对外输出货币(货币国际化)本质上需要货币发行国出现国际收支缺口来实现，当一国经常项目是顺差时，要实现本币国际化，必须是资本项目逆差。这就关系到一国国际收支格局演变的问题。

关于国际收支格局演变的理论，主要是国际收支格局变化的阶段假说，比较有代表性的有两种。其中，克劳瑟(Crowther, 1957)和金德尔伯格(Kindleberger, 1963)提出六阶段说，即按净投资收益和净出口两个指标的组合(包括正负号不能抵补的额外两种情况)而划分为未成熟债务国、成熟债务国、债务偿还国、未成熟债权国、成熟债权国和债权借款国；萨缪尔森(1952)和比耶

---

① Polak, J. 1957. Monetary Analysis of Income Formation and Payments Problems. IMF Staff Papers 6：1—50.

(Byé, 1965)提出四阶段说，即年轻和成长中的债务国、成熟的债务国、新债权国以及成熟的债权国。阶段假说对具体的阶段划分有所不同，但一国国际收支格局演变方向是从债务国到债权国，这一归纳符合学术界和实务界的共识。不过，在阶段假说中，演变过程与一国人均收入水平变化的联系过于紧密，其结论是穷国是经常项目逆差和资本项目顺差的组合，资本应当从富国流向穷国。学术界对此有较多争议。哈列维(Halevi, 1971)认为，收入水平和国际收支虽然有一定关系，但是收入水平不足以成为国际收支的主要解释变量。希特里斯(Hitiris, 1988)的理论分析显示，国际收支随着经济增长不断演进的现象只会在十分有限的情况下出现。有学者(Cho, 1987)认为穷国利用资源出口产品，会吸引资本流入，随着资本流入，对本国资源利用更充分，会增加产品出口，因此资本流入和出口扩张最后会导致储蓄过剩和资本出口。卢卡斯(Lucas, 1990)则提出著名的卢卡斯悖论①，即现实中看不到本应出现的从富国流向穷国的大规模资本流动。阶段假说的另一个争议之处在于，这些模型假设的研究对象都是小型开放经济体，对美国、中国、日本等大型经济体的解释力比较薄弱，这一点已成为学术界的共识。孙国峰②(2014)认为，除人均收入水平外，还有三个重要因素影响国际收支格局演变：一是贸易品部门的国际竞争力；二是经济规模和系统重要性；三是货币的国际地位。中国作为世界第一大出口国，贸易品部门显然具有很强的竞争优势，经常项目顺差符合国际分工的资源优化配置。中国又是一个大国，而且人民币并非国际储备货币，如果经常项目长期逆差，要靠从国外输入资本来维持，则必然不可持续。为了实现国际收支总体平衡，在经常项目小幅顺差的前提下，需要资本项目实现小幅逆差，而经常项目顺差又为资本项目逆差提供了条件。虽然中国人均收入较发达国家仍有较大差距，但绝对水平已越过 8 000 美元③，且呈快速增长的态势，在贸易品有很强国际竞争力的情况下，已具备成为债权国的条件，因此中国国际收支格局可持续的选择应当是经常项目顺差加资本项目逆差。

---

① Lucas, R. "Why Doesn't Capital Flow From Rich to Poor Countries?", *American Economic Review*, 1990(2)92—96.

② 孙国峰:《经常项目顺差和资本项目逆差——总体平衡目标下中国国际收支格局演变的选择》,《国际金融研究》2014 年第 10 期。

③ 据国家统计局 2016 年 1 月 19 日公布的经济数据显示，2015 年中国全年国内生产总值(GDP) 67.67 万亿元，相当于 10.42 万亿美元，在世界排名第二，仅次于美国。然而人均 GDP 为 5.2 万元，约合 8 016 美元，与美国、日本、德国、英国等发达国家 3.7 万美元以上的水平仍有很大差距。

特韦尔和大关(Tavals 和 Ozeki，1996)认为[①]，国际净资产增大意味着该国经济、金融实力及向国外输出本币资本的能力增强，将推动本币国际化；净负债头寸意味着该国清偿能力不足，会降低本币的国际信誉，从而阻碍其国际化。在经常项目逆差尤其是货物贸易逆差时期，对外净金融资产并不会增加净负债，因为即使资本和金融项目呈现顺差，但因其在资产增加的同时也导致对外负债增加，不能有效形成对外净金融债权并增强对外支付能力及本币接受程度。具体而言，在后种情况下，中央银行拥有的对外资产增加了，但其他部门(如企业、地方政府、中央政府等)的对外负债增加了，或对外金融资产减少了，从整个国家来看，对外净金融资产并没有增加。在经常项目顺差尤其是货物贸易顺差增加时，才能真正增加对外净金融资产和对外净金融债权，增强对外支付能力。贸易顺差代表一国经济尤其是制造业对其他国家的相对优势，这一点对当前人民币国际化所处的阶段至关重要。张青龙、王舒婷(2011)[②]认为，人民币国际化的不同阶段需要不同的条件，在人民币国际化初级阶段，货物贸易顺差是人民币国际化的重要价值支撑。

阿利伯(Aliber，1964)、伯格斯腾(Bergsten，1975)[③]认为，国际货币发行国可通过发行本国货币为国际收支赤字融资，因此有利于国际收支平衡。塔维拉斯(1998)认为货币国际运用的成本主要体现在：在钉住汇率制下，外国人偏好的转移可能导致大量的资金流动，破坏货币当局控制基础货币的能力，并影响国内经济活动；在浮动汇率制下，这种转移导致汇率的大幅度波动，可能限制货币当局的国内政策能力。麦金农(2003)提出“美德两难(Conflicted Virtue)”问题，即有着高储蓄率“美德”的东亚国家有较高的经常项目盈余，必然形成对外债权，但东亚国家不是成熟的债权国，不能以本币在国际上放贷。如果本币升值，则本国积累的美元资产会受到损失；如果不升值，则外国会抱怨本币低估导致贸易顺差，因此政策将陷入“两难”境地。如果要维持国际收支平衡，就

---

① Tavlas, George S., “The international use of currencies: the Deutsche market”, *in Functioning of the International Monetary System*, edited by Jeffrey A. Frankel and Morris Goldstein, Vol.2, Washington: International Monetary Fund, 1996.

② 张青龙、王舒婷:《国际收支结构研究:基于人民币国际化视角的分析》,《国际金融研究》2011年第5期。

③ Giovannini, Alberto, “Exchange Rates and Traded Goods Prices,” *Journal of International Economics*, Elsevier, Vol.24(1—2), pages 45—68, February, 1988.

需要使人民币利率低于美元利率，且利差要覆盖人民币升值预期和持有美元资产的风险溢价之和，其结果是将中国推到流动性陷阱和通货紧缩。麦金农[①](2013)进一步分析，由于中国储蓄过剩，即便没有热钱流入，中长期看人民币汇率也面临升值压力。作为一个不成熟的国际借贷者，中国还没有能力通过对外提供人民币贷款来平衡资金流入。而外国投资者只要担心人民币继续面临要求升值的外部政治压力，就依然不愿从中国银行借人民币，或者在海外发行人民币计价债券。就目前而言，如果中国试图放开金融市场，热钱将会向错误的方向流动——进来而不是出去，其结论是，中国必须暂时维持对金融资本流动的控制和央行外汇干预。根据麦金农的理论推论，中国高储蓄导致经常项目顺差，只有发展成为成熟的债权国，对外提供人民币贷款，即资本项目输出人民币，才能实现可持续的国际收支平衡，防止中国进入流动性陷阱和通货紧缩，彻底解决"美德两难"问题[②]。

二、国际经验

根据国际经验，货币的国际化进程呈现阶段性特征。在一国货币国际化的初级阶段，该国货币仅是在有限区域的部分国际交易中发挥有限的作用，充当支付手段、记账单位或价值贮藏手段。这一阶段该国货币是通过贸易项下输出，主要由市场力量推动。大国经济基础、贸易强势地位、币值具备中长期稳定基础或升值潜力的基本要素，使得贸易伙伴愿意接受对方货币。英国在海上霸权时期、美国在第一次世界大战期间、日本在20世纪60—70年代经济腾飞阶段，均通过贸易渠道输出本币，基本实现了本币作为本国贸易结算货币的职能。但这一阶段本币国际化的基础还比较薄弱。从微观看，本币对境外主体而言属于暂时持有的资产，黏性不高，一旦形势出现变化，境外主体会迅速抛售本币。从宏观看，此时本币主要在本国贸易结算中使用，尚未成为第三国普遍接受的结算货币，国际使用的范围还很狭窄。从输出规模看，贸易结构会约束本币结算比例的持续提升，随着一国经济实力和出口竞争力的提升，长期贸易顺差使得贸易本币结算的最终结果是本币净流入而非净输出。如果一

---

① Ronald I. McKinnon, *The Unloved Dollar Standard: From Bretton Woods to the Rise of China*, Oxford and New York: Oxford University Press, 2013.

② 孙国峰:《美德两难与中国金融改革——悼念麦金农教授》,《财经》,2014年第29期。

国货币在国际化进程中无法持续输出，则很可能长期处于充当本国部分进出口结算货币的初级阶段。

在一国货币国际化的高级阶段，该国货币已经发展成为国际货币，在一个相当大的市场范围内被他国或地区的参与者普遍接受，充当一般等价物，发挥货币的各项职能。这一阶段该国货币是通过资本项下输出，多由政府带动和市场力量协同推进。资本项下输出的微观基础在于，本币对境外主体而言不只具备资产属性，而是拓展至具有负债属性，即境外主体成为负债主体，偿债义务的约束使境外主体抛售意愿减弱、积累意愿增强，货币的黏性更高。英、美等发达经济体在本币国际化起步或发展过程中都是贸易顺差国，在经历贸易项下输出本币的第一阶段后，为推动本币国际化，都将资本项下输出本币置于国家战略的高度，以政策推力创造国际需求，带动市场力量推进第二阶段发展，逐步夯实本币国际化的基础。

（一）英国通过金融机构输出借贷资本，促进英镑全球流通

19 世纪下半叶，出于国家战略考虑和解决国内资金过剩的需要（英国通过国际贸易积累了大量黄金），英国开始大规模输出资本，加大对外投资和贷款力度，控制他国铁路权、矿权和财税权，强化英国的国际分工优势地位。这一时期的资本输出以借贷资本为主，巴林银行、罗斯柴尔德银行、汇丰银行、渣打银行大量购买外国英镑债券，并附加条件，强势介入外国的铁路、采矿和公用事业。继金融资本之后，英国产业资本依托全球庞大的殖民地经济体系迅速向全球扩张，以此控制殖民地市场、全球贸易和资源品定价。第一次世界大战前，全球长期投资的一半源于英国，英国控制着高达 200 亿美元的海外资产，成为全球最大的债权人，由此推动了英镑在全球的广泛流通和储备。

（二）美国通过美联储贴现国际商业汇票和“马歇尔计划”逐步建立美元国际储备货币地位

1. 美联储贴现国际商业汇票

第一次世界大战的消耗导致英镑币值剧烈波动，而美国通过战争品出口积累的巨额黄金维系美元强势，贸易商逐步改英镑结算为美元结算。由于交战国金融资本大规模向军工转移，导致国际贸易信用短缺，欧洲各国纷纷将商业承兑汇票转向资金充裕的纽约市场进行贴现。美元计价的商业汇票登上历史舞台。美国政府抓住时机鼓励本国银行对外扩张输出美元。政府规定，凡

资本金在 100 万美元以上的美国银行，都有资格设立海外分行，银行必须支持本国贸易走向全球。法律允许这些银行以不超过自有资本的 50%购买商业汇票。在政府倡导下，以纽约国际城市银行（花旗银行前身）为代表的美国银行业开启了国际化大潮，利用 10 年时间建立了 181 个海外分支机构，金融触角遍布全球，这些海外机构大力支持当地贸易商改英镑结算为美元结算，并在纽约市场贴现，推动美元商业汇票从欧洲走向亚洲、非洲和南美洲。商业汇票贴现需求大增导致纽约银行业自有资金实力出现缺口，银行拆入资金成本趋近贴现收益，汇票承兑意愿下降，出现淤积。此时，刚刚成立的美联储果断将商业汇票纳入贴现品种，既向市场投放美元流动性，也间接向海外输出美元。美联储的深度介入使得纽约市场汇票贴现成本低于伦敦 1 个百分点，纽约汇票市场异军突起，美元开始成为国际金融计价和结算货币。到 20 世纪 20 年代中期，一半以上的美国贸易商开始使用美元计价的商业汇票，1924 年全球商业汇票以美元计价的总额超过了英镑的 1 倍。

2. “马歇尔计划”

该计划是第二次世界大战（简称“二战”）后美国依托国际货币和贸易体系主导权，向西欧输出美元资本，以重建西欧经济并构筑对苏“遏制屏障”的重大对外战略，内容包括贷款、赠款、技术援助等。1947—1951 年分四年共出资 130 亿美元，占 1947 年美国财政预算的 13%和 GDP 的 5.4%。受援国必须购置一定数量的美国商品，消除关税壁垒，将本国和殖民地生产的战略物资供应给美国，保障美国私人投资和开发的权利。由于“二战”严重冲击了西欧国家的工业生产，耗光了其外汇储备，“马歇尔计划”的资金援助成为西欧国家进口的主要资金来源。一方面为美国出口开拓了巨大的西欧市场，极大地刺激了美国对西欧出口和投资，10 年间美国对西欧直接投资年均增长 17%，帮助美国在战后消化了过剩产能，带动美国经济走出衰退；另一方面通过偿债义务形成西欧各国对美元的依赖，使美元成为西欧各国的结算货币，迅速推进美元国际化，确立了美元强势和在全球的主导地位。从战略意义看，“马歇尔计划”配合了布雷顿森林体系强化美元作为国际储备货币的制度安排，以做大国际贷款和海外直接投资规模为基础，推动美国产业资本全球扩张，建立了以美国为产业、金融龙头的国际分工体系，掌握全球核心价值链的组织、治理和分配，推动美元作为国际储备货币在世界范围内广泛流通。20 世纪 50 年代上半期，美国提供的信贷资金已占国际信贷市场的78%；到1970年美国对外直接投资规模占到全球的60%。

有学者从美国经常项目逆差和国际储备货币地位出发，认为经常项目逆差是货币国际化的前提。实际上美国在美元国际化的进程中始终保持经常项目顺差，在1874—1970年的97年中有93年贸易顺差，同时通过资本项目输出美元。在美元已经牢固确立了中心储备货币地位后，美国才出现经常项目逆差。可见，经常项目逆差并非美元国际化的前提，相反是美元国际化之后美国的一种政策选择。

（三）日本通过“黑字还流”计划提升日元国际地位

1978年日本大藏省（现财务省）提出“正视日元国际化，使日元和联邦德国马克一起发挥国际通货部分补充职能”的方针，开始以政府意志推动日元国际化进程。1984年日本和美国共同设立日元美元委员会。1987—1991年日本分三期实行“黑字还流”计划（Capital Recycling Program），总额约650亿美元，占1987年日本GDP的2.6%。主要内容包括：在世界银行成立日本特别基金，为发展中国家的经济调整项目提供贷款支持；参与国际开发机构的增资计划；鼓励日本进出口银行、日本海外协力基金和日本国内商业银行参与国际开发机构的日元银团贷款项目，并通过日本海外协力基金直接向发展中国家提供援助性日元贷款，包括配合美国援助拉丁美洲的“布兰迪计划”向拉丁美洲国家提供援助性日元贷款；扩大面向发展中国家的非约束性贷款规模，以受援国能源、原材料出口企业为援助对象，受援国项目投产后产品出口日本；鼓励国际开发机构在日本发行日元债券；日本进出口银行承销发展中国家在日本发行日元债券，帮助发展中国家政府募集日本国内的私人资金。“黑字还流”计划以国家力量撬动私人部门资本输出（占71%），迅速拉动日本经济增长，平衡巨额贸易顺差，缓解了资源匮乏难题，为企业开拓了海外市场。低端产业链的外移加速了日本国内高附加值产业的培育，确立了东亚区域以日本为产业龙头的分工格局。同时，实现了日元在境外的有效沉淀，提升了日元的国际影响力。日元在特别提款权（SDR）中的权重两次被提高，达到21%。

尽管日本在资本项下输出日元做了很多努力，取得了一些进展，但长期效果并不理想，2013年三季度末，日元在全球公布币种结构的外汇储备中仅占3.9%，远低于美元的61.4%和欧元的24.2%。20世纪80年代以后日元国际化进展缓慢的原因一是日本推进资本项下输出日元不够坚决，仍比较强调贸易项下输出。但日本贸易结构主要是从发展中国家进口原材料（能源）和中间品，加工后出口到其他发达国家，如 1989 年原材料和中间品分别占日本进口的 49.6%和 47.6%，欧美市场占到日本出口额的 54.4%。受格拉斯曼法则影响，日元难以用于大宗商品和原材料进口的支付，贸易结算的比重始终徘徊不前。二是日元离岸市场没有服务于实体经济。日本和美国在日元国际化问题上立场不一致，美国认为应从欧洲日元输出自由化开始，日本则对欧洲日元市场十分谨慎，同时强调东京离岸金融市场(JOM)对日本建设国际金融中心的作用。结果从 1984 年至 1990 年，日本银行业的对外资产由 1 050 亿美元升到 7 250 亿美元，日本银行业的对外负债则从 1 300 亿美元升到 9 040 亿美元，净流入日本的资金从 250 亿美元增至 1 800 亿美元，从贸易项下输出的大量日元资金又通过东京离岸金融市场变相回流到日本国内股票市场和地产市场，成为助长 1990 年日本泡沫危机的重要因素。这一阶段的日元大规模跨境流动被日本学者称为“再贷款”游戏，没有实现输出本币的目的。日本在本币资本输出方面的失误导致其日元国际化陷入倒退，始终停留在本国双边贸易部分本币结算的初级阶段，没有真正进入资本输出的高级阶段。

梳理英、美的经验和日本的教训，可以发现本币资本输出的共同点：第一，都是在高贸易顺差、国内产能和资本过剩的背景下推动的；第二，都置于国家战略高度，以政府(央行)出资撬动私人资本杠杆；第三，都是紧扣实业资本的输出，创造出口需求，带动国内低端产业链输出和产业结构升级，增强本国在全球或区域范围内的产业主导地位，形成有利于本国资本收益最大化的国际收支格局。这说明货币国际化与资本国际化相辅相成、互为表里，资本国际化为货币国际化提供内部支撑，货币国际化则为资本国际化提供外部便利。一国通过资本输出形成的国际分工地位在很大程度上决定了本币的国际地位。

第三节　中国国际收支结构的现状、特征与未来趋势

一、中国国际收支结构的现状、特征

这部分主要对比 1999—2014 年中国国际收支平衡表的总体特点，为反映长期变化趋势选取年度数据。

(一) 总体格局

中国国际收支双顺差格局自 1999 年开始持续到 2011 年，时间长达 12 年。

其后，在2012年资本账户出现短暂逆差后，2013年、2014年又恢复了双顺差格局（图3-3）。其中，经常账户顺差占比和资本账户顺差占比一直波动变化。

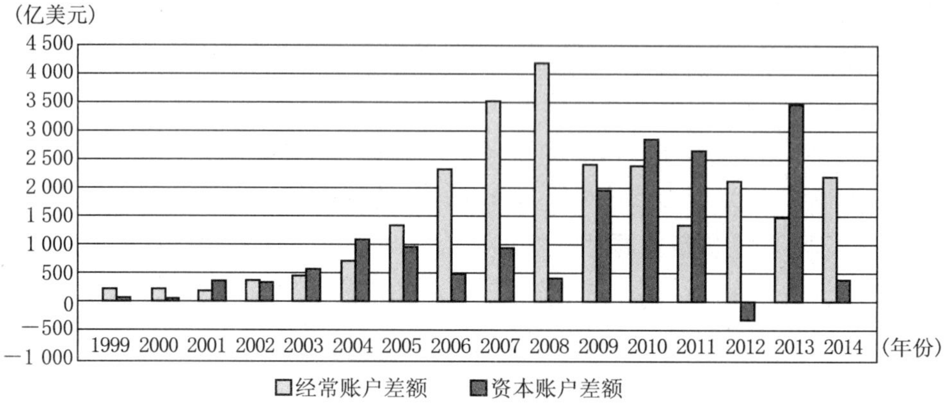

图3-3 中国1999—2014年经常账户和资本账户差额变化情况

资料来源：根据1999—2004年国际收支平衡表整理而得。

（二）分项目结构特点

（1）经常项目。2008年以前，货物项目顺差额大幅增长，在其带动下，中国的经常项目顺差额迅速增加。经常项目顺差占国际收支总顺差的比重2008年达到了91%，后有所回落，其后占比呈波动上升。2012年达到制高点120%，此后有所回调。经常项目差额中货物差额长期呈顺差并逐年上升，服务差额在2009年以后由顺差转为逆差并逐渐扩大，收益差额长期逆差，经常转移差额自2013年开始波动变化（图3-4）。

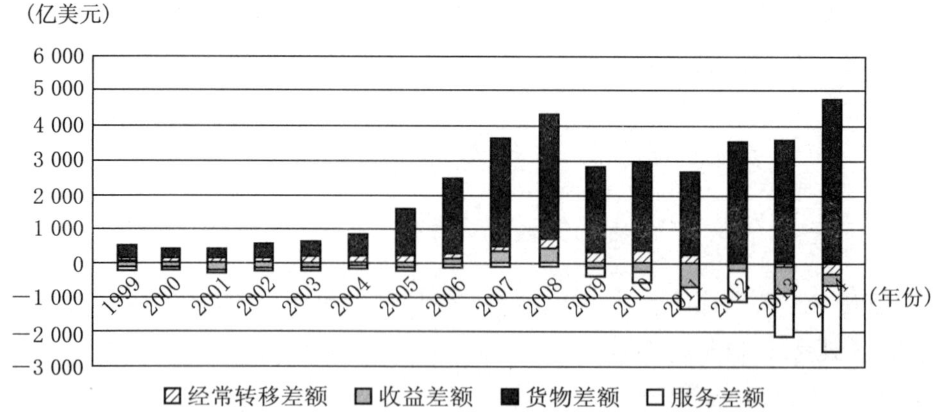

图3-4 中国1999—2014年经常账户子项目差额变化情况

(2) 资本账户。资本账户由资本项目和金融账户组成。分析 2011—2014 年资本账户季度数据可以看出，金融账户差额变动影响较大，资本账户差额的影响很小，几乎为 0(图 3-5)。在占比较大的金融账户差额(图 3-6)中，直接投资差额所占比重较大，证券投资占比较小，而其他投资差额近几年占比明显增加。

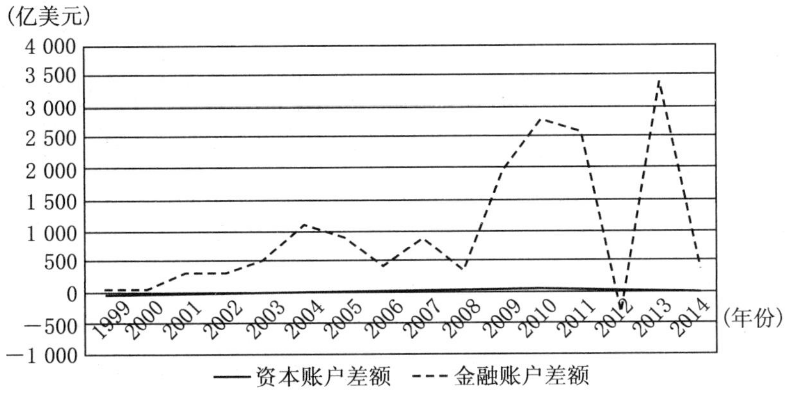

图 3-5　中国 1999—2014 年资本与金融账户子项目差额变化情况

资料来源：作者根据 1999—2014 年国际收支平衡表整理而得。

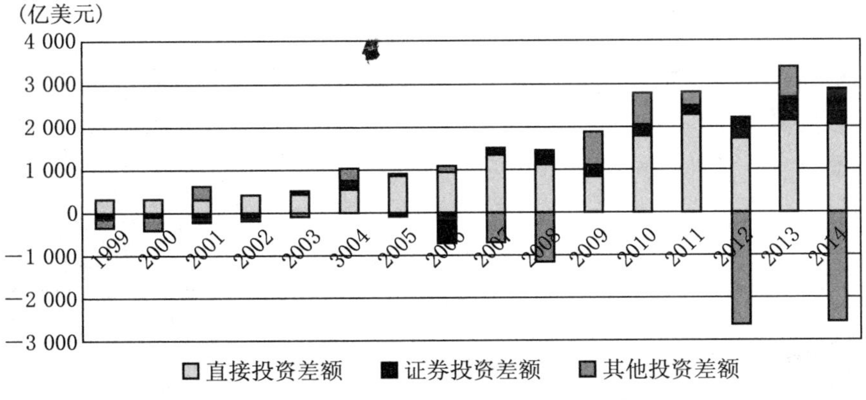

图 3-6　中国 1999—2014 年金融账户子项目差额变化情况

资料来源：根据 1999—2014 年国际收支平衡表整理而得。

二、2008 年以来中国国际收支结构的新变化

(一) 中国国际收支平衡新变化

近年来，中国国际收支出现了经常项目顺差缩减、资本账户双向波动的新局面，国际收支状况改善，其变化的主要原因是资本账户的不断开放。近几年

来证券投资和其他投资的流动规模呈波动上升。国际收支运行新常态首先体现在中国跨境资金双向波动更加明显，外汇储备增长势头放缓上（图 3-7）。

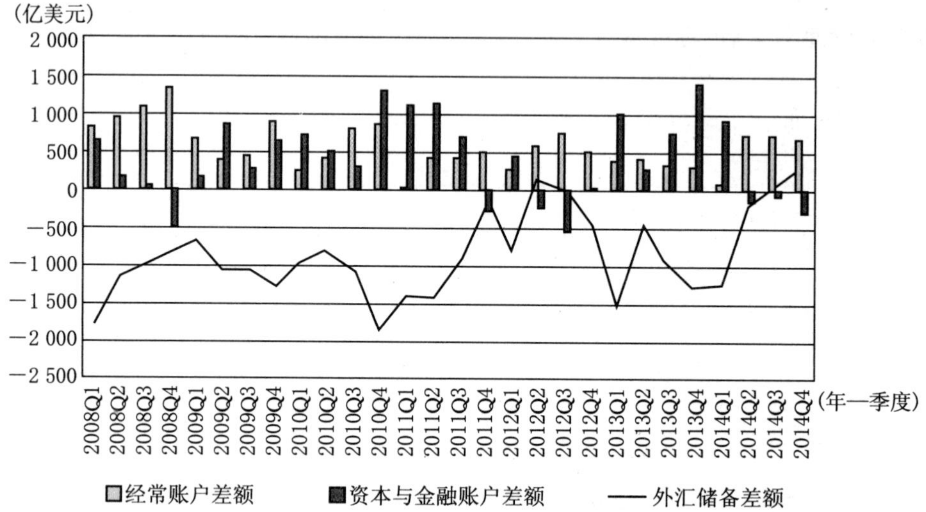

图 3-7　中国 1999—2014 年经常账户和资本账户差额季度变化情况

资料来源：根据 2008—2014 年国际收支平衡表相关数据整理而得。

根据中国外汇管理局最新统计数据显示，2014 年中国国际收支继续呈现双顺差格局，国际收支总顺差为 2 579 亿美元，较 2013 年下降了 48%。其中，经常项目顺差 2 197 亿美元，增长 48%；资本账户顺差 382 亿美元，下降 89%。

表 3-1　　2008—2014 年中国国际收支顺差结构　　单位：亿美元

项目 \ 年份	2008	2009	2010	2011	2012	2013	2014
国际收支总差额	4 607	4 417	5 247	4 016	1 836	4 943	2 579
经常账户差额	4 206	2 433	2 378	1 361	2 154	1 482	2 197
占国际收支总差额比重(%)	91	55	45	34	117	30	85
与 GDP 之比(%)	9.3	4.9	4.0	1.9	2.6	1.6	2.1
资本与金融账户差额	401	1 985	2 869	2 655	−318	3 461	382
占国际收支总差额比重(%)	9	45	55	66	−17	70	15
与 GDP 之比(%)	0.9	4.0	4.8	3.6	−0.4	3.6	0.4

资料来源：国家外汇管理局、国家统计局。

而从季度数据来看，变化更加明显，2011 年第四季度中国首次出现资本账户逆差，此后 2012 年第三季度、2014 年二、三、四季度连续出现了资本账户逆差。经常账户顺差与 GDP 的比值由 2008 年 9.3%下降到 2014 年的 2.1%，回落了 7.2个百分点，但仍保持在国际公认的合理水平内(表 3-1)。

（二）子项目变化及原因

1. 经常项目

2008 年以来经常项目顺差有所减少，其中货物服务差额变化占主要作用，而收益差额和经常转移差额所占比重很小。货物服务差额中，货物差额呈顺差并逐年上升，但具体增速有所放缓；服务差额在 2009 年以后由顺差转为逆差并呈扩大趋势，因此我们在对经常项目顺差减少的新变化原因分析中着重分析货物贸易和服务贸易子项。

一是货物贸易。货物贸易在 2011—2014 年绝对额呈上升趋势，但其增速有所放缓。2014 年一年，货物贸易收入 23 541 亿美元，支出 18 782 亿美元，顺差 4 760 美元，增速较上年降低 6%。

长期以来，为解决资金、外汇短缺与经济发展的矛盾，中国采取了一系列鼓励出口的优惠政策，从而形成了外向型经济发展的导向，导致经常项目常年顺差。近年来，世界经济增速放缓，中国以往主要出口国需求减少；同时，受人民币升值和中国劳动力生产成本上升等因素影响，制造业领域竞争力有所削弱，从而导致货物出口有所减少，尽管仍呈现明显顺差，但其增速的减缓不容忽视。

二是服务贸易。1999—2014 年以来经常账户呈现顺差，但 2011 年后其子项目服务贸易却常年呈现逆差并进一步呈扩大趋势。2014 年，服务贸易收入首次出现下降，为 1 909 亿美元，较上年下降 7%；支出 3 829 亿美元，增长 16%，逆差 1 920 亿美元，扩大 54%。我们注意到，作为其最大的逆差项目，旅游项目逆差近几年来一直呈明显的上升态势且占比增加。而运输差额、保险服务差额、专有权利使用费和特许费差额也一直为负(表 3-2)，进一步扩大了服务贸易逆差。

服务贸易逆差由来已久，这充分体现了中国服务业结构性滞后问题，缺乏比较优势，国际竞争力相对较低。近几年服务贸易逆差的扩大尤其是旅游贸易逆差的扩大，体现中国居民收入水平和消费能力的提高。随着人民币国际化进程的加快，外汇方面也放松管制，中国居民境外实际购买力大幅增高，因此出境旅游、留学、海外代购等成本普遍下降，需求日益旺盛。服务贸易的逆差有利于改善中国以往双顺差格局，从而促使经常项目和资本金融账户相抵消，达到国际收支的平衡。

表 3-2　2007—2014 年服务贸易账户子项目差额变化情况　单位：亿美元

项目＼年份	2007	2008	2009	2010	2011	2012	2013	2014
服务差额	−79	−118	−294	−312	−616	−897	−1 245	−1 920
运输差额	−120	−119	−230	−290	−449	−469	−567	−579
旅游差额	74	47	−40	−91	−241	−519	−769	−1 079
保险服务差额	−98	−114	−97	−140	−167	−173	−181	−179
专有权利使用费和特许费差额	−78	−97	−106	−122	−140	−167	−201	−219

资料来源：根据 2007—2014 年国际收支平衡表相关数据整理而得。

2. 资本账户

资本账户差额由直接投资差额、证券投资差额和其他投资差额三部分组成。

一是直接投资差额。直接投资净流入小幅下降，其中：2014 年中国对外直接投资（ODI）净流出 804 亿美元，快速增长达 10%；来华外商直接投资（FDI）净流入 2 891 亿美元，下降 1%。2011—2014 年中国对外直接投资项目逆差额呈稳步上涨趋势，绝对值差额为正，呈贸易顺差（图 3-8）。

第一，在次贷危机后欧美国家经济尚未完全恢复的环境下，中国近几年经济运行态势良好，稳健增长，外资仍保持投资中国的信心，FDI 政策持续发挥利好作用，直接投资账户变化不大；同时随着企业自身实力的增强和国家鼓励优惠政策，本土企业加快其“走出去”的步伐。从两者绝对量对比来看，外商来华直接投资量明显大于中国在外直接投资，反映了中国“宽进严出”的投资特点。

第二，从另一个角度来看，中国原本双顺差的根源在于国内储蓄高于国内投资的结构性失衡。国内经济的主要特点是储蓄率高、消费低。消费不足带

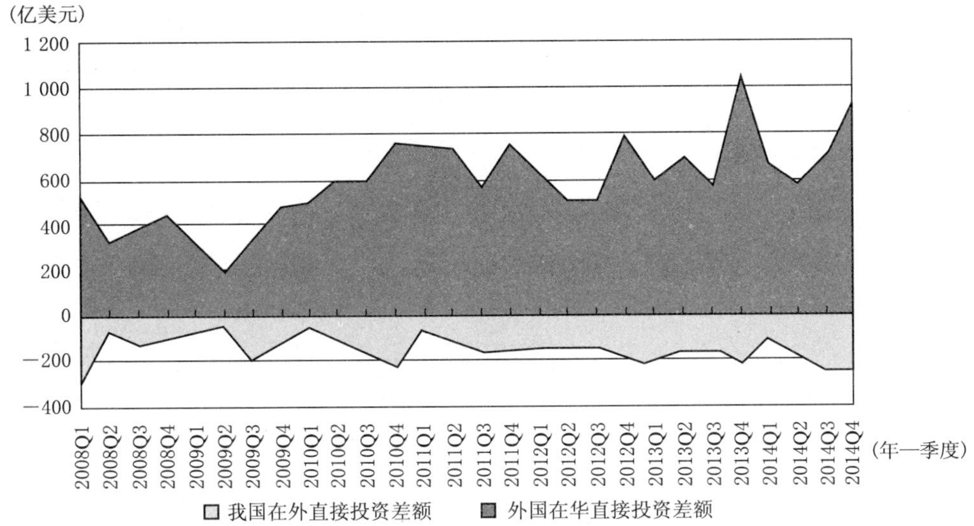

图 3-8　2008—2014 年中国在外直接投资差额和外国在华直接投资差额季度变化情况

资料来源：根据 2008—2014 年国际收支平衡表相关数据整理而得。

来储蓄过高，导致了高放贷和高投资。在国内消费需求减少的状况下，过剩产能只能通过对外出口来释放，由此导致扩大的贸易顺差。近几年随着政策的利好和人们消费观念的转变，中国经济结构开始科学转型，投资和消费需求扩大，双顺差的局面也开始扭转。

二是证券投资差额。证券投资延续顺差格局。自 2011 年欧美主权债务危机爆发后，连续三年境外对中国证券投资净流入。2014 年，证券投资项下净流入 824 亿美元，较上年增长 56%。其中，中国对外证券投资净流出 108 亿美元，扩大 102%；境外对中国证券投资净流入 932 亿美元，增长 60%。

随着中国资本市场对境外投资者的吸引力增强及境内银行和企业在境外上市的增多，QFII 政策的逐渐放开，境外对中国证券投资额在不断增加。受人民币汇率的波动上升，其逐渐失去原有投资优势。国际间产业转移方向改变，资本流向国外市场，因此中国对外证券投资虽规模较小但近年来增速明显加快。QDII 基金的发展促使了美国证券市场的复苏和资本账户进一步开放，中国个人和企业投资者对外投资也明显增加。

三是其他投资差额。2014 年，中国其他投资差额由净流入转为净流出，其他投资项下净流出 2 528 亿美元，而上年为净流入 722 亿美元（图 3-9）。其中对外资本输出大幅增长，对外负债继续增加但增速下降。2014 年后三季度的直接投资差额，证券投资差额都为正，而其他投资差额出现了巨大负差额，导致金融账户的总体逆差。

第一，资产方的净流出显示“藏汇于民”仍是导致非直接投资资本净流出的重要原因。长期以来外汇流入并不是以购买外国资本品即经常项目逆差的形式流出，而是外商将外汇卖给中国人民银行，换来的人民币购买国内资本品通过出口产生经常项目顺差，从而产生了“双顺差”。随着藏汇于民政策的实施，外汇存贷差部分被银行在境外运用，对外资产从央行转向境内机构和个人分散持有，外汇实现分流。

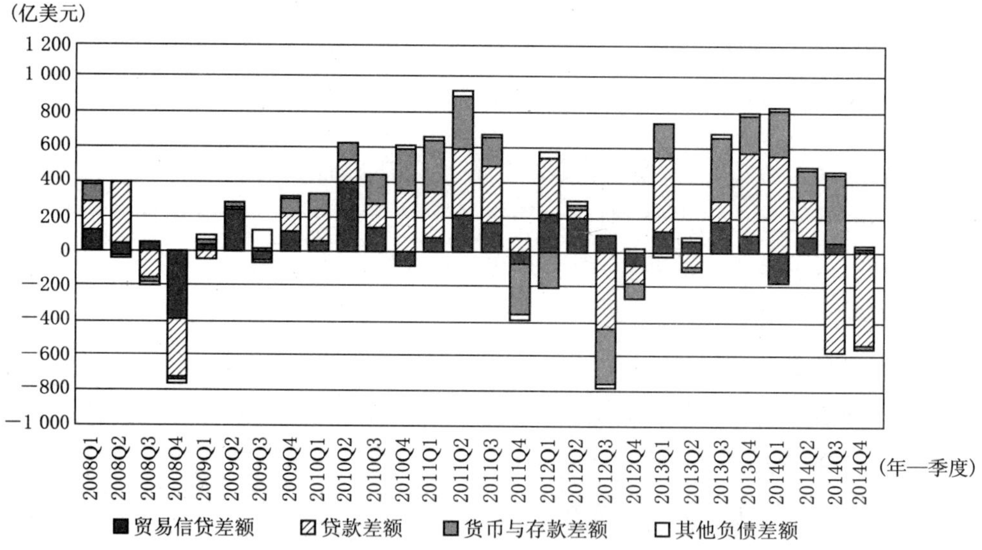

图 3-9 2008—2014 年中国其他投资账户子项目差额季度变化情况

资料来源：根据 2008—2014 年国际收支平衡表相关数据整理而得。

第二，负债方逆转则主要由于第三季度进口贸易融资余额减少 365 亿美元，而第一、第二季度分别增加 241 亿美元和 187 亿美元，因此负债去美元化是第三季度非直接投资资本净流出的又一原因。银行为规避信用证等此类贸易融资工具带来的风险，有意识地减少了对外负债，实现债务去杠杆化，境内主体财务运作方式由“资产本币化、负债外币化”转向“资产外币化、负债本币化”。

3. 储备资产

储备资产增幅放缓。尽管外汇储备余额逐年增加，但从2011年开始其增长额和增速出现明显下降。2014年，中国新增储备资产1 178亿美元，较上年下降73%。截至2014年末，中国外汇储备余额达38 430亿美元(图3-10)，较上年末增加217亿美元，同比少增4 880亿美元。

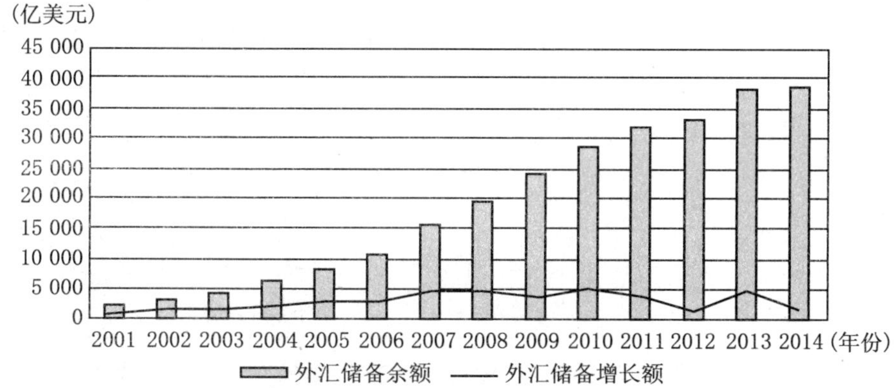

图3-10 2001—2014年中国外汇储备余额和外汇储备增长额变化情况

资料来源：根据2001—2014年国际收支平衡表相关数据整理而得。

三、中国国际收支结构演进的未来趋势研判

(一) 中国经常项目顺差有望保持低位

1. 货物贸易顺差将维持稳定

改革开放以来，中国出口持续增长。特别是2000年加入WTO后，出口长期保持较高增速，且高于全球贸易增速，因此中国出口在全球出口中份额也持续上升。2008年国际金融危机以来，中国出口份额的上升趋势在2011年出现了短暂停顿，但得益于对新兴经济体出口的增长，2012年和2013年又继续上升，2013年出口占全球的比重已达到11.8%。从主要出口国的历史看，德国和日本的出口份额分别在1998年和1986年达到过12.1%和9.9%的历史高点，之后都出现了趋势性的下降。美国由于第二次世界大战的特殊因素，出口份额在1948年达到21.8%的高位，之后逐步回落，20世纪70年代—90年代基本上在12%上下波动，其间的高点是1998年的12.4%，21世纪以来回落至

10%以下水平。从历史发展规律看，12%左右的出口份额是一个难以逾越的高点。中国出口份额在目前12%附近的水平继续提升的空间不大，保持与全球贸易增长趋同或略快一些的增速已相当不易。具体而言，从出口区域看，中国已是120多个国家（地区）最大的贸易伙伴，新兴经济体市场拓展空间趋于饱和；从经济结构看，中国人口红利削减、劳动力成本上升、低端制造业供应链外移，对出口增长构成制约；从出口结构看，中国出口高增长主要靠加工贸易带动，但2006年以来，加工贸易占中国贸易总额的比重逐年回落，2013年降至33%，较2005年回落16个百分点，继续支撑出口高速增长的潜力受限。从长期看，随着创新推动，中国出口企业有望转型升级到类似日本、德国的高端出口层级，会明显改善出口结构，提高企业利润，但同时低端出口会减少，因此出口转型升级的效果主要体现在优化出口结构、提高出口收益上，并不意味着出口总量会进一步大幅增长。

从进口看，2000年加入WTO以来，中国进口在全球的份额持续上升，2013年达到10.3%，这一水平高于日本在1974年达到的高点7.2%，接近德国在1991年达到的高点10.8%，但还远远低于美国在2000年达到的高点18.7%。尽管美国进口份额比例较高与储备货币发行国优势支持下的消费驱动型经济有关，但也说明中国进口份额上升还有一定的空间。目前中国进口增速放缓主要受进口价格下跌的影响。当前中国经济发展方式正从外需拉动向内需拉动转型，只要经济保持中高速增长，消费和投资需求就会带动进口维持稳定的增速。

在分析进口时，需要关注旅游购物对进口的实际影响。根据国家旅游局下属中国旅游研究院的研究，中国出境游消费模式处于“重购物轻体验”的初级阶段，65%的消费用于购物，避税是主要动力。

由于海关进口统计对象是缴清相关税费并办理通关手续的商品，而旅游购物多数没有申报和补税，因此未纳入海关统计，而是纳入服务贸易中的旅游项下。而近年来中国旅游结售汇逆差增长十分迅猛，2011年为733亿美元；2012年为1 044亿美元，同比增长42%；2013年达到1 517亿美元，同比增长48%，反映出境购物已成为不可忽视的实际货物进口渠道，体现了中国实际消费品进口的高增长。进口中还有一块遗漏的项目是海外代购，据中国电子商务研究中心统计，2013年中国海外代购规模达767亿元（约合120亿美元），同比增长 58.8%。

中国海关公布的贸易数据不含大量的旅游购物和海外代购，使得货物贸易顺差被高估。而且中国服务贸易统计相对落后，长期以来未按国际惯例公布全口径贸易数据，公众往往以进出口数据替代全口径贸易数据，从而容易高估中国的贸易顺差。未来随着进口综合税费降低以及进口销售垄断的破除，有一部分旅游购物转为正常进口，中国货物贸易顺差数据还会进一步下降。

综合进出口形势，未来中国货物贸易顺差将继续维持稳定。虽然不排除出现阶段性小幅上升的可能，但中国货物贸易顺差大幅上升的可能性不大。

2. 服务贸易逆差会进一步扩大

在经常项目中，比较受到关注的是货物贸易，服务贸易则容易被忽视。2008 年之前，中国服务贸易逆差变动不大，维持在 100 亿美元以下，而近 5 年来超常增长，年均增幅超过 100%。商务部公布的 2013 年服务贸易逆差为 1 185 亿美元，同比增长 39%；国家外汇管理局统计的 2013 年服务贸易结售汇逆差为 1 245 亿美元，同比增长 46%。中国已成为世界第一大服务贸易逆差国，服务贸易逆差对于中国经常项目以及整体国际收支状况的影响已不可忽视。从分项目看，服务贸易逆差的主要原因是其中的旅游和运输等传统项目逆差较大，2013 年旅游和运输逆差约 1 300 亿美元，超过服务贸易整体逆差，即使扣除实际为消费品的旅游购物后旅游和运输也仍为逆差。而咨询、计算机和信息服务、广告宣传、金融服务、专有权利使用费和特许费等高附加值服务项目的出口尽管增速较快，但由于基数较低，顺差的规模较小，远远不能抵消旅游和运输项目的逆差。

未来，随着货物贸易规模不断增长，与之相关的运输、保险等服务进口也将继续扩大。根据国家外汇管理局公布的数据，不仅中国一二线城市居民出境游火爆，三四线城市居民出境游也日渐活跃，随着免签等旅游便利措施不断推出，旅游项目逆差即使不考虑购物因素也将继续增加。中国服务业国际竞争力较弱，服务贸易出口在明显提升之前，需要先经历专利、金融等进口扩张的过程，也会导致服务贸易逆差在短期内扩大。因此，在未来短中期内中国服务贸易有可能继续扩大，成为经常项下抵消货物贸易顺差的重要因素。从长期看，随着中国经济结构调整，第三产业发展水平提升，服务业水平提高，以及积极扩大服务贸易出口、培育“中国服务”相关政策的实施，中国服务业国际竞争力将逐步提高，文化产业、咨询业、计算机和信息服务业等高附加值服务业出口增长，服务贸易逆差有望收窄，但在此之前还会经历一个先长期扩大的过程。

3. 结构性的投资收益逆差还会延续

中国对外投资以金融投资为主，外国来华投资则以直接投资为主。由于利用外资成本较高，投资收益项目一直有较大逆差，2013 年为 599 亿美元。从国际比较看，根据国家外汇管理局数据，2005—2011 年中国对外投资收益率均值为 3.3%，美国这一项目比率为 4.3%，德国和日本分别为 3.8%和 3.4%，而英国、金砖国家巴西以及韩国均低于中国，分别为 3%、2.3%和 2.9%。考虑到中国对外总资产中约 67%为国家外汇储备，其运用需要兼顾流动性、安全性和收益性，收益性并非唯一考量，能够取得与发达国家相近、高于其他新兴经济体的收益率，说明中国对外投资回报并不逊色。与此同时，2005—2011 年中国外来投资收益率(吸收外来投资的成本支出)均值为 6.9%，美国这一项目比率为 3.1%、德国为 3.3%、日本为 1.5%、英国为 2.6%。相比之下，中国外来投资收益率远远高于其他主要经济体，说明中国吸收外来投资成本较高是导致投资收益逆差的主要原因。这主要是由于中国六成以上利用外资是外来直接投资，这类股权投资属于长期、稳定的投资，流动性较差，存在经营风险，按照市场规律投资回报应高于其他形式投资。考虑到中国对外投资和外国来华投资存量巨大，短期内投资存量结构难以进行大的调整，因此结构性的投资收益逆差还会在一段时间内延续。

从经常项目包含的货物贸易、服务贸易、收益及经常转移三部分的分析看，由于货物贸易顺差持稳、服务贸易逆差扩大、结构性投资收益逆差延续，预计中长期中国经常项目将保持小幅顺差态势，经常项目顺差规模以及与 GDP 之比将相对稳定。

4. 从投资率和储蓄率的关系看中国经常项目顺差的持续性

除了以上从经常项目的组成部分具体分析经常项目顺差的演变趋势外，还可从宏观经济学中经常项目顺差等价于储蓄和投资缺口的恒等式出发分析经常项目顺差。从储蓄看，主要影响因素都是结构性的，包括人口红利消失、潜在经济增长速度放缓、企业分红制度改善、政府替代企业投资的动机不断弱化等，特别是人口老龄化导致的储蓄率下降是长期慢变量，虽然计划生育政策已开始调整，但短期内也难以改变储蓄率下降的趋势。预计国民储蓄率已经过了峰值并缓慢下降，将维持在43%～46%的水平。

从投资看，由于中国人均资本存量较低，预期投资回报率将保持在较高水平，而且中国城乡、区域、产业三大结构调整的潜力巨大，中西部地区交通、水利等基础设施建设明显不足，东中西部地区一些城市基础设施还十分薄弱，以棚户区改造为代表的保障房建设、铁路建设等基础设施投资仍有必要保持增长，周边国家和区域基础设施互联互通建设以及推进"一带一路"建设等也需要大量投资，预计投资率可能继续维持在47%的高位甚至还会上升。即使中国不扩大投资规模，投资率可能也仅逐渐降至43%～44%的水平。储蓄与投资的缺口呈逐年收敛的态势，经常项目顺差占GDP的比重有望控制在2%左右甚至更低，处于国际公认的合理水平内。储蓄—投资的结构性变化也说明近年来中国经常项目顺差规模及顺差与GDP之比的下降并非金融危机后国际贸易活动萎缩带来的周期性变动，而是"后危机时代"世界经济再平衡的结果，也是中国坚持不懈调整经济结构的结果①。国内一些学者的实证分析也支持本判断。黄志刚、郑良玉②的实证分析发现，在1994—2012年这段时间内，结构性因素和周期性因素这两者之中，结构性因素对投资率变动的解释能力更强，使得经常项目差额占GDP比重大幅下降，预计中国的经常项目差额占GDP的比重在短期内仍会处于低位。随着国际经济的复苏，中国经常项目盈余将会有所增加，但在结构不发生大的变化情况下，不可能再次出现金融危机前大规模经常项目盈余的情况。

（二）资本项目将转为小幅逆差

1. 直接投资将在一两年内转为逆差

在资本项目中，代表长期资本流动的是直接投资。外商直接投资（FDI）和对外直接投资（ODI）之差形成直接投资差额。从FDI看，经过20世纪90年代高速增长期后，21世纪以来FDI已进入比较平稳的阶段。中国更加注重吸引外资的质量，并且将利用外资与结构调整和国有企业改革相结合，近年来FDI的规模一直保持基本稳定。2013年国家外汇管理局统计的来华直接投资

---

① 孙国峰、芦东：《中国经常项目顺差中长期变动趋势》，《比较》2012年第6期。

② 黄志刚、郑良玉：《中国经常项目盈余下降是周期性的吗》，《国际金融研究》2013年第7期，第59—66页。

资本金净流入增加 1 218 亿美元，同比增长仅 3%。同时，基于国际收支统计的收益再投资净流入 1 127 亿美元，增长 17%。但外商在华投资的收益再投资通常是人民币形式，不带来外汇流入，因此在分析外汇市场供求时不予考虑。未来虽然中国经济增长速度有所放缓，经营成本上升，但整体经济环境较好，市场前景广阔，FDI 既不会显著增长，也不会明显下降，仍会维持在目前的高位水平。

从 ODI 看，其增长则十分迅猛。据商务部统计，2002—2011 年，中国 ODI 年均增速高达 45%；2012 年，中国对外直接投资创下流量 878 亿美元的历史新高，同比增长 17.6%，首次成为世界三大对外投资国之一。截至 2012 年年底，中国对外直接投资累计净额（存量）达 5 319.4 亿美元，位居全球第 13 位。中国 1.6 万家境内投资者在境外设立对外直接投资企业近 2.2 万家，分布在全球 179 个国家（地区），覆盖率达 76.8%。2012 年，中国企业共实施对外投资并购项目 457 个，实际交易金额 434 亿美元，两者均创历史之最。商务部公布 2013 年中国境内投资者共对全球 156 个国家（地区）的 5 090 家境外企业进行了直接投资，非金融企业对外投资达 902 亿美元，同比增长 17%，已与商务部统计的当年 1 176 亿美元 FDI 规模接近。参考国家外汇管理局统计的 2013 年金融部门对外直接投资净流出 158 亿美元数据，中国 FDI 和 ODI 差距已收窄至 100 亿美元左右。根据英国经济学家邓宁（John. H. Dunning，1981）的投资发展路径（Investment Development Path，IDP）理论①，以人均 GNP（国民生产总值）为标志的经济发展水平是国家对外直接投资阶段划分的重要标志。其第三阶段当人均国民收入处于 2 000～4 750 美元时，对外直接投资进入高速增长的阶段，直接投资的净值仍为负，即外商直接投资大于对外直接投资，但负值在缩小；第四阶段，直接投资净值为正而且增加，即外商直接投资小于对外直接投资，比如美国的人均收入超过了 4 950 美元后就出现了这种情况。中国 2002—2011 年 ODI 的高速增长验证了 IDP 理论，2011 年人均国民收入越过 5 000 美元后对外直接投资仍保持较高增长，按照目前 20%左右的增速，在未来几年内，ODI 规模就会超过 FDI 规模，中国将进入投资发展的第四阶

① John. H. Dunning. Explaining the International Direct Investment Position of Countries: Towards a Dynamic or Developmental Approach[J]. *Review of World Economics*. March 1981, 117(1): 30—64.

段，直接投资将转为净输出的逆差态势。

从投资对象看，中国对外直接投资可以更多地流向发展中国家和新兴市场经济体。一方面因为美国等发达经济体不希望看到国际储蓄过多流入，因此欢迎国际储蓄购买收益率比较低的政府债务，但并不非常欢迎外来的直接投资；另一方面因为这些经济体是未来全球经济的高成长点，其资源丰富、劳动力成本低，但缺乏发展必需的资金①。中国向发展中国家和新兴市场经济体直接投资还解决了多恩布什问题（Rudiger Dornbusch），即穷国向富国输出资本的疑问。

2. 金融投资顺差的格局也会发生变化

资本项目中的短期资本流动主要是金融性质的投资。一部分金融投资反映在QFII、RQFII、QDII、RQDII等公开渠道，即国际收支中的证券投资项目。按国家外汇管理局统计，2013年中国证券投资净流入605亿美元，同比增长27%，其中：股本证券净流入326亿美元，同比增长9%，主要是境内企业在香港发行H股的资金回流；债务证券净流入333亿美元，同比增长37%，主要是境外货币当局、人民币业务清算行和参加行投资境内银行间债券市场。更多的金融投资则受资本管制影响通过企业财务运作的方式进行，反映在国际收支中的其他投资项目。其他投资流入占资本项目流入的70%左右，流出占资本项目流出的80%左右，而且在国际金融危机后呈高波动性和顺周期性，是影响资本项目的最重要因素。2013年其他投资净流入776亿美元，与2012年净流出2 601亿美元形成强烈反差，主要是企业基于本外币利差"资产本币化，负债外币化"顺周期财务运作形成的。将证券投资和其他投资合计，2013年金融投资顺差高达1 381亿美元，是资本项目顺差的重要因素。

按其实质划分，金融投资大致包括固定收益投资和股权投资，两者的影响因素也有所不同，可以从以下两个方面来判断金融投资差额的发展方向。在固定收益投资方面，投资者主要通过公开的证券投资渠道和企业财务运作的其他投资渠道来进行。由于目前境内人民币利率高于境外美元等外币利率，短期内境外资本仍有通过上述两大类渠道流入中国固定收益产品市场的动

---

① 周小川：《国际金融危机：观察、分析与应对》，中国金融出版社2012年版，第14—82页。

力。未来随着中国着力于降低社会融资成本，以及美联储加息周期的到来，本外币利差会收窄。即使在一段时期内仍存在较小的本外币正利差，随着人民币汇率弹性逐渐增强，经过汇率风险调整之后的固定收益回报率也会下降，使得短期资本难以取得无风险收益；同时，面临明显增加的不确定性，新的外汇流入将显著减少，原有通过顺周期财务运作流入的外汇资金也将反向流出，固定收益类投资项下有外汇流出压力。

在股权投资方面，目前主要是公开的证券投资渠道。从市场吸引力看，中外资本市场各自具备一定的优势，难以直接比较。但从投资者看，出于投资多元化的考虑，中国投资者有购买国外股权产品的较大潜在动力，但受制于目前资本项目"宽进严出"的不对称管理模式，缺乏实现途径。表面上对内对外金融投资的管制是对称的，都有针对合格机构投资者的 QFII 和 QDII 渠道，对金融投资项下外汇流动的影响也是对称的。但实际上，境内外金融投资的主体有不同的结构，境外以机构投资者为主，现有的 QFII 渠道基本能够满足其投资需要；而境内则以个人投资者为主，希望自主投资，QDII 渠道不能满足其投资需要，严重缺乏对外股权投资的合法渠道，因此外汇管制对于金融投资外汇流动的影响是不对称的。"沪港通"正式运行和对外金融投资开放力度加大将有利于个人对外股权投资，从而可能出现股权投资净流出的局面。加上固定收益投资存在不确定性和美联储加息后外汇流出的压力，未来金融投资将不会持续呈单向外汇流入的局面，而是一个总体不确定、可能在一段时间内流出的局面。总的来看，中国资本项目"直接投资小幅顺差、金融投资大幅顺差"的格局很可能向"直接投资小幅逆差、金融投资不确定"的方向转变。如果金融投资平衡，资本项目有可能实现小幅逆差。

党的十八届三中全会提出"加快实现人民币资本项目可兑换"。人民币资本项目可兑换有利于促进贸易投资便利化，提升开放型经济水平，通过资本跨境流动等金融渠道可在更大范围、更高层次优化资源配置。从储蓄率角度看，中国是个高储蓄国家，储蓄率已达 50%左右，超出了国内投资需求，尽管储蓄—投资缺口有望保持低位，但仍有超出部分，这部分资金必须通过"走出去"的方式消化，或者以国家外汇储备的方式，或者以民间对外投资的方式。人民币资本项目可兑换有利于私人部门开展对外的直接投资和金融投资，提高对外投资效率，从而有利于中国对外资本输出和整体国际收支平衡。

综上，从国际收支的经常项目、资本项目这两大方面来看，随着中国经济发展和结构调整以及各项改革进程的深化，经常项目顺差保持低位，资本项目可能小幅逆差，未来趋向于总体均衡的基础将更加具备，国际收支格局也将更加优化。

第四节　中国国际收支结构演进对人民币国际化进程的影响

一、中国国际收支"双顺差"结构对人民币国际化实质性启动功不可没

首先，以货物贸易顺差为主的经常账户顺差，为资本输出创造了条件。贸易发展是货币国际化的基础条件，是货币国际化最基本的推动力量。贸易盈亏主要取决于一国出口产品的国际竞争力，如果对外贸易结构中初级产品出口比重不断下降，工业制成品出口比重不断提升，那么较强的产品出口竞争力有助于本国货币在国际贸易中发挥计价结算功能。近年来，中国国际收支的持续顺差，主要来源于经常账户顺差，特别是贸易账户盈余。自 2005 年以来，经常账户顺差一直占总顺差的 60%以上，且贸易账户更是占经常账户的 70%以上，由此导致中国储备资产的增加，增强了中国国际债权国地位。同时，这也一定程度上反映了中国出口产品的竞争力在不断增强。根据货币国际化理论，本国出口产品竞争力越强，本国企业货币定价权力越高，本国货币越可能被用于出口的计价和结算，从而越有利于货币的国际化。2013 年，中国成为全球第一大货物贸易国，为跨境人民币业务的开展奠定了基础，进而有利于人民币发挥金融交易职能和储备货币职能。

如前文所述，从英镑、美元和日元国际化历程中可以看出，经常项目顺差并不绝对影响一国货币国际化的进程；反之，在资本项目尚未放开的条件下，依靠经常项目顺差输出人民币，是人民币海外循环的前提和基础。

中国的贸易顺差主要来自欧盟和美国，中国对亚洲地区一直保持着较大的贸易逆差，正是利用对欧美发达国家的贸易顺差去弥补对亚洲地区的贸易逆差。2010 年，"中国—东盟自由贸易区"正式成立，在此背景下，人民币作为

贸易区内的计价结算货币更具可行性。通过对亚洲地区的贸易逆差输出人民币，有利于渐进实现人民币亚洲化。

其次，国际收支顺差带来的充足外汇储备是货币国际化重要的价值支撑。根据国家外汇管理局公布的相关数据计算得知，2001—2013年中国经常项目顺差与直接投资项下净流入高达3.8万亿美元，而同期交易形成的外汇储备资产增加额为3.7万亿美元。由此可见，长期以来，贸易和投资活动是中国外汇储备的主要增长源，这为人民币国际化提供了重要的价值支撑。

第一，充足的外汇储备奠定了中国的债权国地位，反映人民币在国际货币体系中地位的巩固。根据美国财政部数据，截至2013年12月底，中国持有美债的总额约1.27万亿美元，是美国最大债权国。巴曙松曾指出，从国际货币体系变迁的视角观察，每一个债权国债权规模的增加均意味着其货币在国际货币体系中地位的巩固，甚至导致新的国际货币秩序出现。从历史上看，英国的债权国地位取决于国际金本位制度的形成和稳定运转，而英国的日渐衰落与美国的崛起间接反映了国际金本位的终结与美元本位的形成。相反，20世纪80年代后，随着美国经常项目从持续顺差转变为逆差，德国和日本崛起，布雷顿森林体系逐步瓦解，旧的国际货币体系走向崩溃。

第二，充足的外汇储备极大地提高了金融资产充足度和清偿力，进而提高了人民币的国际信誉。从国际货币循环机理可以看出，当国外经济体产生对某个国家货币的回流（储蓄）需求时，国际货币发行国向市场供应短期流动性资产以吸纳本币储蓄，再以本币计价的贷款或以本币投资的形式向国际市场输出长期资本。因此，国外净资产头寸是决定一国货币国际化程度的重要因素。当前，中国的人民币净资产头寸反映金融资产充足，具有较高的清偿力和较低的债务违约风险，人民币国际信誉的提高将极大地推动本币国际化进程。

二、中国国际收支“双顺差”结构将根本上制约人民币国际化的时间和空间

首先，中国贸易顺差结构制约人民币贸易输出规模。较高的出口产品竞争力既有利于经常账户顺差和国际储备增加，又有利于人民币在国际贸易中发挥计价结算功能。而若经常账户顺差是建立在较低的出口产品竞争力基础上的，由此形成的国际储备增加就是一种虚胖现象，难以持续，而且也不利于

人民币发挥计价结算功能。中国出口产品竞争力总体上还较弱。从货物贸易顺差来看，主要来源于加工贸易顺差与外商对华投资企业产品出口；出口的国际竞争力仍主要侧重于劳动密集型产业，在资本密集型和层次更高的技术和知识密集型产业中，中国的国际竞争力依然薄弱。由此不难看出，近年来中国经常账户顺差和国际储备的增加缺乏竞争性和持续性，存在一定的"虚胖"现象。

从进口商品结构看，中国进口商品以大宗商品和进口加工料件为主，海关总署统计 2013 年初级产品、按原料分类的工业制成品进口占进口总额的 43%。尽管随着对外贸易自主发展能力不断增强，一般贸易比重增加，加工贸易比重减少，但 2013 年加工贸易进出口比重仍为 32.6%。国际市场上大宗商品普遍以美元定价，中国进口加工料件的计价货币选择权则主要由委托加工的发达国家跨国企业掌握。由于储备货币结算的规模经济效应和较低转换成本，短期内人民币难以替代储备货币结算。因此，进口人民币结算比重将遇到瓶颈。从出口商品结构看，中国出口产品中具备技术竞争优势和国际稀缺性的产品比重不高，吸引境外主体主动积累人民币采购中国产品的内在动力不足；对发达国家出口低端产品更属于买方市场，中国出口企业对出口产品计价和结算货币的选择权较低，限制了人民币在出口结算币种中比重的提升。但随着中国出口转型升级，以及"生产者定价"优势的发挥，出口人民币结算比重有望持续上升。当进出口人民币结算比重差距缩小时，贸易渠道输出人民币的难度就会增大，贸易渠道输出人民币将放缓。

其次，通常，当一国货币实现了完全的国际化后，各类对外收支都能够以本币实现，会有利于国际收支平衡。但在一国货币国际化的进程中，特定的国际收支格局和输出本币的渠道反而可能加剧国际收支不平衡。在中国经常项目顺差的情况下，通过进口支付输出人民币，而出口仍主要收取外汇，使得经常项目下的外汇供求更加失衡，加剧了国际收支总体的不平衡和外汇储备积累。不仅如此，贸易渠道输出人民币带来的外汇供大于求推动人民币升值，并支持了人民币升值预期，削弱了境外主体借入人民币的意愿，导致人民币更加难以在资本项下输出，使得人民币国际化更加倾向于在贸易项下输出，形成所谓的"人民币国际化与国际收支失衡的怪圈"。当然，暂时的国际收支失衡可以视为推进人民币国际化以期彻底解决国际收支平衡问题的必要成本，但由于人民币国际化势必是一个比较漫长的进程，对国际收支平衡的影响会制约贸易渠道输出人民币的可持续性。

再次，资本与金融项目顺差，人民币对外资本输出缓慢，制约了人民币流出，阻碍了人民币国际化进程。当前，中国经常项目已经放开，而资本项目仍管制严格。根据国际货币基金组织 2011 年发布的《汇兑安排与汇兑限制年报》，中国资本项目中不可兑换项目（非居民参与国内货币市场、基金信托市场以及买卖金融衍生产品）占 10%，部分可兑换项目（债券市场交易、股票市场交易、房地产交易和个人资本交易）占 55%，基本可兑换项目（信贷工具交易、直接投资、直接投资清盘等）占比 35%。以股票和债券市场为例，中国 A 股市场和境内债券市场的开放度均低于 1%，而其他新兴市场国家的股票和债券市场开放度分别为 26%和 13%。由此可见，中国资本市场开放水平远远落后于实体经济水平（马骏，2012）。

资本市场开放水平低意味着境外投资者持有或使用人民币面临着较高的交易成本和风险，这直接限制了人民币的海外吸引力和人民币资本输出。通过对当前中国人民币输出的渠道进行梳理，可以看出，从交易领域来看，主要集中于贸易、直接投资和援助贷款；从输出区域来看，主要是东盟或非洲一些国家或地区。以人民币债券海外发行状况来看，虽然在当前国内融资环境不佳的背景下，主要商业银行和企业纷纷加大人民币海外债券发行，但是发行量远远未达到国际贸易往来对人民币的需求量。

三、中国国际收支"总体平衡"格局的出现有利于人民币国际化向高级阶段迈进

如前文所述，2014 年第二季度以来以及可预见的将来，中国国际收支结构有可能维持"经常账户低位顺差、资本与金融账户小幅逆差"总体平衡结构。笔者认为，国际收支这一格局的出现，将非常有利于人民币向高级阶段迈进。

所谓人民币国际化高级阶段，是指人民币已经发展成为国际货币，在一个相当大的市场范围内被他国或地区的参与者普遍接受，充当一般等价物，发挥货币的各项职能。在这一阶段，中国作为一个国际货币发行国，可能会面临一种两难处境：一方面，需要通过国际收支平衡或顺差来维持人民币国际价值的稳定；但是，这又难以通过输出本币来满足国际市场对本币的需求。另一方

面，要满足国际市场对本币的输出需求，需要通过国际收支赤字来实现；但是，这又会危及本币国际价值的稳定。要解决这一两难问题，国际收支结构应具有以下特征：在国际收支总体平衡或顺差的情况下，维持经常账户顺差和资本账户逆差。经常账户顺差反映了一个国家债权的真正增加，对本国货币的国际价值形成有力支撑；同时，通过经常账户顺差积累资本，对外投资，成为资本输出国，并通过资本账户逆差输出人民币，满足对本币的国际流动性需求。

从国际经验看，推动人民币资本项下输出，从渠道看，要两条腿走路，既要中国政府、金融机构和企业主动向外输出，又要最大程度地创造市场需求，鼓励海外主体的贷款融资和债券融资。从推动主体看，要三管齐下，财政和金融要提供支持，要大力发挥中国金融机构和国际开发机构的金融中介作用，要发挥企业的积极性，在“走出去”中挂钩人民币输出。具体而言，可以用人民币向国际开发机构注资；借鉴日本“黑字还流”的经验，在国际开发性金融机构的国际开发项目嵌入一定比例的人民币，与其合作拓展海外人民币贷款；鼓励金融机构使用人民币向其海外分支机构增资；促进金融机构发放海外人民币贷款，支持企业“走出去”，在周边战略大通道建设、涉及战略性低端产业链转移的重大项目中使用人民币资金；加快国内债券市场开放，推动海外人民币债券市场发展，逐步拓宽熊猫债券发行主体范围；借鉴美国“马歇尔计划”的经验，可在受援国设立共同发展基金，中国政府注入人民币，受援国通过该基金从中国企业采购商品和基础设施建设设备；设立全国性人民币海外投资基金，结合国家战略及人民币国际化战略推动人民币走出去；鼓励境外货币当局使用互换项下人民币资金；等等。

从人民币回流看，近年来，各方面对人民币回流问题比较关注。实际上，在信用货币制度下，境外主体增加的人民币资金必然反映在境内银行体系中，正如中国等新兴经济体持有的美元存款，最终必然回流美国，体现为美国银行体系的存款一样。因此，境外的人民币在输出的一刻在国际收支意义上即实现了回流。问题是它是何种形式的回流？如果回流大部分体现为境外银行在境内同业存款增加，由于同业存款利率较低，意味着人民币输出总体成本较低。同理，主权级的国债、央行票据以及准主权级的政策性金融债的收益率不高，也可实现较低的人民币输出成本。相对而言，如果人民币回流大部分体现为境外主体在境内信贷资产或股权资产增加，这类投资收益较高，整体而言人民币输出就承担了较高的成本,也容易偏离实体经济。因此,对境外人民币的回流应偏重于提供安全性、流动性的便利,也可在一定程度上缓和国际投资收益长期逆差的结构性问题。具体而言,可重点扩大债券市场开放,鼓励政策性金融机构和开发性金融机构在境外发行人民币债券,提供准主权的债券投资品种。同时,汲取亚洲金融危机期间海外投资主体先借泰铢后做空进行汇率投机的教训,加强人民币跨境流动监测,防范大规模的无风险套利行为。

第五节 总结与建议

一、总结

本文的分析表明,人民币国际化的过程,本质上是人民币资本走出国境、向外输出的过程,同时也是由初级向高级逐步发展的过程,所处的不同阶段对应着不同的国际收支结构。与中国现阶段经常账户和资本账户“双顺差”格局相适应,2009 年跨境贸易人民币结算试点以来,中国人民币国际化推进路径主要是通过贸易渠道,以进口支付的形式对外输出,同时通过资本项目适度回流,总体上保持了输出的态势。

笔者认为现阶段跨境人民币从经常项目输出、资本项目回流的循环模式有其客观必然性。在初始阶段,如果没有先期人民币的大量输出,就不会有后来跨境人民币业务的大发展。国际金融危机背景下,国际货币体系多极化的发展趋势激发了海外对人民币资产的需求。顺势而为,推动跨境人民币使用范围迅速从计价、结算走向投资、贮藏,有助于跨境人民币业务从无到有地快速起步,为人民币在未来国际金融新格局中占据有利地位创造条件。如果未来海外持有人民币资产规模足够大,那么,中国与世界的联系将更加紧密,利益更加攸关,从而可能为中国更好利用两个市场、两种资源提供更大的空间。

但随着国际收支结构的演变和人民币国际化的推进,继续通过贸易渠道输出人民币以推进人民币国际化则面临两方面的问题:一是中国贸易结构制约人民币贸易输出规模;二是它将导致国际收支不平衡和外汇储备积累。

2014 年第二季度以来以及可预见的将来,中国国际收支结构有可能维持“经常账户低位顺差、资本账户小幅逆差”总体平衡结构。在这样的国际收支结构下,经常账户顺差反映了一个国家债权的真正增加,对本国货币的国际价值形成有力支撑；同时，通过经常账户顺差积累资本，对外投资，成为资本输出国，并通过资本账户逆差输出人民币，满足对本币的国际流动性需求。国际收支这一格局的出现将非常有利于人民币国际化向高级阶段演进，中国政府应顺势而为，大力支持人民币从资本项下对外输出和创新人民币回流渠道。

二、建议

就大力支持人民币资本账户下对外输出而言，可以用人民币向国际开发机构注资；借鉴日本“黑字还流”的经验，在国际开发性金融机构的国际开发项目嵌入一定比例的人民币，与其合作拓展海外人民币贷款；鼓励金融机构使用人民币向其海外分支机构增资；促进金融机构发放海外人民币贷款，支持企业“走出去”，在周边战略大通道建设、涉及战略性低端产业链转移的重大项目中使用人民币资金；加快国内债券市场开放，推动海外人民币债券市场发展，逐步拓宽熊猫债券发行主体范围；借鉴美国“马歇尔计划”的经验，可在受援国设立共同发展基金，中国政府注入人民币，受援国通过该基金从中国企业采购商品和基础设施建设设备；设立全国性人民币海外投资基金，结合国家战略及人民币国际化战略推动人民币走出去；鼓励境外货币当局使用互换项下人民币资金等。

就大力支持创新人民币回流渠道而言，可重点扩大债券市场开放，鼓励政策性金融机构和开发性金融机构在境外发行人民币债券，提供准主权的债券投资品种。同时，汲取亚洲金融危机期间海外投资主体先借泰铢后做空进行汇率投机的教训，加强人民币跨境流动监测，防范大规模的无风险套利行为。

第四章　人民币国际化进程中资本账户有序开放研究

第一节　问题的提出及概念辨析

中国经济在与世界经济从接轨到同生共息的过程中，人民币国际化和资本账户开放一直是热点和难点，特别是人民币加入 IMF 特别提款权货币篮子以来，这些问题开始迫切地进入改革的视野。在人民币国际化进程中如何实现资本账户的有序开放？目前，学术界对此并没有形成统一的见解。

一、人民币国际化进展迅猛

2008 年以来，中国陆续实施了人民币跨境贸易结算、货币互换协议、重启人民币汇率形成机制改革、香港人民币离岸市场建设、境外人民币直接交易以及跨境投资人民币结算、沪港通、RQFII 配额扩大等一系列战略措施(表 4-1)，大大地推进了人民币国际化的进程。

首先，人民币在跨境结算中的使用规模稳步上升。2015 年一季度，跨境人民币结算金额接近 1.94 万亿元，同比增长 5.14%。其中，跨境人民币结算业务金额为 1.65 万亿元，占跨境人民币结算金额的 85%；人民币直接投资(包括对外直接投资和外商直接投资)金额为 2 879 亿元，同比增长 49.1%。

其次，人民币国际支付地位不断提高(图 4-1)。从国际支付排名来看，人民币从 2012 年 1 月位居第 20 位逐渐上升至 2015 年 5 月的第 5 位；就全球市场份额而言，人民币占全球支付份额从 2012 年 1 月的 0.15%增加至 2015 年 5 月的 2.18%。据环球银行金融电信协会(SWIFT)统计，人民币已成为全球第二大贸易融资货币、第五大支付货币、第六大外汇交易货币。

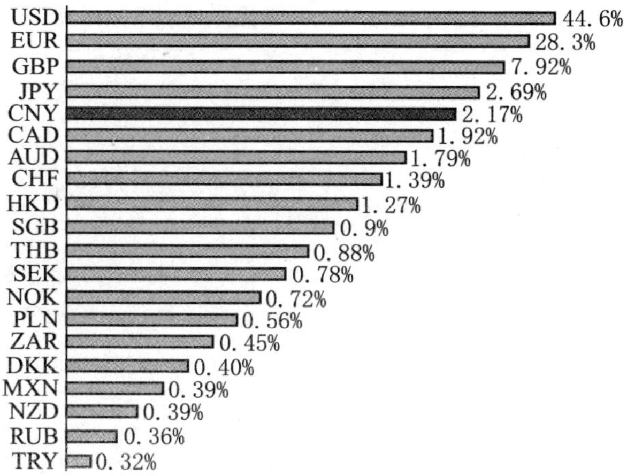

图 4-1 人民币已成为全球第五大最被广泛使用的交易货币(2014 年 12 月)

资料来源:环球银行金融通信协会(SWIFT),2015 年 1 月。

再次,人民币国际合作成效显著。自 2008 年以来,中国人民银行先后与 32 个国家和地区的中央银行或货币当局签署了双边本币互换协议,截至 2015 年 6 月人民币互换规模已达 3.16 万亿元。同时中国央行共在 15 个国家和地区建立了人民币清算安排,覆盖东南亚、西欧、中东、北美、南美和大洋洲等。人民币清算安排的建立,有利于上述国家和地区的企业、金融机构使用人民币进行跨境交易,进一步促进贸易投资便利化。

此外,人民币国际债券发行也取得新进展。根据中国央行数据,2014 年中国债券市场共发行人民币债券 11 万亿元,同比增长 22.3%。截至 2015 年 4 月末,共有 232 家境外机构获准进入中国境内银行间债券市场,债券托管余额为 6 346.1 亿元。

正是基于人民币国际化取得的上述成就,国际货币基金组织 2015 年 12 月 1 日决定将人民币纳入特别提款权(SDR)货币篮子,SDR 货币篮子相应扩大至美元、欧元、人民币、日元、英镑 5 种货币,新的 SDR 篮子将于 2016 年 10 月 1 日生效。人民币纳入 SDR 是人民币国际化的里程碑,标志着人民币成为全球主要储备货币,同时说明人民币符合 IMF 对一国货币加入 SDR 规定的两个条件:一是该国出口货物和服务总量位居所有成员国前列;二是货币应可自由使用。

表 4-1　　2008 年以来中国推动人民币国际化的政策措施

经常账户		2009 年 7 月　跨境贸易人民币结算试点从上海市和广东省四城市(广州、深圳、珠海、东莞)起步
		2010 年 6 月、2011 年 8 月　两次扩大试点，跨境贸易人民币结算境内地域范围扩大至全国，业务范围涵盖货物贸易、服务贸易和其他经常账户，境外地域范围没有限制
		2012 年 6 月　境内所有从事货物贸易、服务贸易及其他经常账户的企业均可选择以人民币进行计价结算
		2013 年 7 月　经常账户跨境人民币结算业务办理流程进一步简化
		2013 年 12 月　人民币购售业务由额度管理调整为宏观审慎管理
		2014 年 3 月　中国人民银行会同相关部委下放了出口货物贸易重点监管企业名单审核权限，简化了管理流程
		2014 年 6 月　在全国范围内开展个人货物贸易、服务贸易跨境人民币结算业务，支持银行业金融机构与支付机构合作开展跨境人民币结算业务
		2014 年 11 月　跨国企业集团开展经常账户跨境人民币集中收付业务
资本账户	直接投资人民币结算	2011 年 1 月　境内机构可以使用人民币进行对外直接投资
		2011 年 10 月　境外投资者可以使用人民币到境内开展直接投资
		2013 年 9 月　境外投资者可以使用人民币在境内设立、并购和参股金融机构
		2014 年 6 月　直接投资跨境人民币结算业务办理流程进一步简化
		2014 年 11 月　符合一定条件的跨国企业集团可以开展跨境双向人民币资金池业务
		2015 年 9 月　跨境人民币资金池业务再扩大；进一步降低境内外成员企业的准入门槛，并提高跨境人民币资金
	人民币跨境融资	2011 年 10 月　境内银行可以开展境外项目人民币贷款业务
		2013 年 7 月　境内银行可以开展跨境人民币贸易融资资产跨境转让业务，境内非金融机构可以开展人民币境外放款业务和对外提供人民币担保，放宽境内代理行对境外参加行的人民币账户融资期限和限额
		2014 年 9 月　明确境外非金融企业、在境内银行间债券市场、发行人民币债务融资工具的跨境人民币结算政策

续表

资本账户	人民币证券投资	2010 年 8 月　境外中央银行或货币当局、境外人民币清算行和境外参加行等境外机构可以进入银行间债券市场投资
		2011 年 12 月　出台人民币合格境外机构投资者（RQFII）制度，符合一定条件的境内基金管理公司和证券公司的香港子公司可以运用其在香港募集的人民币资金在经批准的投资额度内开展境内证券投资业务
		2013 年 3 月　人民银行、证监会、外汇局修订 RQFII 试点办法，扩大试点机构范围，放宽投资比例限制
		2014 年 11 月　出台人民币合格境内机构投资者（RQDII）制度，合格的境内机构投资者可以运用来自境内的人民币投资境外市场
		2015 年 5 月　已获准进入银行间债券市场的境外人民币清算行和境外参加行可以开展债券回购交易
		2015 年 7 月　境外央行和其他官方储备机构均可进入中国银行间市场，并简化申请程序，取消对上述机构的额度限制，将其投资范围从现券扩展至债券回购、债券借贷、债券远期、利率互换、远期利率协议等交易；允许其自主选择人民银行或银行间市场结算代理人为其代理交易和结算

二、可自由兑换货币和可自由使用货币等相关概念辨析

需要明确的是，可自由兑换的货币和可自由使用货币是两个概念。IMF 对可自由使用货币的定义是，在国际交易支付和主要汇兑市场中被广泛交易。IMF 对可自由兑换货币的定义包含以下两个层次：一是经常账户可自由兑换；二是资本账户的可自由兑换。IMF 章程第 8 条明确了经常账户可兑换的标准，包括经常账户可兑换需要承诺的内容、需要达到的目标、磋商机制、检查机制等。要实现经常账户可兑换，只要承诺第 8 条规定的各项义务，成为第 8 条承诺国，即可宣布经常账户可兑换。但资本账户可兑换没有明确的国际定义和标准。IMF 列出了 7 大类[①] 40 个子项的清单，但并没有规定是全部实现还是实现其中多少项即可被认为是资本账户可兑换。这是一个有模糊性的目标。OECD《资本流动自由化规则》中要求："成员国应逐渐消除对经济合作所必需的资本流动的限制，消除这些限制的措施被称为自由化措施。"目前世界上宣布资本账户可兑

① 七个大类分别为：对资本和货币市场工具的管制；对衍生品和其他工具的管制；对信贷操作的管制；对直接投资的管制；对直接投资清盘的管制；对不动产交易的管制；对个人资本转移的限制。

换的国家中没有一个百分之百实现了所有项目的可兑换。所以,可自由兑换货币不一定可以自由使用,可以自由使用的货币也不一定可自由兑换。加入 SDR 仅仅是人民币国际化进程中的重要一步,人民币资本账户可兑换仍在路上。

由于资本账户可兑换没有明确的定义,往往和其他四个有关联的概念即汇率完全自由浮动、全面解除对跨境资本流动的各项管制、资本账户开放以及本币国际化混在一起。这五个概念相关联,但是资本账户可兑换不能与这四个概念相混淆,也不应把其他四项引发的问题都归结于资本账户可兑换,否则会加大推进资本账户可兑换的难度。

第一,汇率完全自由浮动。实现资本账户可兑换,并不意味着汇率完全自由浮动。比如,港币实行和美元挂钩的联系汇率,不是自由浮动汇率,但港币却是全球自由兑换程度最高的货币之一。

第二,全面解除对跨境资本流动的各项管制。外汇管制实际是个程度问题,资本账户可兑换并不等于对跨境资本完全解除监控。现在已经实现资本账户可兑换的多数国家,对资本流动仍然有若干的管理。在 IMF《2011 年汇兑安排与汇兑限制年报》中,仅有 7 个成员国报告本国没有对资本交易的限制,分别是危地马拉、海地、利比里亚、巴拿马、秘鲁、卢旺达、赞比亚。根据 IMF 的分类和统计,即使美国、德国、日本等发达的高收入国家,也有 15%～19%的资本交易项目存在限制,这也从侧面反映了一定程度的管制的必要性。由此可见,跨境资本的流动并不是完全自由的。中国人民银行行长周小川在 IMF 第 31 届国际货币与金融委员会系列会议发言中谈到,从全球金融危机中吸取经验,中国的资本账户可兑换将采用有管理的可自由兑换;在实现人民币资本账户可自由兑换之后,中国将继续管理资本账户交易,但很大程度上会以转变过去的方式进行。中国在研究确定适合自己的资本账户可兑换目标时将对以下四种情况保留资本账户管制:一是对私人和公共对外债务实行宏观审慎管理,防范系统性风险,维护经济金融稳定,防止出现大的货币错配。二是对跨境金融交易进行必要的监控和分析。对涉及洗钱、恐怖主义进行的融资和过度利用避税天堂逃税的监控,国际上已认可和形成共识。三是对短期投机性跨境资本流动进行适当的管理,而对于支持实体经济发展的中期和长期资本流动将解除管制。2010 年 IMF 发表的一篇讨论资本账户管制的工作论文认为,对资本流动进行一定程度或临时性的管理是必要和合理的。四是将会加强国际收支统计和监测。IMF 建议，在全球金融危机后，当非常规的国际市场动荡或者国际收支出现问题时，各国可以暂时采取资本控制的方法。

第三，本币国际化。资本账户可自由兑换与本币国际化也并非完全联系在一起的。一国的经济基本面很重要，通胀率稳定且不高、有一定的经济规模才有可能实现本币国际化。多数世界上开放型的小国，虽然实现了资本账户可兑换，但其货币并没有成为一种国际货币。相反，中国还没有实现资本账户可兑换，但是人民币国际化已在不断推进。

第四，资本账户开放。资本账户开放包括两个方面的内容：一是资本账户项目下的货币可兑换，即国家对居民和非居民资本交易的支付和转移不予限制，允许把本国货币自由兑换成国际通用的货币；二是资本市场的开放，主要是指人民币证券投资交易市场的开放。资本账户的货币可兑换是货币国际化的必要条件，资本市场开放是货币国际化的必然要求。从美元、日元、德国马克和英镑等货币国际化进程的历史经验和国际货币职能的内在要求来看，资本账户开放是货币国际化必须经历的过程，未来开放人民币资本账户对推进人民币国际化进程有着重要的意义。

鉴于任何一个具体资本账户的可兑换一般可包括两个环节，即交易环节和货币兑换环节。相比来看，交易环节更重要，如果某个资本账户是禁止交易的，那么在货币兑换环节也必然是禁止的，即使可以兑换，也没有实质性意义，因为无法达到资本交易的目的。在本章中，如无特别说明，资本账户可兑换和资本账户开放视为同一概念。

三、人民币国际化需要加快推进资本账户开放来配合

人民币国际化、自由浮动汇率、利率市场化和人民币资本账户可兑换“四位一体”，是互为充要条件，缺一不可的。宣布本币实现可兑换，是增强国内外公众对本国经济、货币和政府的信心的有效手段，有利于推进人民币国际化进程。随着人民币国际化进程的加快，资本账户管制对人民币国际化的限制作用日益凸显（梁红，2015；施建淮，2007；陈炳才，田青，2013；张国兵，安烨，2013）。这些影响具体表现在：(1)人民币跨境贸易结算和货币互换协议，虽然提高了人民币作为国际贸易结算货币的地位，降低了国际贸易的汇兑风险，但由于受到汇兑方面的管制，使人民币成为国际贸易结算货币的实质要大于人民

币成为贸易计价货币的实质;(2)市场化程度较低的国内汇率市场与市场化的香港人民币离岸市场的隔离,增加了人民币套汇、套利的机会,增大了人民币汇率的波动风险;(3)资本、证券类和对外直接投资资本账户的管制,使跨境人民币直接交易和境外人民币直接投资的进程放缓,减缓了人民币的国际化进程。

为了进一步推进人民币国际化进程,2015 年中国《政府工作报告》和《"十三五"规划建议》中分别明确提出了"逐步实现人民币资本账户的可兑换"和"有序实现人民币资本账户可兑换,推动人民币加入特别提款权,成为可兑换、可自由使用货币"。

当前人民币国际化过程中资本账户开放路径的研究,必然需要借鉴国际化货币美元、欧元、日元的国际化与资本账户开放协调推进的经验,这是本章阐述的第一个方面;而 21 世纪以来,金融风险交叉传递较为明显,这与 20 世纪国际化货币实现过程中资本账户的开放有着本质性的区别,所以,研究当前阶段的变化对于人民币的国际化来说,更具有直接的现实意义,这给本章的研究提供了新的视角。

第二节 货币国际化与资本账户开放关系:文献回顾

对于资本账户开放的研究,已经形成了成熟的研究范式,现有文献大多从资本账户开放对人均收入、金融体系发展和宏观经济带来影响的角度展开分析。Quinn(1997)通过 OLS 方法研究了人均收入增长率和资本账户之间的关系,认为资本账户开放可以显著地提高人均收入。Klein 和 Olivei(2001)通过对 1976—1995 年 87 个发达国家和发展中国家的面板数据检验,发现如同金融发展与经济增长存在紧密联系一样,金融自由化与金融发展之间同样存在紧密的联系。Edwards(2001)认为资本账户开放可以显著地促进 GDP 的增长,但是,如果样本国家 GDP 的增长率较低,那么,资本账户的开放只会恶化 GDP 的增长。Bekaert、Harvey 和 Lundblad(2001)认为资本市场的开放可以显著地促进人均收入的提高。IMF 公布的 *Annual Report on Exchange Arrangements and Exchange Restrictions* 归纳了一个关于资本账户开放带来影响的一般模型,这个模型更多地是从面板数据分析的角度出发,着重谈论了资本账户开放对主要经济变量带来的影响。为了完善这个方法的运用,Blundell、Richard 和 Stephen R. Bond(1998)运用 GMM 方法对模型的稳健性展开了分析。而 Kose 等(2009)

则提出了区分资本账户开放高低的标准，这个标准由四个方面构成：金融发展程度、政府效率、宏观经济政策执行效果以及贸易一体化程度。

而关于货币国际化与资本账户开放之间关系的研究，也有很多文献进行了分析。很长一段时间以来，众多学者都认为发达国家资本账户的开放对金融体系的健全、在岸金融市场与离岸金融市场以国际化货币计价金融产品的推出，完善的信贷机制和金融法规制度建立等存在积极的促进作用，特别是对于规避近年来的金融危机可以起到显著的隔离作用（Prasad et al.，2007；Matías Braun，Claudio Raddatz，2007；Levchenko et al.，2009；Barry Eichengreen，Rachita Gullapalli，UgoPanizza，2011）。

中国人民银行（2012）研究显示，美国采用“先外后内”改革顺序，依次实行本币国际化、放宽资本管制、汇率自由化和利率市场化；英国和联邦德国在1973年实行浮动汇率制，1979年前后最终完成资本账户开放；日本资本账户开放时间相对较晚，20世纪90年代前后才基本实现资本账户开放，日元也才真正成为重要的国际化货币（表4-2）。

表4-2　　国际化货币发行国资本账户开放与本币国际化进程统计

国家	汇率自由化	资本账户开放	本币国际化	改革效果
美国	浮动汇率（1978年）	取消管制（1974年）	布雷顿森林体系（1974年） 石油美元计价协议（20世纪70年代）	全球本位货币（1945年）
德国	浮动汇率（1973年） 欧元区（1999年）	1959—1981年马克完全可自由兑换	马斯特里赫特条约（1991年）	重要国际货币
日本	浮动汇率（1973年）	放松资本流入限制（1979年） 放松资本流出限制（1985年左右） 取消跨境交易限制（1995年）	外汇法（1980年） 东京离岸市场（1986年） 清迈协议（2000年）	SDR货币篮子（1974年） 放宽境外贷款和汇兑限制（1980年） 重要国际货币
英国	浮动汇率（1973年）	1958—1979年资本账户多次反复可兑换，最终完全开放	英镑银金本位（1560—1920年）	重要国际货币

资料来源：中国人民银行网站。

沈珊珊(2011)认为,次贷危机以来,由于美国与欧元区对资本市场的继续开放,提高了美欧金融市场的广度与深度,保证了美元与欧元仍然是重要的国际储备货币。另外,大部分学者认为货币的国际化需要广泛的交易网络,这更多地取决于金融市场种类繁多的金融产品和融入全球经济的程度(巴曙松,杨现领,2009;孙海霞,杨玲玲,2010;李长春,2011)。现在,美元形成了金融渠道投放、贸易渠道回流和贸易渠道投放、金融渠道回流的模式(张纯威,2008)。通过以上文献回顾,可以发现,货币国际化与资本账户开放是一个有机的动态系统。现有文献关于资本账户开放的研究,大部分都是从资本账户开放、经济增长和金融深化的角度来展开实证研究,而且也具有了规范的研究思路。关于货币国际化进程中资本账户开放问题的研究,大部分文献认为货币国际化是资本账户开放的重要内生因素,而资本账户不同阶段框架下的发展都从各个角度很好地促进了货币国际化。

但是对于如何借鉴国际化货币美元、欧元、日元之国际化与资本账户开放协调推进的经验,有序推进人民币资本账户开放的研究还没有一个清晰的阐述。另外,21 世纪以来,金融风险交叉传递较为明显,这与 20 世纪国际化货币实现过程中资本账户的开放有着本质性的区别,所以,研究当前阶段的变化对于人民币的国际化来说,更具有直接的现实意义,这也给本章的研究提供了新的视角。

第三节　货币国际化与资本账户开放:国际经验借鉴

一、美元国际化与美国放松跨境资本管制的发展历程

整体上看,美元国际化进程大致经历了起步阶段(1894—1914 年)、发展阶段(1914—1944 年)、实现阶段(1944—1973 年)和本位制时代(1973 年至今)。在第一、第二个阶段美国对跨境资本流动主要采取了支持的态度,有力地扩大了美元在全球范围内的影响力;在第三个阶段即布雷顿森林体系时期,美国当局由推动逐渐转为对美元跨境资本流动进行监管;随后在美元本位制时代(即牙买加体系时期)对境内离岸市场国际银行设施(IBFs)中离岸账户与在岸普通账户进行分离,阻止美元资本在这两个账户之间流动,起到很好的效果。

（一）美元国际化的实现阶段(1944—1973年)

这一阶段,美国当局对跨境资本流动的态度经历了由放松到管制的转变,具体分为两个时期。第一时期(1944年—20世纪60年代初期),这一时期美元成为全球的锚货币,但美元仍然属于不完全兑换货币,美国当局支持美元跨境资本流动,主要是推动美元信贷走出国门。第二次世界大战后,欧洲各国国内经济亟需重建和发展,这为美元扩大国际影响力提供了契机。1947年7月起,美国推出了著名的"马歇尔计划",向西欧国家提供美元信贷,该计划持续了四个财政年度,总规模达到130亿美元。此外,作为"马歇尔计划"重要补充的"第四点计划"的推出,为亚洲非洲拉丁美洲等落后地区的经济援助提供了大量美元资金,扩大了美元在这些地区的流通和交易。第二时期(20世纪60年代中后期—1973年),这一时期美国转为对美元跨境资本流动实行了管制。在金汇兑本位制背景下,外国持有的境外美元可以按照要求兑换美国国内的黄金,当时境外美元流通规模大幅度上升,增加了兑换黄金的需求,使得黄金持有量相对不足,因此美国政府采取了让美元贬值(贬值幅度高达20%)的政策维持官方黄金储备,这就是1960年发生的"美元危机"。与此同时,为了避免境外美元进入国内,美国当局采取了限制美元资本回流的措施。随后,美国进入了新一轮经济周期(1961—1969年),1965年步入经济下行轨道,于是在当年实施了"自愿对外信贷限制计划"(VFCR),针对居民对外贷款设置上限,减少境内美元流出境外,但这一计划在限制美元资本外流上适得其反,反而使得国内居民更多地将资金流到海外的欧洲货币市场。1969年印支战争爆发,出于维持国内经济稳定的需要,美国于1970年允许境内金融机构在一定额度内可以从非居民手中吸收美元存款,持续几年后,在1974年1月取消这一计划。

（二）美元本位制时代(1973年至今)

1973年牙买加体系的建立,解决了布雷顿森林体系存在的"特里芬难题",全球进入美元本位制时代,美元成为全球中心货币和完全可兑换货币。在这一背景下,美国开始向非银行的国外居民提供大额定期存单,向若干特定对象主要是境外美元的持有人和经营者发行票据等。这一阶段美国当局主要是限制美元资本在离岸账户与在岸账户之间流动。1981年美国批准成立了国际银行设施(IBFs),属于境内离岸金融中心,地理分布非常广泛,加之IBFs的特殊制度设计，美国政府对 IBFs 采取审慎的管理制度：要求其成员设置专项的离岸账户，与国内普通美元账户严格分账，IBFs 账户中的美元想要进入境内需要缴纳存款准备金，避免 IBFs 账户与国内存款账户相互替代。对于符合条件开设 IBFs 离岸账户的机构来说，所能吸收的美元存款也必须符合美联储 D 条例的规定。在资金用途上，IBFs 资金主要用于国际业务，原则上将国际业务与国内业务相分离。

二、马克国际化与德国[①]放松跨境资本管制的发展历程

总体来看，德国马克国际化进程依次经历了起步阶段、调整阶段、积累阶段和拓展阶段四个阶段。德国的资本流动情况以及相应的政策措施见表 4-3。

表 4-3　　德国的资本流动情况以及相应的政策措施

日　期	资本流动情况	采取的措施
1952—1957 年	大量国际资本从美国及其他欧洲国家流向德国，产生通胀压力	鼓励资本流出，限制资本流入。1952 年，放松居民对外直接投资的限制；1956 年开始允许居民购买外国证券；1957 年居民对外输出资本无需审批；1954—1956 年，提高贴现率
1958—1959 年	放开对资本流入和流出的限制，投机资本流入趋势加强	降低贴现率，提高最低（法定）准备金率
1959 年第三季度—1960 年第三季度	上调贴现率，美、德利差明显，大量资本流入，推高通胀	采取审慎管理手段，对非居民马克存款等方面进行限制，并下调贴现率，但未达到预期效果
1961—1968 年	1962 年经常账户逆差 6.9 亿马克（1961 年为顺差 40.3 亿马克），1965 年逆差达 50.4 亿马克，外汇储备从 1960 年末的 38.3 亿美元降至 1962 年第一季度末的 24.2 亿美元。1967 年短期资本流出 89.2 亿马克，1968 年出现长期资本流出 112 亿美元，短期资本流入 50.8 亿马克	1961 年马克升值，相对美元升值 5%。1965 年提高贴现率，以抑制通胀。1967 年，下调贴现率；进一步放松对资本流出的限制。1963 年取消居民投资海外证券的限制。1966 年将对外直接投资的许可范围从欧共体扩大到 OECD 地区。1967 年放松了对资金流出和结算的限制

① 严格来说，这里的德国在 1989 年前为联邦德国，之后两德统一，称为德国。

续表

日　　期	资本流动情况	采取的措施
1969—1970 年	通胀率上升，德意志联邦银行上调贴现率，美、德利差扩大，短期投机资本大量涌入，长期资本几乎没有流出	采取更多资本流动限制措施。1968 年，对德国银行新增对外负债要求 100％的“特别法定准备金率”(1969 年取消)。1969 年决定马克汇率自由浮动
1971—1973 年	70 年代初，布雷顿森林体系崩溃后汇率波动剧烈，对马克的升值预期产生影响。外国对德证券投资在 1972 年上半年达到 70 年代的峰值	采取控制资本流入措施，1970 年对德国银行新增对外负债重新要求 30％的特别法定准备金率。1971 年，重新限制非居民的银行存款和购买德国货币市场产品。1972—1973 年实行针对非银行居民的现金存款要求，提高特别法定准备金率，要求非居民购买德国固定收益证券必须先报批，并进一步采取直接资本管制措施；这些措施在 1974 年大多被取消
1976 年第一季度—1978 年第一季度	由于美元贬值，外国对德证券投资均呈净流入态势	1977 年底再次引入向非居民购买证券需审批的要求。1978 年再次引入法定准备金率要求
1978 年第二季度	外国对德证券投资出现净流出	1978 年 6 月，取消法定准备金率要求
1979—1981 年	由于第二次石油危机以及马克持续升值，1979 年第二季度至 1981 年第三季度，德国经常账户出现逆差，1979—1980 年国际收支呈现逆差；1980—1981 年外汇储备减少。1980 年马克兑美元开始贬值，资本流出	德意志联邦银行没有再对资本流入进行限制。资本账户保持了长期稳定的开放
1981 年之后	1982 年出现经常账户盈余，1985 年广场协议后马克开始升值，1984—1989 年外国对德证券投资净流入	德意志联邦银行没有再对资本流入进行限制，资本账户保持了长期稳定的开放

(一) 德国马克国际化的起步阶段(1948—1960 年)

德国当局主要对跨境资本流入进行限制，放松了对资本流出的控制，这是基于当时德国经常账户顺差导致外汇储备稳定增加进而逼迫马克升值影响国际化的考虑。

德国早在1952年第二次世界大战赔款问题解决后就开始放松对资本账户的限制。1952年德国批准居民可以用马克直接对外投资，有力地推动了马克"走出去"形成境外沉淀。在1958年德国马克实现了经常账户可兑换后，联邦银行开始在外汇市场上做掉期交易，帮助本国信用机构利用本币开展国外短期投资业务。经过这段时期，马克开始正式走出德国，被欧洲以及其他国家接受。

（二）德国马克国际化的调整阶段（1960—1980年）

德国当局进一步加强对跨境资本流动的管制，具体可以分为两个时期。第一时期（1960—1973年），由于德国经济快速发展，大量外资进入国内，为了维持盯住美元的固定汇率制，央行被迫大量收购外汇，并采取了一系列措施限制资本流入。这体现在限制非居民投资于国内马克计价的金融工具：1960年对非居民购买本国货币市场票据、居民与非居民间回购协议下的证券交易进行限制；1964年宣布对外国投资者所持有的马克固息证券征收25%的赋税；1965年3月德国对非居民投资国内债券的利息收入征收预提税；1968年德国联邦银行与商业银行签订了"君子协定"，限制德国马克债券的发行主体只能是国内商业银行，发行规模取决于中央资本委员会的批准，发行种类只能是普通固定利率债券。第二时期（1973—1980年），在布雷顿森林体系瓦解之后，德国实行了浮动汇率制度，为防止马克快速升值影响国际化进程，德国加强了对本币跨境资本流动的管制，如1973年德国当局限制非居民转让国内债权以及限制非居民购买国内股票。这一阶段的管制措施起到了较好的效果。根据数据显示，1975—1979年德国经济快速发展，马克币值稳定且对外开放度日益提高。国内通胀率稳定在4.2%左右，低于同时期的美国、英国、日本和法国等发达国家，进出口值占国内生产总值的比率在42%，高于同时期的这些国家。

（三）德国马克国际化的积累阶段（1980—1987年）

德国当局顺应马克国际化的需要，放松对跨境资本流动的管制。1983年联邦银行允许国内商业银行在离岸市场上开始向国外投资者发行马克债券，并且允许外国银行及其子公司进入国内马克债券市场进行交易（比如债券掉期交易）。这一放松管制的举措，促进了马克的进一步国际化，对国内经济没有产生冲击，反而提高了德国的对外开放度，使得德国进出口值与GDP的占比从70年代的42%稳步上升到49.7%，并在1986年在世界出口市场中占据

11.7%的份额。

（四）德国马克国际化的拓展阶段(1987—1999年)

德国在对跨境资本流动进行短暂管制后采取放松的态度。1980—1986年非居民在德国国内市场持有的债券大幅增加，为了防止外资过度流入形成国内通胀压力，1987年德国当局要求对跨境资本的利息收入(主要是马克债券的收益)征收预扣税。随后，这一政策导致国外投资对马克计价金融工具的需求下降，转而投资离岸市场上的马克计价债券。为了防止马克利率和汇率的定价能力在离岸市场形成影响国内货币政策，德国于1989年取消了利息收入预扣税，这一举措一直持续到1999年欧元的诞生。

德国的经验显示，随着其金融市场越来越发达，资本管制越来越无效。这对中国有以下几点借鉴意义：一是汇率制度要有足够的弹性。二是适当采用审慎管理措施，包括对资本流入、流出的不对称管理；而当汇率有充分弹性、国内货币政策手段可以有效对应通胀的条件下，就可以取消对短期资本流动的审慎管理措施。三是需充分考虑资本管制效果的局限性和承认最终走向资本账户开放的必然性。

三、日元国际化与日本放松跨境资本管制的发展历程

第二次世界大战后至1964年为日元的严格管制时期，日本政府实行严格的进口审查、外汇配额等外汇管制措施。1960年日本政府通过《贸易汇兑自由化计划大纲》，提出加入经济合作与发展组织(OECD)并达到IMF第8条款国取消外汇管制的要求，旨在实现贸易和资本自由化。

自20世纪60年代中期开始，日本开始出现持续的经常账户盈余。70—80年代初尽管受到两次严重的石油危机冲击，但日本经常账户盈余的格局并没有改变。面对大量的外汇储备，日本开始放宽资本管制，但日本资本账户开放过程是谨慎、渐进的。在80年代之前，日本资本账户自由化思想非常保守，这主要是由于日本经济还没有为资本账户自由化提供足够的支撑，同时国际上金融自由化思想还处于萌芽阶段，还没有开放资本市场的强烈愿望。

日本从1960年出台贸易和外汇自由化基本计划，到1980年大幅修订外汇法，再到90年代后期实现外汇的完全自由化，历时近30年。在资本账户自由化过程中，日本调整了汇率制度，日元国际化水平不断提高。1973年日本取

消了盯住美元的汇率制度。1989 年，日本完全放开了以日元计价的外国债券市场，并进一步修订外汇及外贸管理法，成立了东京的日元离岸市场。

与德国马克国际化相比，日元国际化的历程较为曲折，大致可以分为起步阶段、推进阶段以及转换阶段。

在该进程中，日本当局对日元跨境资本流动先后采取了整体放松管制、被动放松管制和主动放松管制的措施，前期有力地推动了日元国际化的进程，而后期则对本国宏观经济产生了强烈的冲击。

（一）日元国际化的起步阶段(20 世纪 60—80 年代初期)

这一时期日本经济发展迅速，导致境外对日元的需求与日俱增，尤其是在布雷顿森林体系瓦解和石油危机中表现得更加明显。日本当局尽管对日元国际化持消极的态度，但在市场力量的逼迫下对跨境资本流动整体上采取放松管制的态度，并依次放开跨境日元存款、股票、债券和日元信贷的限制。1960 年 7 月引入了日元外汇制度，即允许非居民日元存款自由结算。在 1964 年日元实现了经常项下自由兑换后，日本当局全面废除对外国投资者购买日本政府短期债券的限制，随后 1967 年允许非居民发行欧洲日元债券。1970 年允许国外投资者在日本境内发行以日元计价的外债(即武士债券)，并且放开 100 万日元以下的对外直接投资。1971 年，采取备案制的方式允许居民购买日资证券公司代售的外国证券，大大推动了日元的跨境流出。与此同时，日本大藏省对于居民购买境外房地产进行投资的行为，仅保留审批制的管制方式。1980 年左右，日本已经积累了丰富的外汇储备，国际经济实力晋升世界三强。日本国内资本走向世界以及国外资本进入日本的要求均日益强烈。日本开始考虑开放国内金融市场，走上金融自由化道路。1980 年 12 月日本政府修订了《外汇及外国贸易管理法》，对金融机构的外汇资本交易不予限制，并允许居民向国外提供日元贷款，日本政府对资本的流动仅保持“最小的必要控制”。1985 年，日本放松了一系列非银行机构投资者投资海外证券市场的要求。同时，日本同意海外银行进军日本信托业、银行业和证券业，逐步开放了日本金融市场；通过日元外汇交易自由化、放松对日元债券发行的限制，以及建立日本离岸金融市场，逐步推进日元国际化。此外，与日本资本市场开放相对应的是其国内金融市场的自由化，主要包括存款利率上限的废除、短期货币市场的产生、银行同业拆借市场的放开、中央银行市场化操作的多样性和日本混业经营的发展。日本政府在1984年宣布资本账户可兑换,但在证券交易的准入金融产品、房地产项目等方面还是存在着审慎性监管,实施事前审批、认可制度,保留了许多排外性"规制",限制对外日元贷款、外汇期货(表4-4)。

表4-4　　1964—1985年日本资本账户可兑换进程

日　期	进　程
1964年	日本成为适用《国际货币基金组织协定》第8条款的成员国,经常账户下实现自由化,并于当年加入经合组织,开始了资本交易自由化进程
1968—1969年	日本外商直接投资和对外直接投资逐步自由化
1970年	对外证券投资开始自由化进程,允许非居民发放日元计价的外国债券
1973年	日元汇率由固定汇率制变为自由浮动汇率制,并大幅升值
1976年	对外和对内投资实现完全自由化
1979年	日本为满足非金融机构短期贷款及借款需求,开放了债券回购市场
1980年12月	日本政府修订《外汇及外国贸易管理法》
1984年	日本政府宣布资本账户可兑换

(二)日元国际化的推进阶段(20世纪80年代中后期—90年代中期)

这一时期日本对跨境日元资本流动的态度出现了分化。一方面,日本的政治经济政策受制于美国,最典型的是1985年的"广场协议",这一事件导致日元被迫大幅升值,并被动选择放松跨境资本流动,具体是:取消对以日元计价的中长期对外贷款的限制,允许国际投资者进入日本的股票市场。另一方面,1986年东京离岸市场的建立,日本当局采取了一系列措施限制日元资本在两个账户之间流动:将离岸账户(即特别国际金融账户)与日本国内普通账户分离,从事离岸业务的银行和机构对离岸交易资金负有审查的义务,必须保障"交易对方在境外使用这些资金",避免在国内市场上流通。但是随着时间的推移,在实际中出现了离岸资金向在岸市场的渗透,即离岸账户中的日元资金从本国商业银行的海外分行绕道流回境内,因而上演了一场"自己人玩自己钱"的再贷款游戏。从整体看,日本政府针对离岸账户与在岸账户之间的日元流动限制的措施没有起到应有的效果。1987年,日本为扩大日元国际影响力,促进日元走出去,推行了"黑字环流"计划,通过日本政府组织和国内金融机构向亚太地区提供大量日元贷款,主要包括政府发展援助(ODA)和商业性日元贷款两种类型，总规模高达650亿美元。同时，1989年允许中长期欧洲日元贷款向国内居民开放，并解除了对欧洲日元贷款、债券和居民的海外存款限制。

这一时期，由于日本资本账户自由化进程过于集中推进，国内涌现大量热钱，同时大量国外机构投资者进驻日本，剧烈改变了日本金融格局，大量资金从实体经济投入金融市场，金融泡沫越来越大，最终导致1989年日本金融动荡。

（三）日元国际化的转换阶段（20世纪90年代末至今）

日本当局对跨境资本流动的态度转为主动放松管制，这是基于当时的经济背景。90年代以来日元经历两次大幅升值和贬值的冲击，加之国内经济陷入长期萧条中，日本当局希望通过放松管制推动日元国际化以缓解压力。1996年日本政府提出了"金融体系改革计划"，1998年实施外汇和外贸法，开放了剩下的两成受限制的资本账户交易，实现了资本账户交易的完全自由化，允许国内外资金自由流动。但由于日本经济尚未摆脱萧条，国内金融市场发展不成熟，加之亚洲金融危机造成外部环境恶化，跨境日元资本大规模的流进，冲击国内金融市场，流出，则使得国内萧条的经济更是雪上加霜，恶化了日本宏观经济基本面。因此，尽管日本在这一时期对日元跨境资本流动主观上采取了放松管制的态度，但仍然没有改善经济状况。有理由相信，这一阶段放松对跨境日元资本流动管制的措施是失效的，应该引以为鉴。

日本的经验告诉我们：一是"相机抉择"的管理政策在引导资本市场、优化国际资本结构方面起到重要作用；二是资本账户开放必须与国内金融市场自由化相配套，利率市场化是资本账户开放的前提；三是应实现独立自主的资本账户自由化进程，立足本国国情，不应简单地迎合其他国家要求；四是资本账户自由化是一个长期过程，不能急于求成，企望一步到位。

四、美国、德国、日本三国经验的国际借鉴

（一）一国经济实力的强大是本币国际化的重要基础

美国在1894年超越英国成为全球最大经济体，而美元国际化却是在50年后布雷顿森林体系诞生之时实现的。当前中国拥有位列全球第一的贸易规模以及全球第二的经济总量，加之新常态下7%左右的GDP增速，可以成为人民币国际化可持续推进的重要支撑。相比之下，日本在20世纪80年代中后期经济下滑的背景下，快速推进本币国际化致使日元国际化停滞不前也反证

了这一点。

（二）需要厘清本币国际化与放松本币跨境资本管制之间的关系

放开本币跨境资本流动监管并非是本币国际化的前提，即实现人民币国际化并不必然意味着以放开本币跨境资本流动监管为代价。日本的经历从反面论证了这一点。日本在1985年后宏观经济进入下行轨道，其政治经济政策受到美国掣肘，继而被动放松跨境资本流动的监管，其在经济萧条时快速放开跨境资本自由流动推动日元国际化的方式是不可取的。这对中国应该引以为鉴。即便是在本币实现国际化后，也应该根据实际情况对本币跨境资本流动进行监管。

（三）根据实际情况适时调整跨境资本管制政策

在本币国际化进程中，为了保持宏观经济的稳定，一国当局需要针对本国实际情况对跨境资本流动交替采用放松或者管制的方式，如：德国在马克国际化进程中依次采取了放松管制、管制和放松管制的政策；美国在美元实现国际化后仍然保持对跨境资本流动进行监管，这对于保持本币币值稳定和维护、推进本币国际化进程具有重要的意义。20世纪80年代中后期以来，日本政府忽视了或者低估了国内金融系统吸收跨境资本流入的能力，其强行推动放开资本流动的行为是不可取的。当前中国尚未实现资本账户可兑换，资本市场尚未双向开放，国内金融发育程度尚不能有效地吸收外资和化解外资大进大出的压力，同时也面临着SDR篮子货币5年一次例行审核的重要机遇，应该审慎对待跨境资本流动。

（四）在加强资本流动监管的前提下择机放开本币管制

加强对本币跨境资本流动进行监管与在时机合适的情况下放开本币管制并不冲突。这是一种相辅相成的辩证关系。德国马克国际化就是一个明证。在马克国际化前期放开管制，随之加强管制后再放开，这一系列的有序做法使得马克成为一种重要的国际货币，直至1999年欧元诞生并替代马克为止。因此，中国在人民币国际化进程中，在加强对本币跨境资本流动进行监管的同时，也应在适宜条件下放开监管，比如资本市场双向开放、深港通的启动等。这些渐进式的资本账户开放，不仅有利于深度推进人民币国际化，同时也有助于为今后的管制操作提供丰富的参考素材。

第四节　人民币资本账户开放现状分析

一、人民币资本账户开放的历程

改革开放以前，中国既无外债，也不允许外商直接投资，资本账户交易处于空白。从1978年开始，中国在吸引和利用外资方面放松管制，事实上启动了人民币资本账户可兑换的进程。但是改革开放的初期，重点是对内改革，资本账户对外开放进展不多。1980年，中国加入IMF时还是以其第14条款国的身份加入的，即经常账户和资本账户都不可兑换。

1993年，中共十四届三中全会首次提出"逐步使人民币成为可兑换的货币"，经常账户和资本账户的开放随之启动。1994年初，中国实行汇率并轨，取消外汇留成与上缴制度，对经常账户外汇收入实行强制结汇，实现了人民币经常账户有条件可兑换(即取消了对贸易及与贸易有关的服务贸易从属费用如运费、保费、佣金等对外支付和转移的限制)，并于1996年正式接受《国际货币基金组织协定》第8条款义务，取消了剩余的经常账户对外支付和转移的限制，实现了人民币经常账户完全可兑换。

此后，资本账户开放成为国际收支改革的主要内容。经历了亚洲金融危机期间的倒退，相关改革在2001年加入WTO后得以加速推进。2002年推出合格境外机构投资者(QFII)制度，允许外资进入中国资本市场。由于经常账户和资本账户持续大额双顺差，中国一方面在2005年改革了汇率形成机制、实行有管理的浮动汇率制度，人民币进入了一个长期升值的通道；另一方面开始鼓励资金有序流出，促进国际收支平衡，外汇管理由"宽进严出"向"双向均衡管理"转变。例如，在2006年出台了合格境内机构投资者(QDII)计划，允许投资境外证券市场(表4-5)。

2008年经济危机后，很多国家对人民币需求增加，中国开始在跨境贸易和直接投资中促进人民币的使用。同时，中国以一种合理且有序的方式扩大人民币在跨境金融投资中的使用，包括允许外国机构投资本国银行间债券市场；开始实行人民币合格境外机构投资者(RQFII)制度；持续深化双边货币合作，与28个国家和地区签订了双边货币互换协议；促进离岸人民币市场的稳定发展，在14个国家和地区建立起人民币清算银行。这些既支持了人民币国际化的快速发展，又进一步强化了人民币资本账户的可自由兑换。

表 4-5　　人民币资本账户开放进程中的重大事件

年　份	重　大　事　件
1993 年	中共十四届三中全会首次提出要“逐步使人民币成为可兑换的货币”
1996 年	经常账户完全可兑换实现
1997 年	亚洲金融危机，进程被搁置
2002 年	引入 QFII 制度
2003 年	中共十六届三中全正式重新提出“逐步实现资本账户可兑换”的目标
2006 年	引入 QDII 制度
2003—2008 年	FDI 和 ODI 很大程度上实现了人民币可自由兑换；对贸易融资以及与贸易相关的对非居民债权采用注册制
2008 年	全球金融危机，进程被延缓
2009 年	启动跨境人民币贸易结算业务试点
2010 年	将资本账户可兑换目标写入“十二五”规划；境外机构进入境内银行间债市
2011 年	开始实行 RQFII 制度
2013 年	中共十八届三中全会宣布将寻找机会推进人民币资本账户可自由兑换的进程；上海自贸区成立
2014 年	沪港通成功开通
2015 年	债券回购交易向已获准进入银行间债券市场的境外人民币清算行和境外参加行开放；两地基金互认启动

随着 2009 年开始跨境贸易人民币结算试点，人民币国际化正式启动，经常账户和资本账户下人民币跨境流动的便利化程度通过 RQFII、RQDII 等安排得以迅速提高。中共“十八大”之后，中央明显开始加快资本账户开放的步伐。对于资本账户开放的条件，央行认为已经成熟：一是宏观经济持续稳定增长；二是国际收支稳定，经常账户持续顺差；三是外汇储备充足；四是银行资产质量稳定，不良率低，拨备率高；五是中国债券市场和股票市场的体量已经很大。截至 2015 年 8 月 28 日，中国共批准 276 家合格境外机构投资者（QFII）投资额度 767.03 亿美元，132 家合格境内机构投资者（QDII）投资额度 899.93 亿美元，138 家人民币合格境外机构投资者（RQFII）投资额度 4 049 亿元。同时，有序拓展资本双向开放渠道，做好便利内地投资者在境内购买香港的公募

基金和内地公募基金在香港市场销售的制度安排。

2015年6月央行发布《人民币国际化报告(2015年)》指出,目前中国距实现人民币资本账户可兑换的目标并不遥远。在2015年12月1日人民币加入SDR(特别提款权)这一人民币国际化里程碑事件[①]后,资本账户开放有望进一步加速推进。2015年10月29日中共第十八届中央委员会第五次全体会议通过的《中共中央关于制定国民经济和社会发展第十三个五年规划的建议》提出,有序实现人民币资本账户可兑换,推动人民币加入特别提款权,成为可兑换、可自由使用货币。2015年12月2日,国务院总理李克强主持召开国务院常务会议,听取人民币加入特别提款权情况和下一步金融改革开放相关工作汇报;部署在多地开展金融改革创新试点。会议决定,支持广东、天津、福建自由贸易试验区分别以深化粤港澳合作、发展融资租赁、推进两岸金融合作为重点,在扩大人民币跨境使用、资本账户可兑换、跨境投融资等方面开展金融开放创新试点,成熟一项、推进一项。事实上,早在由中国人民银行、商务部、银监会、证监会、保监会、外汇局、上海市人民政府2015年10月30日正式印发的《进一步推进中国(上海)自由贸易试验区金融开放创新试点,加快上海国际金融中心建设方案》中,就明确提出,率先实现人民币资本账户可兑换,研究启动合格境内个人投资者境外投资试点,创新外汇管理体制,探索在自由贸易试验区内开展限额内可兑换试点;进一步扩大人民币跨境使用,支持自由贸易试验区内企业的境外母公司或子公司在境内发行人民币债券等。

根据上述文件并结合中国金融对外开放的实际,中国近期可能出台的资本账户开放的改革政策和举措包括:(1)推出合格境内个人投资者计划(QDII2),放松对跨境个人投资的限制;(2)推出"深港通"计划,加强在岸和离岸市场之间的联系;(3)允许境外主体在中国市场发行金融产品(衍生品除外);(4)进一步扩大QFII、RQFII和QDII的参与者群体、投资范围,提高投资额度,可能最终改审批制为注册制;(5)放松外国投资者进入中国银行间市场,特别是债券市场的门槛;(6)升级自贸区内的金融开放措施并扩大自贸区

---

① 2015年12月1日凌晨,国际货币基金组织(IMF)宣布,决定将人民币纳入特别提款权SDR的货币篮子,人民币作为一个新兴国家货币,得到了国际货币组织的认可。入SDR篮子的同时,IMF公布了人民币在SDR篮子里的权重,美元、欧元、日元、英镑和人民币的比重分别为41.7%、30.9%、8.3%、8.1%和10.9%,是仅次于美元和欧元的第三大货币。

试验的辐射范围。

二、人民币资本账户开放的现状

为了具体分析中国资本账户开放现状，并为后文研究人民币国际化进程中的资本账户开放提供依据，笔者研读了 2005—2011 年的 IMF《汇率安排与汇兑限制年报》，并对《汇率安排与汇兑限制年报》资本账户交易的 7 个大项即资本和货币市场工具、衍生品及其他工具、信贷操作、直接投资、直接投资清算、房地产交易、个人资本交易及每一个大项的不同子项目下的资本账户开放变化情况进行了统计，结果如表 4-6 所示。资本账户开放程度指标的编制准则，采用了事实分析的方法，以 2005 年作为基期，“Y”代表资本账户项目存在管制，“N”代表资本账户项目完全开放，“+”代表资本开放程度较之上期有所增强，“−”代表资本开放程度较上期有所减弱，累积变化情况为“+”、“−”符号个数抵消后结果。

从表 4-6 可以看出，IMF《汇率安排与汇兑限制年报》统计的资本账户的开放情况。截至 2011 年，中国基本可兑换项目有 14 个子项，占比 35%，主要集中在信贷工具交易、直接投资、直接投资清盘等方面；部分可兑换项目有 22 个子项，占比 55%，主要集中在债券市场交易、股票市场交易、房地产交易和个人资本交易四大类；不可兑换项目有 4 个子项，占比 10%，主要是非居民参与国内货币市场、基金信托市场以及买卖衍生工具。根据 IMF《汇兑安排与汇兑限制 2014 年报》，在其划分十三大类资本账户中，目前中国只开放了国际贸易信贷下的“商业信用”这一项，而其他 12 项仍处于不可兑换或部分可兑换的管制状态。中国是大类管制最多的国家之一，高于 OECD 国家和许多新兴市场国家。分细项看，在 42 个项目中完全不可兑换的有 3 项，涉及非居民参与境内货币市场、集合理财以及衍生品交易；同时，个人跨境投资仍受限于每人每年 5 万美元的汇兑额度，境外机构来华发行股票亦尚无先例。在可兑换项目中，“2Q”管理，即资质和配额管理是普遍现象，其中债券、股票、不动产交易项目等实现了部分可兑换，而信贷工具、直接投资、直接投资清盘等项目实现了基本可兑换。如果以此判断，至今，中国的资本账户开放仍相对滞后，几乎所有资本账户交易依然处于不同程度的管制之下，未来开放空间还很大。

表 4-6　　　　2005—2011 年中国资本账户项目开放变化情况

项目 \ 年份	2005	2006	2007	2008	2009	2010	2011	累计变化	结果
i 资本和货币市场工具									
资本市场证券	Y	+	+	+	+	+	0	+	Y
债券及其他债务性证券	Y	+	0	0	+	0	0	+	Y
货币市场工具	Y	0	+	0	+	0	0	+	Y
共同投资证券	Y	0	0	0	+	0	0	+	Y
ii 衍生品及其他工具	Y	0	0	0	0	0	0	0	Y
iii 信贷操作									
商业信贷	Y	+	0	0	0	0	0	+	Y
金融信贷	Y	0	0	0	+	+	+	+	Y
担保、保证及金融后备工具	Y	+	0	0	+	+	0	+	Y
iv 直接投资									
对外直接投资	Y	0	+	+	+	0	+	+	Y
对内直接投资	N	0	0	0	0	0	0	0	N
v 直接投资清算	N	0	0	0	0	0	0	0	N
vi 房地产交易	Y	+	—	0	0	0	0	0	Y
vii 个人资本交易									
贷款	Y	0	—	0	0	0	0	—	Y
赠与、捐赠、继承和遗产	Y	+	0	0	0	0	0	+	Y
移民国外债务清算	n.a	n.a	n.a	n.a	n.a	n.a	n.a	0	n.a
资产转移	Y	+	0	0	0	0	0	+	Y

但是与 IMF 判断不同的是，在《中国资本市场开放和人民币资本账户可兑换》(郭树清，2012)一文中，作者认为中国资本账户的开放程度远高于 IMF 的判定(表 4-7)，这种差异最关键的原因在于：(1)此文中的评估是以实际操作中的可能性为标准，也就是说如果某项管制可被规避、绕开，则不视为不可兑换；(2)将在香港离岸市场发展的业务纳入判定资本账户开放的考虑；(3)区分了居民原则和国民原则(即是否在华注册为公司)，原则上我们未允许境外注册的企业在境内发行证券，但它们可以在华注册从而可在中国发行证券，这被视为可兑换；

(4)此文不将出于审慎性监管考虑所采取的限制认定为不可兑换。在此我们提供这种评估方法的结果供参考，以全面了解中国资本账户开放的情况。

表 4-7　　中国资本账户可兑换程度明细

项目			有关机构评估	实际状况	差异说明
(一) 资本和货币市场工具	股票或有参股性质的其他证券	(1) 非居民在境内买卖	部分可兑换	部分可兑换	
		(2) 非居民在境内发行	不可兑换	部分可兑换	居民原则和国民原则
		(3) 居民在境外买卖	基本可兑换	基本可兑换	
		(4) 居民在境外发行	基本可兑换	基本可兑换	
	债券和其他债务性证券	(5) 非居民在境内买卖	部分可兑换	基本可兑换	审慎性监管
		(6) 非居民在境内发行	部分可兑换	基本可兑换	居民原则和国民原则
		(7) 居民在境外买卖	部分可兑换	可兑换	审慎性监管，离岸市场发展，规避管制
		(8) 居民在境外发行	部分可兑换	基本可兑换	离岸市场发展
	货币市场工具	(9) 非居民在境内买卖	部分可兑换	部分可兑换	
		(10) 非居民在境内发行	不可兑换	部分可兑换	居民原则和国民原则
		(11) 居民在境外买卖	基本可兑换	基本可兑换	
		(12) 居民在境外发行	部分可兑换	基本可兑换	离岸市场发展
	集体投资类证券	(13) 非居民在境内买卖	部分可兑换	基本可兑换	居民原则和国民原则
		(14) 非居民在境内发行	部分可兑换	基本可兑换	审慎性监管，规避管制
		(15) 居民在境外买卖	基本可兑换	可兑换	审慎性监管
		(16) 居民在境外发行	部分可兑换	基本可兑换	离岸市场发展

续表

项目			有关机构评估	实际状况	差异说明
（二）衍生工具和其他工具		（17）非居民在境内买卖	部分可兑换	部分可兑换	部分可兑换
		（18）非居民在境内发行	不可兑换	部分可兑换	居民原则和国民原则、规避管制
		（19）居民在境外买卖	部分可兑换	基本可兑换	居民原则和国民原则，规避管制，离岸市场发展
		（20）居民在境外发行	不可兑换	部分可兑换	居民原则和国民原则
（三）信贷业务	商业信贷	（21）居民向非居民提供	基本可兑换	可兑换	审慎性监管
		（22）非居民向居民提供	基本可兑换	可兑换	审慎性监管、外债管理
	金融信贷	（23）居民向非居民提供	基本可兑换	可兑换	审慎性监管
		（24）非居民向居民提供	部分可兑换	可兑换	审慎性监管
	担保、保证和备用融资便利	（25）居民向非居民提供	基本可兑换	可兑换	审慎性监管
		（26）非居民向居民提供	基本可兑换	可兑换	审慎性监管
（四）直接投资		（27）对外直接投资	部分可兑换	基本可兑换	行业部门仍有限制
		（28）对内直接投资	基本可兑换	可兑换	地区和环境政策差异
（五）直接投资清盘		（29）直接投资清盘	基本可兑换	可兑换	地区政策差异
（六）不动产交易		（30）居民在境外购买	部分可兑换	基本可兑换	规避管制
		（31）非居民在境内购买	部分可兑换	可兑换	最近提出自用要求
		（32）非居民在境内出售	基本可兑换	可兑换	一直无限制

续表

项目			有关机构评估	实际状况	差异说明
（七）个人资本交易	个人贷款	（33）居民向非居民提供	部分可兑换	基本可兑换	规避管制、离岸市场发展
		（34）非居民向居民提供	部分可兑换	基本可兑换	规避管制、离岸市场发展
	个人礼品、捐赠、遗赠和遗产	（35）居民向非居民提供	部分可兑换	可兑换	过去汇兑不便利
		（36）非居民向居民提供	部分可兑换	可兑换	过去汇兑不便利
	外国移民在境外的债务结算	（37）外国移民境外债务的结算	基本可兑换	可兑换	一直无限制
	个人资产的转移	（38）移民向国外的转移	部分可兑换	基本可兑换	规避管制
		（39）移民向国内的转移	基本可兑换	可兑换	一直无限制
	博彩和中奖收入的转移	（40）博彩和中奖收入的转移	部分可兑换	基本可兑换	无明确限制

在表4-8中，我们归纳了自2012年以来资本账户开放的新进展，其呈现以下三个特点：首先，在开放方向上，直接投资、资本和货币市场工具方面的进展较多，资本和货币市场工具方面以打开/扩大投融资渠道为主，直接投资方面由于开放程度本已较高，政策主要以简化流程、取消审核为主。其次，整体的开放步伐仍然较为谨慎。直接投资政策已分多次逐步调整，QFII、RQFII、QDII等均在管控之内，额度审批步伐平缓，沪港通除总额限制外，也有每日额度的限制，从而尽量避免了正规途径上的资金流动规模过大。再次，2015年在资本和货币市场的开放上有加速趋势：9月5日，央行发布《关于进一步便利跨国企业集团开展跨境双向人民币资金池业务的通知》，为跨境人民币资金池业务松绑，上调人民币净流入额的上限，并降低企业准入门槛；9月21日，中英发表联合声明，英国和中国同意加强伦敦与上海证券交易所之间的联系，决定对伦敦上海股市通进行可行性研究，中方欢迎英方公司及在华英资机构在交易所债券市场发行公司债。

表 4-8　　2012 年后中国资本账户开放的新进展

时　间	政　策	内　容	开放大项
2012 年 3 月 6 日	关于境内个人参与境外上市公司股权激励计划外汇管理有关问题的通知(7 号文)	首次明确了境内个人可以其个人外汇储备账户中的自有外汇等资金参与股权激励计划	(一) 资本和货币市场工具
2012 年 11 月 21 日	关于进一步改进和调整直接投资外汇管理政策的通知	共取消了 35 项行政审核,简化合并了 14 项行政审核,大幅缩减事前审批环节,实现了以登记为主的外商直接投资外汇管理方式	(四) 直接投资
2012 年 11 月 21 日	关于外商投资合伙企业外汇管理有关问题的通知	大幅简化外商投资合伙企业所涉外汇业务的管理流程,简化和规范外汇登记和外汇账户管理,规范外国合伙人出资确认登记	(四) 直接投资
2013 年 3 月 19 日	人民币合格境外机构投资者境内证券投资试点办法	允许 RQFII 投资国内资本市场,有利于拓宽境外人民币持有人的投资渠道,促进中国资本市场多层次、多角度对外开放	(一) 资本和货币市场工具
2013 年 5 月 11 日	外国投资者境内直接投资外汇管理规定	废止了 24 项外商直接投资外汇管理法规,相当于取消了大部分常规性业务的事前核准,将其转为登记方式	(四) 直接投资
2013 年 8 月 27 日	合格境内机构投资者境外证券投资外汇管理规定	取消资金汇出入币种限制和结汇、购汇审核,对各类合格机构境外证券投资统一实行余额管理,对 QDII 外汇管理政策进行归并和整合	(一) 资本和货币市场工具
2014 年 1 月 24 日	关于进一步改进和调整资本账户外汇管理政策的通知	简化融资租赁类公司对外债权外汇管理、境外投资者受让境内不良资产外汇管理;放宽境外直接投资前期费用、境内企业境外放款管理;简化境内机构利润汇出审核、个人财产转移售付汇管理;改进证券公司《证券业务外汇经营许可证》管理	(三) 信贷业务;(四) 直接投资;(七) 个人资本交易
2014 年 2 月 21 日	外债转贷款外汇管理规定	取消外债转贷款逐笔登记和汇兑审批,实行转贷款债权人集中登记;取消转贷款账户开立核准、政策性转贷款结汇核准、转贷款项下还本付息及购汇核准手续	(一) 资本和货币市场工具

续表

时　间	政　策	内　容	开放大项
2014 年 5 月 19 日	跨境担保外汇管理规定	取消内保外贷的数量控制；取消不必要的资格条件限制；取消所有事前审批，以登记为主要管理方式；取消担保履约核准；担保履约后形成对外债权的，应按相关要求办理对外债权登记	（三）信贷业务
2014 年 7 月 14 日	关于境内居民通过特殊目的公司境外投融资及返程投资外汇管理有关问题		（四）直接投资
2014 年 12 月 31 日	关于境外上市外汇管理有关问题的通知	取消境外募集资金调回结汇审批，境外上市企业凭业务登记凭证可在银行直接办理结汇；允许境内公司回购、境内股东增持等汇出资金后剩余款项汇回、自由结汇及划转	（一）资本和货币市场工具
2015 年 2 月 28 日	关于进一步简化和改进直接投资外汇管理政策的通知	取消境内外直接投资项下外汇登记核准；简化境内直接投资项下外国投资者出资确认登记管理；取消境外再投资外汇备案；取消直接投资外汇年检，改为实行存量权益登记	（四）直接投资
2015 年 4 月 8 日	关于改革外商投资企业外汇资本金结汇管理方式的通知	外商投资企业外汇资本金实行意愿结汇管理，企业可自由选择资本金结汇时机；便利外商投资企业以结汇资金开展境内股权投资	（四）直接投资
2015 年 7 月 31 日	关于境外交易者和境外经纪机构从事境内特定品种期货交易外汇管理有关问题的通知	境外投资者参与境内商品期货交易，可根据期货交易保证金、盈亏结算等实际需求直接在开户行办理结购汇，结购汇后资金可以直接划转；境外投资者用于期货交易资金不占用银行短期外债指标，便利相关资金运用	（二）衍生工具和其他工具
2015 年 9 月 30 日	中国人民银行公告(2015)第 31 号	允许境外央行（货币当局）和其他官方储备管理机构、国际金融组织、主权财富基金依法合规参与中国银行间外汇市场交易	（一）资本和货币市场工具

综合上述人民币资本账户开放现状的比较分析，IMF2014 年《汇率安排与汇兑限制年报》的评估大大低估了中国资本账户开放的水平。实际上，当前中

国已经实现了IMF《汇率安排与汇兑限制年报》七大类40子项资本项目交易中85%的基本可兑换。在信贷方面,根据IMF评估报告,中国商业信贷已经实现完全可自由兑换。对贸易融资以及与贸易相关的对非居民债权已采用注册制,但短期境外借款有额度管理,长期境外借款需要有关部门审批。直接投资方面,中国放开了本国对外直接投资(ODI),但外国对本国的直接投资及清算需要审批。资本、货币和衍生品市场方面,人民币可兑换主要通过合格境外机构投资者(QFII)、合格境内机构投资者(QDII)和人民币合格境外机构投资者(RQFII)制度实现,其投资额度不断提高。截至2015年6月29日,QFII投资额度已达755亿美元,QDII额度为近900亿美元,RQFII额度为3 909亿元,分别是实施初期的额度的216倍、9倍和37倍。正如央行行长周小川在2015年4月的IMF年会上所表示的,在IMF资本项目的40项分类中,中国目前有35项实现完全或部分可自由兑换,仅5项仍属于完全不可自由兑换,主要涉及个人跨境投资、非居民境内发行股票及其他金融工具(见表4-9)。其中,境内资本市场开放、个人跨境投资、跨境融资、金融风险对冲管理等都是中国人民币资本项目可兑换推进中难度最高、风险较大的部分,也是可兑换改革进程中"最后一公里"的内容。

表4-9　　主要国家资本项目管制情况比较

资本项目管制	其他特别提款权(SDR)篮子货币国家					金砖五国				
	德国	美国	英国	法国	日本	印度	中国	南非	巴西	俄罗斯
资本市场证券	√	√	√	√	√	√	√	√	√	√
货币市场工具	√	√	√	√		√	√	√	√	√
集合投资证券	√	√	√	√		√	√	√	√	√
衍生品及其他工具	√	√				√	√	√	√	
商业信贷工具						√		√		
金融信贷工具	√					√	√	√	√	
担保、保证和金融背书		√				√	√	√		√
直接投资	√	√	√	√	√	√	√	√	√	
直接投资清盘						√	√			

续表

资本项目管制	其他特别提款权(SDR)篮子货币国家					金砖五国				
	德国	美国	英国	法国	日本	印度	中国	南非	巴西	俄罗斯
房地产交易	√	√	√			√	√	√	√	
个人资本交易						√	√	√		
适用于商业银行和其他信贷机构的特殊条款	√		√	√		√	√	√	√	√
适用于机构投资者的特殊条款	√	√	√	√		√	√	√	√	
管制项目总计	9	8	7	6	2	13	12	12	9	5

三、中国资本管制效果分析

从资本管制的效果来看，管制措施较为有效地限制了跨境资本流动，尤其是机构投资者的活动。中国对外资产和负债总和占 GDP 比重仅为 107%，不到美国的 1/3。在股权交易方面，境外投资者可通过合格境外有限合伙人(QFLP)等计划投资中国 PE 和 VC 市场，通过 QFII、RQFII 与“沪港通”等渠道投资上市公司，但股票市场上外国投资者的参与度仅为 1.1%，远低于发达国家和部分新兴市场国家。就债券市场而言，2014 年底，6 462 家银行间市场参与者中，共有 211 家包括境外中央银行或货币当局、国际金融机构、主权财富基金、人民币业务清算行、跨境贸易人民币结算境外参加行、境外保险机构、QFII 和 RQFII 等在内的境外机构获准进入，其中有 180 家入市交易。截至 2015 年 4 月，外国投资者持有债券 7 352 亿元，仅占银行间债券市场托管额的 2.5%。

资本管制也在相当长一段时间里限制了跨境资本套利，但这种情况近期有所改变。资本管制近年来出现了“明紧实松”的倾向，尤其对非金融企业和个人的约束力正在下降。规避管制的途径很多，既有非法的，也有合法的。比如，通过低报出口、高报进口，转移价格、利润，或改变交易时间和交易条件等都可以实现资本进出。许多国际收支同时具有经常性和资本性特征，事实上很难严格区分。歧视性管制也有漏洞，使得被严格限制的交易可以在更开放的资本账户下完成，以规避管制。

作为一个佐证，看似严格的个人投资汇兑限制并未制约中国居民海外资产配置的步伐。自2007年开始,个人汇兑限额为每人每年5万美元。根据招商银行《2014中国私人财富报告》,中国高净值人群所持境外资产已占其可投资资产总额的20%。相比之下,波士顿咨询公司《2014全球财富报告》显示,在世界范围内高净值人群持有离岸财富的比例仅为5.9%。即便存在汇兑限制,中国高净值人群海外资产配置已高于世界平均水平。特别在不动产方面,根据美国房地产经纪人协会,2013年中国居民在美房产投资额达220亿美元,为最大外国投资人群。澳大利亚外国投资审批委员会数据显示,2013年,中国居民在澳房产投资为59亿澳元。同年,在搜房网监测的海外购房目标国家中,美国和澳大利亚位列前二,分别占21%和11%。由此反推,2013年中国居民海外房产投资总额应在5 000亿元人民币左右。定向资本管制的可渗透性由此可见一斑。

总体而言,国际收支结构反映了资本管制措施及其效果的一些变化:第一,跨境资本流动对国际收支运行的影响明显增大。资本账户差额对国际收支总差额(储备资产变动)的贡献和干扰加大。第二,短期资本流动对国际收支状况的影响越来越大。基础国际收支差额(经常账户与直接投资差额之和)相对权重下降,但近年来非直接投资流动的相对影响上升,并呈钟摆态势。第三,净误差和遗漏项的波动放大,且与人民币汇率预期有很强关联性。作为平衡经常账户与资本账户的统计缺口,该项目部分反映了隐性资本流动,它与人民币汇率的关联性一定程度上体现了隐性资本的跨境逐利。

第五节　推进人民币资本账户有序开放的政策建议

目前,关于资本账户开放的争论较多,大多数学者都认为中国应该加快资本账户开放,以推进人民币国际化进程。2015年12月1日凌晨,国际货币基金组织执董会决定将人民币纳入特别提款权(SDR)货币篮子,预示着未来资本账户开放有提速的可能。但资本账户的过快开放势必会带来宏观经济运行的风险,资本账户的审慎开放则会影响到人民币的国际化进程。怎样协调资本账户的开放程度,使之更好地推进人民币国际化进程是目前需要我们认真对待的问题。为此,借鉴国际经验,基于对可兑换后跨境资金流动的情况判断,从人民币走向国际化的高度着眼、从有利于国家抵御外部冲击风险角度着手，笔者提出进一步开放资本账户的政策建议。

一、分阶段、分步骤推进资本账户开放

中国资本账户开放是为了促进资金跨境自由流动，提高资金配置效率，促进国际收支平衡，优化经济结构。资本账户开放既要减少对资本流出的管制，也要减少对资本流入的管制。减少对资本流出的管制，是为了鼓励国内居民和企业"走出去"，在境外寻找更多的投资机会，追求更高的投资回报率；减少对资本流入的管制，就是允许国外机构和个人更广泛地投资于中国金融市场和资本市场，提高中国金融市场的服务能力和资源配置能力。

更多企业走出去有利于加深国际社会对中国企业和金融市场的理解，从而推动更多境外机构投资中国资本和金融市场；更多境外机构投资中国资本和金融市场，也有利于中国企业增强对国际金融市场的认识和了解，从而加快境内企业"走出去"。资本账户开放是整体推进的过程，但不同的发展阶段，会有不同的侧重点。在某一时期，资本净流入的压力可能较大，可以借机放松对资本流出的管制；而在有些时期，资本净流出的压力可能较大，可以借机放松对资本流入的管制。

当前中国需要渐进审慎开放资本账户，即"统筹规划、循序渐进、先易后难、分步推进"。国际社会对审慎的资本流动开放、适当的资本流动管理措施以及宏观审慎措施采取了更加认可的态度，包括一直主张资本自由流动的IMF近几年也放弃反对资本管制。资本账户开放的各种举措将从跨境直接投资（FDI和ODI）、跨境证券类投资（QFII、QDII、RQFII）以及外债（贸易与项目融资）三个方面逐渐开展。央行《人民币国际化报告》表明，未来推进人民币资本账户可兑换或将从以下几个方面实施：

（1）逐步解除对个人跨境投资，推出合格境内个人投资者（QDII2）境外投资试点。

（2）进一步开放国内资本市场，推出"深港通"、"沪伦通"，允许非居民在境内发行除衍生品外的金融产品，允许投资者在国内和海外资本市场更自由地投资。

（3）修订外汇管理条例，取消大部分事前审批，建立有效的事后监测和宏观审慎管理制度。其中QDII2开闸在即。央行近期称将考虑推出合格境内个

人投资者(QDII2)境外投资试点。QDII2 制度允许合格境内投资者参与境外资本市场投资,有利于个人投资者进行个性化、定制化的投资。据报道,相关细则已经上报国务院常委会审议,试点城市包括上海、天津、重庆、武汉、深圳和温州,预计将会很快择机推出。QDII2 的实行和 2016 年 7 月 1 日起实施的内地、香港两地基金互认,可减少中国完全不可自由兑换项目数,进一步推进人民币资本账户可兑换改革。

资本账户开放
- 跨境直接投资(FDI 和 ODI)
- 跨境证券类投资(OFII、QDII、RQFII)
- 外国债务与借款(贸易与项目融资)

图 4-3　今后中国资本账户开放的主要方向

二、建立适合中国的跨境资本流动宏观审慎管理框架

资本项目可兑换的全部实现同时也意味着中国资本及金融账户的开放。应对实体经济跨境贸易投资活动的需求,提高资金结算效率、加快资金结算速度是跨境金融服务的必然之举。在这样的背景下,跨境资金流动呈现许多新特点:一是跨国经营企业集团内跨境资金集合管理以及跨境电子商务等新业务的开展,使得资金流动复杂性增大,流动形式趋于多样化;二是资本及金融市场活动的双向开放,使得资金跨境流动呈现大进大出、快进快出的特性;三是跨境投融资渠道的打开使得跨境双套利(汇差和利差)更趋活跃;四是外币进出导致的货币错配以及相应的对冲管理使得跨境资金流动与实际的跨境权责债务关系存在倍增倍减的杠杆效应。

从风险角度来看,主要是资本项目中大部分中低风险的项目已经实现基本可兑换,但开放风险的管理尚留在行政层面,即国家行政管理部门是通过双 Q 制度[资质(qualification)和额度(quota)]来行使资本项目可兑换的风险管理,而金融层面和实体经济层面尚未建立起金融开放运行下的风险管理意识和机制,这使得国家的资本及金融开放面临巨大的困难和风险。这种双 Q 制开放模式的最大缺陷就是由国家行政部门来管理开放中的宏微观风险,而不是由市场主体自发管理。一旦从 85%的基本可兑换到 100%的全面可兑换,原有各项目单一逐项独立开放模式中可控的风险可能演变为整体性、结构性、

叠加性的风险，并通过国内外货币市场、资产市场、外汇市场等媒介实现交叉传递，继而引发开放宏观中典型的系统性风险——货币及金融危机。

总结国际上历次货币及金融危机的教训，经济金融的全球化运行在给各国带来福利的同时，其破坏力也是令人咋舌的。当前国际社会对于开放宏观下的金融风险已基本达成一致观点，即应对无序的跨境资本流动进行一定的约束。但具体的解决方案还主要在于应急性的资本管制。宏观审慎政策框架在跨境资金流动领域中的应用在国际上鲜有实践。一方面是因为发达国家处在跨境资金流动的主导方，不关心这一领域或不希望跨境资金流动受到限制；另一方面发展中国家处于跨境资金流动的被动方，在强大的国际资本面前又无力或不想实施限制。但国际金融发展的历史毫无疑问地显示了跨境资金无序流动对发展中国家的侵蚀和破坏。

同时，金融开放的主导货币币种对一个国家的跨境资本流动风险也有重要影响。发展中国家固有的内部经济结构问题叠加国际收支都依赖外国货币的格局，使得这些国家无法依托本国货币来实现金融开放。在外国货币主导一国国际收支的情况下，该国境内可兑换程度越高，外币跨境流动的规模越大，货币错配导致的潜在风险也越大。从历次发生在发展中国家的货币金融危机来看，境外投机者冲击一国金融体系，无一例外地都是在资产、货币和外汇市场上多重布局，并以最后冲垮汇率作为成果。远则有南美货币危机引发的金融危机，近则有东南亚货币危机引发的金融危机。

因此，对于中国而言，在资本账户开放进程中加快建立健全适合自身的宏观审慎政策框架与金融审慎例外安排已经迫在眉睫。所谓宏观审慎政策框架是从金融稳定角度提出的一个概念，主要应用在金融体系的整体稳定方面。根据 G20 集团宏观审慎管理工作组的定义，宏观审慎政策框架应包括四个部分：一是对整个金融体系进行政策反应，而非孤立地针对单个机构或特定经济措施；二是增强抗风险能力和限制系统性风险，减缓系统性风险通过机构间的关联、共同的风险敞口、放大金融周期波动性的金融机构顺周期行为倾向等因素向整个金融体系的蔓延；三是宏观审慎政策工具类型应当使用可变和固定工具减少系统性风险，同时增强金融体系的抗风险能力以防范风险；四是宏观审慎政策要求执行机构必须公开并能获取货币政策、财政政策及其他政府政策信息。其中，可变工具是指可以通过灵活的参数自动调整或响应商业周期发展变化的工具，如规定的逆周期资本缓冲；固定工具是指不在经济周期中进行调整以增强金融体系在周期内各个时点抵御风险的能力的工具，如资本乘数概念中的总资本杠杆率（gross leverage ratios）和核心融资比率（core funding ratios）等。

关于金融审慎例外安排，当前主流的国际多边和双边投资谈判协定中大多包含了投资自由化以及资金自由转移等相关高阶投资规则。在这些规则的作用下，签署国现行的行政性、选择性的各类管制措施将不再适用，需要寻找符合国际规则的、通行的新措施来防范风险并对国家利益进行保护。从发达国家的经验以及国际规则来看，"金融审慎例外安排"则是各项管制开放后仍然可以被东道国引用的主要调控手段。具体而言，有两个方面：一是"不得阻止东道国出于审慎考虑（包括对个别金融机构安全、健康、完整以及金融职责的维持，对支付清算系统安全以及财务、营运完整性的维持）而采取或维持有关金融服务的措施，包括保护投资者、储户、保险单持有人或者以金融服务提供者为受托人的信托委托人利益的措施，或者是确保金融体系完整和稳定的措施"；二是"不适用于央行或货币当局为追求货币政策及相关信贷政策、汇率政策目标而普遍运用的非歧视性的措施"。其中第二方面即为金融宏观审慎，但在应用中须遵循"非歧视性"原则。为了防止滥用这一"金融审慎例外安排"，对东道国采取的措施是否属于"金融审慎例外"的判断需要涉事双方国家的金融主管部门来共同认定。因此，金融审慎例外规则的科学合理设计和运用是关键。

三、加快协调推进各项金融改革开放

利率、汇率和资本账户的放开，是中国建立市场化金融体系的核心标志。但这三者改革开放却不能单打独斗，需要协调推进。

（一）金融市场完善与利率形成机制改革相互促进

中国资本账户开放首先面对的是利率问题。中国短期均衡利率水平较高，导致资本净流入较多，进而局部均衡汇率较高。中国利率的突出问题之一是长短期均衡利率差距较大。金融改革顺利推进的关键是减小长短期均衡利率差距，促使利率向长期均衡水平回归。潜在经济增速下滑导致中国长期均衡利率趋于下降。提高潜在经济增速是一个长期过程，也是中国推进金融改革的目的所在，它不能反过来成为推进金融改革的前提条件。中国短期均衡利率较高，从产品市场看，主要原因是投资软约束导致投资需求持续增长。从货币市场看，主要原因是金融市场不发达，货币需求的利率敏感性低，货币需求较高。这些都会推高均衡利率水平。因此，降低均衡利率水平，既要推进投资机制改革，也要不断完善金融市场。

（二）汇率形成机制改革与外汇市场建设相互促进

较长时期以来，中国国内长短期经济均衡值偏离，这是中国国际收支失衡的主要原因之一。利率市场化改革有利于缩小长短期经济均衡值的差距，也有利于汇率市场化改革和资本账户开放的顺利实施。同样，国际收支状况也会影响国内经济。仅仅依靠利率市场化改革而不协调推进汇率改革、资本账户开放，很难实现国内经济平衡。如果等国内经济问题完全解决了才解决国际收支问题，国际收支变化后，国内经济状况又会相应变动；如果等国际收支失衡问题完全解决后才解决国内经济问题，国内经济金融指标变动又会引起国际收支变化，因此对内改革与对外改革应该协调推进，不应有严格的、机械的先后顺序。

在汇率市场化改革过程中，中国要在人民币汇率基本稳定的前提下，建立以市场供求为基础的浮动汇率制度。这首先要求短期均衡汇率与长期均衡汇率基本一致，否则市场化后，汇率将大幅波动。汇率市场化改革同样有两方面的内容：一是外汇市场建设，包括增加外汇交易品种、扩大外汇市场规模、完善中间价报价制度、减少外汇市场准入限制等。完善外汇市场是为了减少外汇投机，减少不合理的汇率波动。二是汇率形成机制改革。这要求中国人民银行减少干预外汇市场。汇率形成机制改革过程中，人民币汇率浮动区间逐步扩大。外汇市场建设与汇率形成机制改革也是互相促进的关系。完善外汇市场能保障汇率形成机制改革顺利实施，改革汇率形成机制能促进外汇市场的发展。

（三）改进宏观调控方式，协调推进各项金融改革

各项金融改革不是彼此独立的，而是互相影响的。每项金融改革也有其具体的组成部分，这些组成部分也是相互促进的关系。各项金融改革都需要相互协调配合。此外，金融改革也需要与实体经济改革（以投资体制改革为代表）以及宏观调控政策相协调。虽然实体经济改革不在金融改革的范畴内，但是这并不意味着在实体经济改革完成前，金融改革不向前推进。实体经济改革与金融改革是互为前提的。

第五章　人民币离岸市场、资本流动与货币政策

资本流动对于货币政策的影响从来不是个新问题，但却是一国货币当局长期关注的重要问题。资本流动是把双刃剑，一方面，资本流动有助于资本短缺国家的经济发展；另一方面，资本流动容易引发一国发生金融危机，乃至上升到经济危机。这种例子不在少数，从拉丁美洲债务危机到亚洲金融危机，其糟糕的经济基本面是主要内因，但大规模的资本外流无疑对危机起到了推波助澜的作用。因而，各国货币当局对待资本账户开放政策一直颇为谨慎，重视研究资本流动与货币政策之间的关系。

研究资本流动对货币政策影响的常用框架是三元悖论。根据蒙代尔的三元悖论，在货币政策独立性、汇率稳定性和资本完全流动性三个目标中，各国货币当局只能三选其二，而不可能三者兼得。当然，该理论仅仅考虑了极端情况下的角点解，没有考虑非角点解的存在，各国货币政策实践完全支持了非角点解的存在，即在货币政策独立性（本章仅研究目标独立性）①、汇率稳定性和资本完全流动性中的两个甚至三个各给予一定程度的放弃。中国货币政策实践是，力图保持货币政策独立性，部分放弃了汇率稳定性和资本完全流动性。从放弃资本完全流动性的角度看，尽管不可避免地造成了资本自由流动效率的一些损失，但是，保留同外部经济体之间资本流动防火墙的存在，隔离甚至

---

①　常见的央行独立性的量化指标为由 Loungani 和 Sheets 两位经济学家在 1997 年的一篇文章中提出的，被称为 LS 的指标。该指标认为转型经济国家 CBI 指标应包括三方面：一是目标独立性，即中央银行法是否单独将价格稳定作为中央银行的主要目标；二是经济独立性，即中央银行是否受政府干预自由制定货币政策、是否拥有法律上最终目标的决定权；三是政治独立性，包括中央银行官员的任命及解职程序，政府参与中央银行理事会的程度及理事会成员的任期。引自中国金融论坛 40 人研究部：《央行独立性与货币政策目标》。

避免了外部危机的传染性。这就是在亚洲金融危机中中国能够未受较大程度波及和影响的重要因素之一。

从应对危机冲击的历史角度看(2009 年以前),中国货币政策在保持自主性的同时,成功地抵御了外部货币冲击,特别是应对了资本项目和贸易项目双顺差带来的大量国际资本流入的冲击。2009 年以来,货币政策不再是面对单一方向的资本大规模流入的冲击问题,其变化体现在两方面:一是 2014 年以来国际资本流出的问题开始出现,在美联储尚未加息的背景下,出现上述现象可能会考验中国原有的货币政策框架;二是在人民币国际化的过程中,人民币开始承担计价、结算及储备货币三种国际货币职能。随着三种国际货币职能的履行,人民币从境内流通转向境内和境外同时流通,人民币离岸市场逐渐形成并得到了快速发展,人民币离岸市场发展带来的人民币在境内外的流通势必对中国货币政策形成新的挑战。

第一节 人民币离岸市场的发展现状

2004 年,香港开始办理人民币业务,标志着人民币离岸市场起步。2009 年 4 月 8 日,国务院宣布进行人民币跨境贸易结算试点,上海、广州、深圳等 5 个城市被定为内地人民币跨境贸易结算试点城市。2011 年 8 月,人民币跨境结算业务扩展至全国。此后,又出台了支持银行业金融机构与支付机构合作开展跨境人民币结算业务,人民币购售业务由额度管理调整为宏观审慎管理等措施,有力支持了货物贸易人民币结算业务发展。在资本项目跨境人民币业务上,外管局推出了相应的配套政策,如境内机构可以使用人民币进行对外直接投资,境内银行可以开展境外项目人民币贷款业务,获准进入银行间债券市场的境外人民币清算行和境外参加行可以开展债券回购交易等政策。在这些配套政策的支持下,人民币离岸产品多样化,人民币回流渠道拓宽,人民币离岸市场全球性布局逐步成形。

一、人民币离岸市场的最新进展

人民币离岸市场的发展过程中,已经取得了相当程度的进展,主要体现在全球布局、基础设施建设、金融产品创新等方面。

（一）人民币离岸市场布局逐渐遍布全球

人民币国际化进程的初期，香港得天独厚的优势助其发展成人民币离岸交易中心。但是，随着人民币国际化的推进，人民币逐渐获得了各国金融市场的认同。它们都希望大力地发展离岸人民币业务。亚洲的中国台湾、中国澳门地区及新加坡和韩国等都致力于将自身打造成继香港之后的亚洲人民币离岸金融中心。在欧洲，人民币国际化带来的巨大利益同样获得了广泛的认同，欧洲各国纷纷迈出了建设人民币离岸金融中心的步伐。2012 年 4 月 18 日，伦敦金融城人民币业务中心启动，领先其他欧洲国家成为欧洲的人民币离岸交易中心，此后，法兰克福、巴黎、苏黎世、卢森堡等相继加入人民币离岸金融中心建设队伍。在美洲，加拿大明确表示希望建成北美的人民币离岸中心。美国虽然没有像加拿大那样发出强烈的呼声，但是，纽约的人民币离岸业务发展得相当迅猛。

（二）人民币离岸市场存款规模日趋扩大

在人民币伴随贸易支付、结算和直接投资走出国门的过程中，人民币离岸市场的人民币存量日趋增大。截至 2014 年末，中国港澳台地区和新加坡、卢森堡等主要离岸市场人民币存款余额约 19 867 亿元（不含存款证）①。作为全球最大的人民币离岸市场，截至 2015 年 6 月，香港的人民币存款（含存款证）余额为 11 088 亿元②。大中华区的台湾和澳门也不示弱，台湾地区的人民币存款截至 2015 年 7 月底，达到了 3 366.45 亿元，澳门地区的人民币存款于 2014 年 9 月也超过了 1 000 亿元，达 1 187 亿元。亚洲的其他国家也在争先发展人民币离岸市场。截至 2014 年第三季度末，新加坡人民币存款规模已达到 2 570 亿元，与 2013 年时的 1 950 亿元相比，增长 31.8%。韩国人民币存款同样获得快速增长，截至 2014 年 10 月，韩国也成为“1 000 亿元俱乐部”的成员，其境内居民人民币存款余额近 1 300 亿元。目前，欧洲区人民币存款余额不及亚洲，如作为欧洲最大的人民币资金池，卢森堡的人民币存款也只有 500 多亿元。

（三）人民币清算安排全球落子

人民币清算安排，是人民币在离岸使用中最重要的基础设施，直接关系人

① 中国人民银行：《人民币国际化报告》，2015 年。

② 香港金融管理局：《货币与金融稳定情况半年报告》，2015 年 9 月。

民币离岸业务的开展。为配合人民币在全球范围内的流通和使用，中国人民银行在全球积极地布局人民币业务清算行。截至 2015 年 5 月末，已在 15 个国家和地区先后建立了人民币清算安排，覆盖东南亚、西欧、中东、北美、南美和大洋洲等，包括英国、德国、韩国、法国、卢森堡、卡塔尔、加拿大、澳大利亚、马来西亚、泰国、智利、匈牙利、约翰内斯堡。此外，中国香港、台湾和澳门地区也早已经建立了人民币清算行。上述国家和地区人民币清算安排的建立，有利于各国家和地区之间发展人民币离岸市场业务。

（四）人民币离岸产品日趋丰富

香港是最早发展人民币离岸金融产品的市场，因此，香港的人民币离岸产品相当齐全。在信贷市场，可以提供人民币存款、贷款和贸易融资。在股票市场，2011 年，汇贤房地产信托投资基金（REIT）于香港发行，是首只 IPO 以人民币计价的金融产品。2012 年 10 月，发行了首只以人民币和港元计价的双币双股"合和公路"1.2 亿元。在同业拆借市场，中银香港于 2009 年 11 月推出了香港银行间同业人民币拆借利率（HIBOR CNY），其以上海银行间同业拆借利率（SHIBOR）为基准，根据香港离岸人民币资金供求情况进行微调，由此形成了人民币融资贷款基准利率。在债券市场，有境内银行债券、国债和跨国公司债券等，截至 2015 年 7 月，内地企业在香港成功发行了人民币债券 349 只，发行规模约为 4 310 亿元。香港人民币债券发债主体相当多元化，全球范围内的各类金融和非金融机构或组织均可发行。在外汇市场上，推出了人民币即期交易、人民币远期交易、无本金交割的人民币远期合约（NDF）等产品；在衍生产品市场上，有人民币利率互换和期权等；在基金市场上，公募基金和私募基金都可以发行人民币计价基金产品，并以 RQFII 的形式投资境内金融市场；在保险市场上，多家保险公司销售人民币保单。

全球的其他国家也设计和推出了各种人民币离岸产品，如卢森堡现已发行了人民币计价投资基金 2 960 亿元，利用沪港通投资中国 A 股市场。诸多跨国公司（如德国大众汽车公司和中国国内大型国有金融机构）在卢森堡证券交易所发行以人民币计价的点心债券。新加坡的狮城债券发展也较为迅猛，2013 年发行了 45 亿元人民币，2014 年发行了 127 亿元人民币，发行人为中国企业和新加坡本地企业。新加坡还推出了人民币期货。2014 年 10 月，英国财政部发行首只以人民币计价的政府债券，筹资 20 亿元人民币，发行收入用作英国外汇储备。

二、人民币在岸与离岸的循环

研究人民币离岸市场的一个逻辑起点是离岸人民币来源。毋庸置疑，在岸人民币是离岸人民币的源泉。初始的离岸人民币资金由在岸向离岸市场转移；在离岸市场发展到一定规模后，离岸人民币存款创造功能将在一定程度上增加离岸的人民币存量，一部分离岸人民币也会回流到在岸市场，从而逐步形成一个良性的离岸和在岸人民币循环。

（一）离岸人民币的来源

离岸人民币主要来源于以下几个渠道：

第一，现钞出境。中国和非中国居民出境携带人民币现钞并在境外消费，目前外管局的规定是每人每次可以携带 2 万元人民币出境。

第二，经常项目下的人民币流出。随着人民币在进口贸易中的使用，人民币国际化进程的加快和境外对人民币接受程度的提高，越来越多的国外出口商接受人民币计价、支付和结算。2015 年经常项目人民币实收 2.73 万亿元，实付 3.83 万亿元，净流出 1.1 万亿元①。

第三，资本项目下人民币流出。(1)私人部门（企业和个人，包括中国居民和非居民）在离岸的人民币存款。这部分存款来自其在中国境内的现有人民币存款转存到离岸市场。(2)人民币对外直接投资。伴随人民币境外直接投资政策的进一步放松，特别是直接投资跨境人民币结算业务办理流程的进一步简化，人民币对外直接投资规模大幅上升，2014 年达到 1 865.6 亿元，同比增长 117.9%。截至 2014 年末，人民币对外直接投资累计 3 320.5 亿元②。(3)人民币离岸证券投资。主要是人民币合格境内机构投资者（RQDII）制度和沪港股票市场交易互联互通机制，港股通总额度为 2 500 亿元人民币，每日额度为 105 亿元人民币。(4)境外机构从境内获得人民币融资。境外机构可以从境内银行获得人民币贷款③，或者在境内银行间债券市场发行人民币债务融资工具，参与国债回购业务。(5)各国中央银行的人民币外汇储备。国外中

①② 中国人民银行:《人民币国际化报告》,2015 年。

③ 包含跨境人民币贸易融资、跨境人民币项目融资和跨境人民币账户融资三种形式。

央银行可以通过在外汇市场购买人民币并将其存放在商业银行。(6)货币互换。境外央行和银行当局与中国央行间的货币互换。截至2015年5月末，人民银行与32个国家和地区的中央银行或货币当局签署了双边本币互换协议，协议总规模约3.1万亿元人民币。双边本币互换协议的实质性动用明显增加。2014年，境外中央银行或货币当局发起本币互换交易金额共计1.1万亿元人民币，动用人民币金额共计380亿元①。

（二）离岸人民币的回流

人民币回流境内有如下渠道：

第一，经常项目下的人民币回流。中国对外贸易中出口采用人民币计价、支付和结算，更多地取决于离岸市场的人民币规模、人民币汇率预期、离岸市场人民币贸易融资的难易度和人民币贸易结算的便利性等因素。

第二，资本项目下的人民币回流。(1)离岸人民币存放于中国境内银行账户。境外非银行机构和个人将其境外人民币存款转存到国内银行账户，更可能出于便利性的角度，因为国内银行的人民币支付职能更为丰富。(2)境外金融机构对境内机构提供融资②。许多境内机构偏爱离岸市场融资的原因在于能够从人民币离岸市场获得较国内市场融资更低的利率。(3)离岸人民币投资于境内金融市场产品。境外中央银行或货币当局、境外人民币清算行和境外参加行等境外机构可以进入银行间债券市场投资和开展国债回购业务，境内外符合条件的金融机构可以利用人民币合格境外机构投资者(RQFII)制度投资国内金融市场③。(4)人民币外商直接投资。境外机构可以使用人民币到境内开展直接投资。2014年，FDI人民币结算金额为8 620.2亿元，同比增长92.4%。截至2014年末，FDI人民币结算金额累计16 886.5亿元④。(5)离岸市场发行人民币债券。境内机构在离岸市场发行人民币债券，如国内金融机构在香港市场发行的点心债，境外机构在离岸市场发行人民币债券为其在中

---

①④　中国人民银行：《人民币国际化报告》，2015年。

②　跨境人民币融资形式分为贸易融资类、股东及关联方借款类、借入外债类和内保外贷类等几种类别。如中广核国际融资租赁有限公司在2015年6月底利用前海跨境人民币贷款优惠政策，成功从农业银行香港分行引入跨境人民币贷款3亿元。

③　如2015年中国建设银行在欧洲市场推出首只人民币计价货币市场基金，即在伦敦证交所挂牌、面向全欧盟投资者的交易所交易基金(ETF)。通过该基金西方投资者得以借之进入中国银行间债券市场的首款产品。

国境内的子公司提供融资。

（三）离岸人民币的沉淀

在人民币通过各种渠道流出到境外后，一部分人民币会沉淀在境外，沉淀的人民币主要有如下几种用途：

第一，人民币在离岸银行之间的流动。这种货币流动在离岸市场是一种普遍现象，即包括存款人为了追逐更高的存款利率将人民币由一家银行转存到另一家银行，也包括境外银行在离岸人民币同业拆借市场拆借人民币产生的资金流动。

第二，投资离岸的人民币金融产品，如投资在各个人民币离岸市场发行并上市交易的以人民币计价和结算的人民币股票、债券、保险和结构性金融产品。

第三，向境外企业和境外个人发放在境外使用的人民币贷款。这种人民币贷款用途在离岸市场，或用于投资，或用于支付。

第四，离岸人民币债券发行与离岸使用。如境外机构在离岸市场发行人民币债券，采用掉期的方式将其兑换为其他货币使用。

第五，人民币在除中国外国家间的交易中充当“第三方交易”货币。人民币可以在除中国之外两个国家之间的贸易和投资中充当计价、支付、结算、融资和投资工具。

上述分析表明，离岸人民币存在两个流动过程：其一，在岸和离岸间的资本流动。在岸人民币市场的人民币流出到离岸，离岸人民币市场的人民币回流到在岸这样一个完整的环路。其二，离岸和离岸间的资本流动。离岸的人民币资金来源于在岸，但是，有一部分沉淀在离岸，并在全球各个离岸市场之间形成一个人民币流动的循环。在这两个过程当中，需要大量的离岸人民币存款才能支撑这两个循环的正常运转。

第二节　人民币离岸市场对中国货币政策的影响

人民币离岸市场的人民币存款首先来自在岸市场向离岸市场转移的新增人民币存款；与此同时，离岸市场向在岸市场回流降低了新增的人民币存款，这是完全没有考虑离岸存款的货币创造过程。如果考虑到离岸市场的存款创造过程，离岸市场人民币存款数量估计会变得相对复杂。根据 Makin(1972)研究，欧洲美元存款增长的 40%归因于欧洲美元市场的存款扩张过程，其余的 60%主要归因于从美国在岸市场转移至欧洲美元市场的新增美元存款。一旦人民币离岸市场人民币存款达到一定规模，离岸市场与在岸市场的资本流动保持畅通，套利和套汇的因素促使人民币频繁在离岸和在岸之间流动，人民币离岸市场对中国货币政策的影响将逐渐显现。

离岸市场人民币的存款创造过程，实质就是欧洲美元市场的存款创造过程的人民币化，这两者在原理上基本相通。根据吴戈和杨凝对欧洲美元市场文献的梳理：一是欧洲美元银行在美国银行体系的美元存款相当于欧洲美元体系的存款准备金，由此派生出整个欧洲美元体系的存款总量，而欧洲美元存款回流境内则代表了欧洲美元体系的存款漏损(leakage)。二是尽管欧洲美元体系的准备金率很低，但由于存在大量的存款漏损，其货币乘数并不大，因此欧洲美元市场不会无限制扩张。由此，我们可以对离岸市场人民币存款的创造做出推论，即离岸市场人民币存款创造会受到存款漏损的制约，其货币乘数不会大于在岸市场。

一、离岸市场人民币流出对国内货币供给的影响

人民币流出是否会对国内货币供应产生影响？这取决于获得人民币债权的境外机构和境外银行以何种形式持有离岸人民币存款，不同的持有形式对应着在岸商业银行和中央银行不同的资产负债表结构，在岸商业银行和中央银行资产负债表的结构变化会影响国内货币供给。

下面我们采用包含中央银行、离岸银行、在岸银行和境内机构、境外机构等部门的 T 账户方法，考察人民币从在岸流出导致国内基础货币和广义货币的变化情况。T 账户变化如表 5-1 所示：

表 5-1　　境内流出的人民币存在境内商业银行

境内机构		在岸商业银行		离岸银行		境外机构	
资产	负债	资产	负债	资产	负债	资产	负债
－A			－A				
			＋A	＋A	＋A	＋A	

表 5-1 中的初始是境内机构向境外机构支付了 A 元人民币的货款，境外机构将资金 A 存在离岸银行，离岸银行又将资金 A 存在在岸商业银行，其实质是 A 元人民币的所有权由境内机构转为境外机构，但资金仍在国内的银行体系，并没有流出到境外。对于在岸商业银行来说，先减少了 A 元人民币活期存款，随着离岸银行的资金存入，又增加了 A 元人民币活期存款。最终结果是，在岸商业银行资产负债表没有发生变化。资产负债表没有变化，在岸商业银行的流动性也不发生改变，在岸商业银行在中央银行的存款准备金同样没有变化，国内基础货币也不发生改变。但是，按照中国 M2 的统计口径，存款类金融机构的同业存款不计入 M2，国内广义货币规模出现下降。

表 5-2　　境内流出的人民币存在中央银行

境内机构		在岸商业银行		离岸银行		中央银行	
资产	负债	资产	负债	资产	负债	资产	负债
－A			－A				
A				＋A	＋A		＋A

表 5-2 与表 5-1 的区别在于，离岸银行选择将清算账户开在中央银行。境内机构将境内银行 A 元活期存款转存到境外银行，境外银行增加了 A 元人民币活期存款并将其存在中央银行，其结果是在岸商业的负债减少了 A 元，中央银行的负债增加了 A 元。对于在岸商业银行来说，负债的减少导致其资产负债表收缩，国内广义货币出现了同等规模的收缩，同时商业银行流动性下降。我们再来看中央银行的资产负债表，中央银行负债增加了 A 元，中央银行的对外负债不计入基础货币，其结果是国内基础货币降低了 A 元，再通过货币的乘数效应导致国内广义货币出现下降。

表 5-3　　境内流出的人民币直接存于在岸商业银行

境内机构		在岸商业银行		境外机构	
资产	负债	资产	负债	资产	负债
－A			－A		
			＋A	＋A	

表 5-3 与表 5-2 区别在于，境外机构没有选择离岸银行，而是直接选择将资金存在在岸商业银行。境内机构将在境内银行 A 元活期存款支付给境外机构，境外机构在在岸商业银行开有人民币账户，可以经过人民币支付清算系统直接将资金 A 划入境外机构在在岸银行的人民币账户，其结果同表 5-1 相类似，A 元人民币的所有权由境内机构转为境外机构，但资金仍在国内的银行体系，并没有流出到境外。对于在岸商业银行来说，存款总量没有变化，国内广义货币量不发生变化，其在央行的存款准备金不发生变化，基础货币保持不变。

这里讨论的人民币流出对国内基础货币和广义货币的影响是基于同业存款不计入货币统计口径。对于美国银行体系来说，由于其国内货币统计口径同中国存在着一定的差别，比如美国货币统计中包含境外商业银行在美国银行的活期存款，欧洲美元存款的变化对美国基础货币和广义货币的影响同中国比相对较小。因此，如果未来中国货币统计口径发生变化——这是可能的事情，一旦银行存贷比指标不再使用，银行同业存款就可以计入广义货币，那么，人民币流出对国内广义货币的影响将变小。

二、离岸市场人民币存款创造、回流及对国内货币政策的影响

人民币从在岸市场流出的同时，国内商业银行和中央银行的资产负债表发生改变，由此产生了对国内货币供给的第一轮影响。一旦人民币回流会导致商业银行和中央银行的资产负债表再次发生变化，就会产生对国内货币供给的第二轮影响。第二轮的效应初始是对第一轮效应的抵消，具有正效应，在完全抵消了第一轮的效应后，回流的人民币具有负效应。第二轮影响的效应有多大，一方面同回流到国内的人民币数量相关，另一方面同离岸市场的人民币存款创造能力密切相关。离岸市场人民币存款越多，人民币回流越多，第二轮的影响就越显著。

人民币由在岸市场流出到离岸后，相应的离岸市场获得了拥有存款创造能力的基础货币。离岸基础人民币相当于离岸银行在中国银行体系（清算行或代理行）的人民币存款，或者说离岸人民币的存款准备金，它来自在岸人民币向离岸流入。离岸基础人民币是一个动态的概念，会随着人民币跨境的流入与流出发生变化。人民币流入离岸市场相当于增加了离岸基础人民币；反

之，人民币流出离岸市场，代表了离岸基础人民币的存款漏损，减少了离岸基础人民币①。

离岸人民币存款的规模，在初始没有发生货币存款创造，没有人民币回流和人民币存在境外银行的情况下，等于人民币由在岸向离岸的流入总量，等于境外银行的离岸人民币存款。在拥有了离岸基础人民币和离岸人民币需求后，离岸人民币开始发挥货币创造功能。离岸市场货币创造功能大体由三个因素决定，即存款准备金比率、存款漏损和离岸人民币需求。

我们先分析存款准备金比率，同国内较高法定存款准备金比率不同，境外金融市场约束少，一般没有法定存款准备金的要求，即便是具有法定准备金的要求，其比率也要远远低于国内，更多地是银行根据风险度量而自发地持有准备金。此种情况下的准备金相对较低，特别是境外货币市场较为发达，短期融资容易，成本低，准备金比率会更低。在存款准备金率较低的前提下，理论上货币乘数可以大大高于在岸市场的货币乘数。但是，由于存款漏损和贷款需求的存在，离岸市场的货币乘数低于理论上的推论。

存款漏损是另一个影响离岸人民币存款的重要因素。存款漏损主要指离岸人民币回流到在岸，其离岸市场货币存款创造过程相当巨大。在没有存款漏损的情况下，离岸市场货币存款创造过程由离岸基础货币和审慎的存款准备金率决定。例如，如果离岸基础货币为 A 元人民币，存款准备金率为 5%，货币乘数为 20，离岸货币的存款总额为 20A 元人民币。在存在存款漏损的情况下，极端的情况是离岸基础货币全部回流到在岸，离岸没有任何货币创造。这种情况是不可能存在的，实际上漏损是在存款创造的过程中随机发生的。例如，如果在第一次货币创造过程后发生漏损，还是使用上面的数据，离岸基础货币为 A 元人民币，按照 5%存款准备金率，离岸市场产生了 0.95A 元人民币贷款，而后 0.95A 元被支付给在岸企业，相当于 0.95A 元的人民币完全漏损。此时，货币乘数为 1。如果第一次贷款不是完全漏损，则产生第二轮贷款，只要在每一轮不是完全的漏损，并存在着货币需求，存款货币创造过程就会如此不断地延续。按此推算，离岸人民币货币乘数可能介于 1—20 之间。

---

① 离岸基础人民币相当于国内基础货币，离岸人民币存款相当于国内货币供给。

表 5-4　　离岸货币创造及回流

境内机构		在岸商业银行		离岸银行		境外机构	
资产	负债	资产	负债	资产	负债	资产	负债
－A			－A				
＋A			＋A	＋A	＋A		
				＋A	＋A	＋0.95A	
＋0.95A			＋0.95A			－0.95A	

注：表中深黑色 A＝离岸银行在在岸商业银行的存款 A；浅灰色 A＝离岸银行在在岸商业银行的存款 0.05A＋对境外机构的贷款 0.95A。

离岸人民币需求主要包括在岸市场对离岸的人民币需求，离岸市场的人民币需求。在岸市场的离岸人民币需求，更多地是基于低成本融资的需求，在离岸市场利率低于在岸市场利率的时候，境内机构愿意从离岸市场发行债券融资，或者从离岸市场获得贷款。在岸市场的上述需求，直接导致离岸市场人民币存款减少，相当于离岸市场发生了存款漏损，其需求越大，离岸市场的存款漏损越多，离岸市场的货币乘数越小，离岸市场的人民币货币创造能力越低。影响离岸市场人民币需求的因素主要有人民币离岸市场的发展程度，离岸人民币在贸易投资中的使用。人民币离岸市场越发达，可投资人民币金融产品越丰富，离岸市场对人民币需求越高，从而推升离岸人民币货币创造倍数。离岸人民币在贸易投资中的使用，一部分是在在岸市场的贸易和投资中使用人民币，同样相当于存款漏损，人民币回流渠道越畅通，人民币回流的数量越大，离岸市场货币创造能力降低得越厉害。另一部分是在离岸市场中贸易和投资中的使用，比如在除中国外的国家之间的使用，该部分使用人民币充当计价、支付、计算和投资货币的比例越高，人民币国际化的程度越高，人民币离岸市场发展得越快，离岸人民币货币创造能力越强。

上文从理论上分析了人民币在离岸市场的货币创造能力，其核心在于货币乘数究竟有多大。梳理国外对欧洲美元货币乘数的研究，可以发现，其结果也不尽相同，货币乘数在 1—20 之间。结果如此宽泛，有期限的原因，也有方法的原因，但是，多数研究认为离岸市场存款漏损严重，货币乘数没有达到理论上推导的数值，甚至比理论上的数值要低得多。从欧洲美元市场的货币乘数看，离岸市场的货币创造能力没有想象中的巨大，因此，其回流对美国国内货币政策的影响相对不大，即便有影响，也可以通过公开市场的逆向操作抵消。

下面分析人民币离岸市场发展的现状、潜在的发展规模及对国内货币政策产生的可能影响。

首先，截至2014年年底，离岸人民币存款余额约1.986 7万亿元，其中香港为9 929亿元。2014年12月末，中国广义货币(M2)余额122.84万亿元，离岸人民币市场余额尚且不到国内货币供给的2%。在现有的存量规模下，人民币流出与流入对国内基础货币和广义货币不足以产生大的影响，但总归会有一些正向或负向冲击。我们再来分析流量，2014年，全年经常项目人民币实收2.73万亿元，实付3.83万亿元，净流出1.1万亿元，对外直接投资(ODI)人民币结算金额为1 865.6亿元，外商来华直接投资(FDI)人民币结算金额为8 620.2亿元，净流入6 755亿元。两者之和为净流出4 255亿元。在不考虑资本项下债券和股票(这部分人民币双向流动的数据难以获得)的情况下，4 255亿元的净流出占中国现有的货币存量的比例不到0.4%，其流入流出对中国货币供给的影响确实不大。

其次，我们分析货币乘数。国内货币乘数自2002年以来一直在3.6—4.6波动，目前接近于波动的上限。离岸市场的货币乘数估计较为困难，乃在于难以获得离岸基础人民币数据，不过我们可以根据国内信贷和存款总额的比值做类似对比估计。2014年年末，国内人民币贷款余额81.68万亿元，人民币存款余额113.86万亿元，存贷比为71.7%。由于不能获得总体离岸数据，我们以香港为例，分析离岸和在岸的差距。截至2015年末，香港地区人民币存款余额11 583亿元(含存款证)，人民币贷款1 180亿元，存贷比为10.2%。同中国在岸市场71.7%的存贷比相比，香港地区离岸的存贷比要低得多。以此推论，国内的货币乘数为4.6，离岸的货币乘数要低得多，远小于1。按此数据，离岸市场的货币创造能力不强，在现阶段对国内货币政策的影响不足为虑。但是，也要看到，2014年香港地区贷款较2013年末上升24%，台湾地区贷款及融资总量上升约15%，货币乘数处于上升过程。

再次，我们应该看到，人民币离岸市场正处于快速发展的过程中。在这一过程中，离岸市场对人民币的需求会日益提高。最近出现了一些新的变化催生了离岸人民币需求，如人民币兑美元汇率出现贬值的趋势，人民币处于降息周期，弱势货币和低息货币增加了融资吸引力，此外，“一带一路”逐渐得到落实，带动了境外实体经济对人民币的融资需求。离岸人民币需求的扩大必然导致离岸人民币存款增加。如果离岸货币创造能力逐步提高，推升了离岸货币乘数，在一定时间内可能会出现离岸货币乘数大于在岸货币乘数的情况。在离岸市场与在岸市场之间的流通渠道足够通畅的情况下，人民币离岸与在岸之间的大规模、单向的快速流动将严重地干扰国内货币基础货币和广义货币供给。为保持国内货币供给的稳定，货币当局需要公开市场操作来抵消负向冲击，由此国内货币政策独立性受到影响。

三、离岸与在岸人民币利差对国内货币政策的影响

一国货币的离岸市场发展形成较大的规模后，离岸市场利率同在岸市场利率之间的价差的存在，极易导致跨市场套利行为的存在。在资本自由流动的条件下，套利在短时间内会缩短两个市场的价差，不可避免地带来巨量资本的大规模流动，在存在资本流动限制的条件下，套利的时间会延长，同样会带来资本持续性和投机性流动的冲击。

在理想状态下，如果在岸市场与离岸市场的交易成本足够低，资本完全自由流动，那么在岸利率与离岸利率将趋于一致；趋于一致的原因在于离岸市场和在岸市场间存在套利机制，所以两个市场间的利率差异通常不大。一般的情况是，离岸市场存款利率高于在岸市场存款利率，离岸市场贷款利率低于在岸市场贷款利率。离岸市场一般没有存款准备金的要求，离岸金融机构在吸收存款上具有成本上的优势，同时，需要给予在岸资金一定的超额收益才能够吸引在岸资本向离岸流入。此外，离岸市场相对在岸市场的高风险性需要提供额外的风险溢价，因而离岸存款利率略高于在岸存款利率。由于离岸货币的持有成本较低，加之离岸市场资金借贷的最低数额较大，交易成本相对较低，因而离岸贷款利率略低于在岸贷款利率①。

人民币离岸市场符合上述规律吗？在香港的人民币离岸市场，主要有三种方式来获取人民币流动性：货币掉期（CNH SWAP）、同业拆借和货币利率

---

① 刘辉：《人民币离岸市场的形成与发展——基于香港的实践》，http://www.icaijing.com/entrepreneurship/article3322350/。

交叉互换(CNH CCS)。三种方式对离岸市场人民币利率的影响各不相同,但是,都会导致套利行为的发生。这里借用香港人民币离岸市场的银行同业拆借利率(HIBOR CNY)作为贷款基准利率。该利率由中银香港于2009年11月推出,HIBOR CNY是以上海银行同业拆借利率(SHIBOR)为基础设定的,同时又反映香港离岸资金的供求关系。在岸利率我们采用上海银行间市场同业拆放利率。根据图5-1可以发现,上海银行间市场同业拆放利率一直高于香港人民币离岸市场的银行同业拆借利率,隔夜拆息就可能出现一定基点的利差。上述利差的存在,基本上符合离岸市场贷款利率低于在岸市场贷款利率的规律。

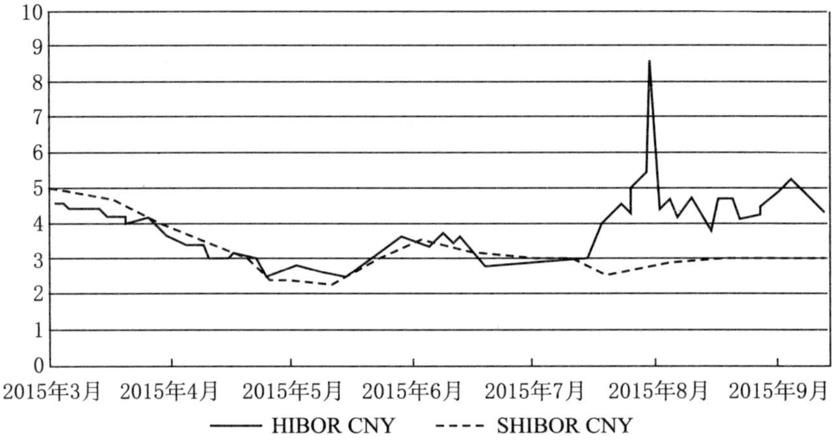

图5-1 SHIBOR CNY和HIBOR CNY(2015年3—9月)走势

我们再来分析存款利率,在沪港通开通前,离岸人民币缺少投资渠道,离岸人民币需求较低,加上对人民币升值的强烈预期,以及离岸人民币只能通过相关清算银行按照清算协议回流国内,以低于超额准备金率的水平支付利率,离岸人民币持有者只能并愿意以低利率持有人民币。离岸市场人民币存款利率长期低于在岸市场人民币存款利率。但是,随着在岸金融市场的逐渐开放,诸如对符合条件的境外机构开放银行间债券市场和沪港通等措施实施,离岸市场人民币需求急剧升温,银行间出于争夺存款的需要,纷纷开始提高离岸人民币存款利率。进入2015年3月,香港与内地的人民币存款利率出现"倒挂",多家银行的人民币存款利率(一年或一年以内)高达4%以上,而内地一年期存款利率上浮30%到顶后依然仅为3.25%。离岸人民币存款利率高于在岸人民币存款利率是否长期存在还有待观察，至少在一定阶段符合理论给出的结论。

人民币在岸与离岸利差存在的结果是套利一定会发生。套利的主要表现形式是境内机构从离岸市场申请贷款、同业拆借市场借入人民币或者发行企业债券，大量的人民币从在岸流入离岸，同时大量的在岸存款向离岸市场转移，离岸人民币存款大幅度增长。根据套利的机制，只要存在利差，就会有机构和个人从事套利，直到离岸的贷款利率下降，存款利率上升，利差不足以支付交易成本，套利得以平息。

套利以何种形式存在呢？张明给出了基于人民币信用证的内保外贷套利的一个例子。2008年初至今，香港银行对内地银行的债务几乎没有变化，稳定在3 000亿港元左右，而香港银行对内地银行的债权则从2010年起迅速攀升，由3 000亿港元左右增长至1.6万亿港元左右。其结果造成了香港银行对内地银行的债权债务基本平衡之格局，演变为香港银行对内地银行持有超过1万亿港元净债权之格局[①]。发行离岸人民币债券也是一种套利形式。渣打银行预计2014年债券发行总额约为5 500亿—5 800亿元人民币，较2013年3 720亿元的发行规模增加48%～56%。理论上，大量套利行为的存在会迅速推升离岸贷款利率，导致在岸和离岸之间的利率趋同。我们看到的是，趋同正在发生，但是，没有实现金融市场所赋有的效率，即短时间内的快速趋同。

由于趋同处于渐进的过程中，其好处显而易见。如果趋同在短时间内完成，一个结果就是，大规模的资金会在此时间段内发生由离岸向在岸的流动，从而给货币政策的数量调控带来一定的难度。货币当局为了应对短期大规模的资金流动，必须进行类似规模的公开市场操作以抵消冲击。可是，如果换做长时间的套利资金流动，一定时间内流入的资金相对有限，货币当局面临的压力相对较小，基本可以不受干扰地执行既定的货币政策。渐进趋同的产生源于制度上的设计，如货币当局控制着境外人民币发债和贷款回流的审批规模和节奏，一旦制度发生改变，实行更为开放和自由的制度，货币当局将面临套利导致的资本快速流入问题。目前，境外人民币贷款和人民币境外直接投资

① 张明、何帆：《人民币国际化进程中在岸离岸套利现象研究》，《国际金融研究》，2012年第10期。

的限制在减少,以 R-QFII 扩容相类似的中国资本账户进一步放开措施得到落实,一个在岸与离岸市场的套利完成将更加快速,需要货币当局做好制度和预案上的准备。

四、离岸与在岸人民币汇差对国内货币政策的影响

人民币在岸市场的汇率形成机制正处于市场化改革的过程当中,从最近推出的汇率中间价的改革方向看,汇率的市场化程度在提高;但是,货币当局在汇率形成中的作用仍然不可忽视。因此人民币在岸市场的即期和远期汇率都只是部分程度上反映了市场需求,汇率价格必然存在着一定程度的扭曲。人民币离岸市场的汇率形成机制是 2011 年 6 月由财资公会推出的即期汇率定价盘,此价格是结合 15 家报价银行的中间价格所公布的平均价。这使得离岸市场的人民币汇率的定价更为透明,并为衍生品定价提供了依据,也降低了香港人民币外汇衍生品的结算风险①。人民币离岸市场远期汇率形成机制是人民币无本金交割远期外汇交易(NDF),其更多地反映了离岸市场对人民币汇率升值的预期。由于人民币在岸市场即期汇率同人民币离岸市场即期汇率、人民币在岸市场远期汇率同人民币离岸市场 NDF 之间长期存在着汇差,因而,离岸与在岸间的套汇行为同样长期存在(图 5-2)。

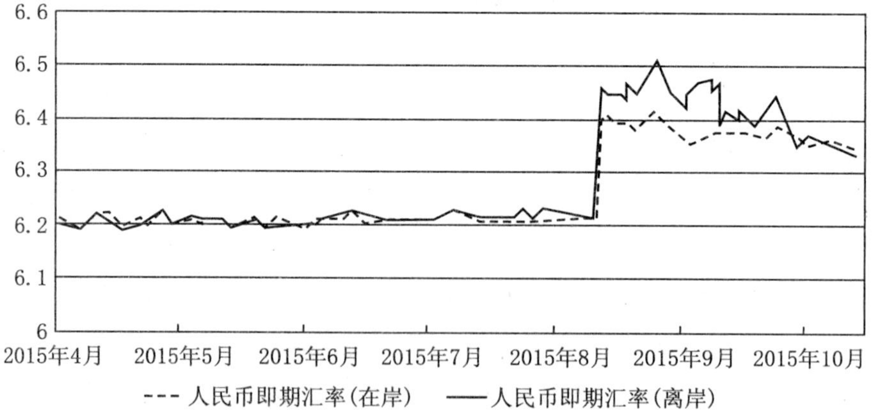

图 5-2　2015 年 4—10 月人民币在岸和离岸汇率(美元兑人民币)

① 刘辉:《人民币离岸市场的形成与发展——基于香港的实践》,http://www.icaijing.com/entrepreneurship/article3322350/。

上述两种汇差分别对应着不同的套利形式，不同的套利形式对国内货币政策的影响也不尽相同。根据张明的研究，一种是利用在岸与离岸市场现汇价差套汇。当香港人民币现汇价格高于内地人民币现汇价格时，内地出口商将选择在内地出售出口所获美元，而内地进口商将选择在香港购入进口所需美元①。在该种形势下，由于进口商选择在离岸市场购买外汇，国内外汇市场出现过剩的美元供给，货币当局为了保持汇率稳定，必须进行外汇市场干预，购买市场上过剩的美元供给，其结果是释放了同等数量的基础货币。为保持国内物价稳定和货币政策的数量目标，货币当局需要通过冲销性干预回收释放的人民币，这不仅增加了央行实现货币数量目标的难度，而且过剩的美元被抛售到市场，增强了人民币汇率升值的预期；而人民币汇率升值预期的出现会导致外汇市场投机性抛售美元，货币当局不得不再次进入市场干预汇率，直到升值预期消除；而再次干预后需要再次对释放的人民币流动性进行冲销。在贬值预期出现的时候，在岸外汇市场出现过剩的外汇需求，需要央行卖出外汇储备回笼人民币，导致国内流动性出现紧缩，货币当局还需采用宽松的货币政策释放人民币；反过来，会加强贬值预期，从而出现外汇储备流出—人民币流动性紧缩—提供人民币流动性—贬值预期增强的恶性循环。

套汇投机的另一种形式是，利用持续的人民币升值预期套汇。当市场上存在持续的人民币升值预期时，香港银行的美元贷款与人民币存款增加。反之，当市场上存在持续的人民币贬值预期时，香港银行的美元存款与人民币贷款增加②。在存在持续的升值预期时，离岸市场的套汇将导致借入美元贷款在外汇市场兑换成人民币，最终通过清算行将离岸市场抛售的美元转移到国内；货币当局同样需要买入美元，释放同等数量的人民币流动性，进而还需对国内流动性进行回收。反之，国内市场面临的是在岸美元流出和人民币从离岸市场回流，货币当局仍需进行外汇市场和国内货币市场的双重干预。

上述仅仅是理论上的分析，央行货币政策受到制约或者说是否需要干预取决于套汇投机的规模。如果在岸市场和离岸市场的汇差相对较小，引来的套汇投机规模同样不会很大，那么离岸市场与在岸市场美元与人民币的流入

---

①② 张明、何帆：《人民币国际化进程中在岸离岸套利现象研究》，《国际金融研究》2012 年第 10 期。

与流出规模在可控的范围内。根据马俊的研究，在离岸 CNH/CHY 有一个1%左右的溢价的情况下，人民币净流入香港市场估计在每个月几百亿元的速度。这是一个健康的速度，可以支持离岸市场在今后几年内达到前文所预期的目标。保持这样一个人民币向香港流入的态势，有利于支持离岸市场的发展。当然，如果 CNH/CNY 的差价飙升到 3%～5%，导致人民币流入香港的速度突然大幅增加到每个月几千亿元，那就应该警惕了①。

第三节　资本流动对中国货币政策的影响

人民币离岸市场发展带来本币的境内外流动，增加了中国货币政策调控的难度。在保持货币政策目标实现时，面临着来自人民币和外汇的双重流动冲击。为了分析资本流动对中国货币政策的影响，我们先构建一个不含人民币离岸市场的一般分析框架，而后再对框架拓展，引入人民币离岸市场，研究不同情况下中国货币政策受到的影响。

一、资本流动对货币政策影响的一般分析框架（未考虑人民币离岸市场）

在固定汇率制度下，资本流动对于货币政策的影响在第一代货币危机模型中给出了确定性解释，货币当局的扩张性货币政策引起了外汇市场投机，外汇投机导致大规模资本流出，其结果是官方外汇储备耗尽，最终迫使货币当局放弃固定汇率制度，扩张性货币政策失效。固定汇率容易招致外汇投机性攻击的根本原因在于资本完全自由流动，一旦对于资本流动加以必要的限制，同时附之以外汇市场上的一些干预，外汇投机性攻击缺少了足够的子弹，货币政策才能够保持独立性。

鉴于固定汇率的不稳定性，易于遭受投机性攻击，中国货币当局放弃了固定汇率制度，实行有管理的浮动汇率制度。从其实际运行看，更接近于爬行钉住汇率制。爬行钉住汇率制度同样不能弥补钉住汇率（抑或是固定汇率）易受攻击的缺陷，因此，中国货币当局通过对资本流动施加一定的限制，确保了货

① 马骏：《如何看待人民币离岸市场发展对货币金融的影响》，《金融时报》2011 年 3 月 21 日。

币政策独立性、有管理的浮动汇率和资本不完全自由流动三者间的动态平衡。当然，平衡是以三个目标之间相互让渡职能为前提的。

中国货币政策如何维持三者之间的动态平衡呢？我们可以从汇率制度的变迁入手。中国的汇率制度改革一直在向市场化机制转变，在此之前的多次改革，如 2005 年 7 月的放弃人民币对美元的固定汇率，到 2015 年 8 月的实施人民币汇率中间价报价新机制，汇率改革的结果是汇率市场化程度日趋提高。但是，在这一转变过程中，既需要释放汇率低估的压力，同时又需要汇率稳定，双重制约决定了中国央行必须干预外汇市场，降低外汇市场波动。由此，货币政策独立性必然受到影响。

在干预外汇市场的过程中，央行需要不断地购买外汇资产，其购买规模可以从外汇储备总额大致看出。截至 2015 年 7 月底，中国外汇储备为 3.65 万亿美元，去除掉支付性外汇储备和预防性外汇储备需求，3.65 万亿美元的外汇储备肯定是偏高的。东方证券 2015 年 8 月的一个最新估计显示，从目前来看，最优的外汇储备规模应该在 3 万亿美元左右，也就是说相对于目前 3.8 万亿的实际储备规模，中国外汇储备过多。外汇储备增加的同时，需要投放同等数额的人民币。投放的基础货币规模不大，就没有必要加以过多的关注。可是，现在投放的是大规模的基础货币，如果不对投放的人民币加以冲销，国内人民币基础货币投放过多，一个致命后果是国内通货膨胀加剧，因此，需要冲销性操作对冲掉投放的大量的人民币基础货币。

冲销性操作需要工具，央票、政府存款和存款准备金要求一直是冲销中国外汇储备积累的货币效应最为重要的三条渠道。由于“双顺差”(即贸易顺差和资本账户顺差)带来持续的外汇流入，中国央行的冲销任务呈现长期性和艰巨性。存款准备金率逐渐成为央行回收流动性最偏爱的操作工具。其原因有三：存款准备金要求可以更长久地冻结流动性，而且对中国人民银行而言成本较低，同时减轻央行票据双重转让(dual assignments)的困难①。存款准备金率在冲销货币投放的同时，其对国内货币供给产生了影响。首先，预示某种政策意图——上调存款准备金率可能预示政策偏向紧缩，这可能并不意味着存

① Guonan Ma, Yan Xiandong and Liu Xi, “China's evolving reserve requirements”, BIS Working Papers, No 360, 2011 年。

款和贷款利率的上调，但通过改变市场预期能够产生溢出效应，进而推高市场利率。其次，上调存款准备金率可以限制货币增长并缩减超额准备金规模。再次，为了应对存款准备金率的上调，随着时间的推移，银行可能调整其业务组合，从而导致双轨利率环境下债券收益以及货币政策利率的上涨。第四，存款准备金要求相当于直接对银行征税，导致银行信贷成本增加，从而收紧货币条件①。存款准备金率变化对货币市场条件的负面效应说明，货币政策不得不付出部分独立性的代价。

尽管货币政策独立性的空间被部分挤占，但是，中国央行在实现货币政策目标上未受太多影响，一方面保持了汇率市场推进过程中的汇率相对稳定，另一方面，在大部分的时间段里，央行保持了国内物价的稳定。不过，在资本过度流入的过程中，干预汇率市场投放的货币不可能完全冲销，还在某些年份(如2008年的上半年)出现了通胀的快速上升。但这实属不易。换句话说，中国央行的货币冲销行为相当成功，抵御了大规模资本流入的冲击。有一点还没有考虑的是，资本完全自由流动情况将会如何?

根据第一代货币危机模型，在资本完全自由流动的背景下，固定汇率一定会在投机攻击下被放弃。中国的情况是，人民币存在大幅度低估，央行为维持汇率稳定实行渐进升值策略，在市场对汇率升值预期一致的状态下，央行实施逆方向干预，汇率干预只会强化预期，而不会消除预期，极易招致汇率市场投机性攻击。在资本可以自由流动的条件下，投机性汇率攻击会一直持续到央行放弃干预为止。这是因为大规模的资本流入最终导致央行丧失冲销能力，国内通货膨胀将迫使央行放弃干预行为。因此，中国冲销性干预的成功其根本原因在于对资本流动的限制。

近年来，中国一直在稳步推进资本项目开放。从目前国际货币基金组织定义的7大类、40个子项的资本项目来看，除了4项以外，中国实现了完全或部分的可兑换。这4项主要是非居民参与国内货币市场、基金信托市场以及买卖衍生工具。资本项目可兑换并不等同于资本自由流动，比如说有些项目可兑换还要受到额度限制。正是在资本不完全流动的条件下，投机性攻击资

① Guonan Ma, Yan Xiandong and Liu Xi, “China's evolving reserve requirements”, BIS Working Papers, No 360, 2011年。

本流入的总量受到限制，而借道贸易项下的投机资本流入毕竟有限。一些绕过管制通过地下钱庄进入国内的资本在数量上变化较大，据国内一些专家学者分析，中国每年通过地下钱庄送出去的资金至少达 2 000 亿元人民币①。总的来说，正规渠道资本流入仍占据资本流入绝大部分，控制了资本流入规模，可以有效地提高中国央行冲销性干预的能力，中国货币政策独立性才能得以保持。对此，余永定发表了类似的看法，他认为汇率制度的灵活性是资本账户开放的一个重要条件。如果在汇率制度不灵活的情况下贸然开放资本账户，我们就丧失了货币政策的主动权。

二、资本流动对货币政策影响的一般分析框架的拓展（引入人民币离岸市场）

资本流动对货币政策一般分析框架是建立在本币不是国际货币的基础上，即本币不能流通到境外。一旦我们将本币变成国际货币，本币获得了境内外流通的功能，并将其加入前文建立的一般分析框架中，就可获得一个分析资本流动对货币政策影响的拓展框架。

本币充当国际货币之后，本币开始承担计价、结算及储备货币职能，这部分职能原来是由其他国际货币来充当的。因而一个直观的结论是，本币替代其他国际货币。从静态过程考虑，本币在资本流动中获得份额是其他国际货币损失的份额；如果从动态过程考虑，本币在资本流动中份额的获得要小于静态过程中的估计。现在的情况是，在经常项目和资本金融项目下都有两种货币在流入和流出。为了分析的方便，我们暂且不考虑离岸人民币市场的货币创造，仅从国际收支平衡的角度分析两种货币流入和流出对经常项目和资本金融项目的影响，进一步可以将经常项目和资本金融项目合并，简化为本币资本净流入、本币资本净流出、本币资本流入流出平衡、外币资本净流入、外币资本净流出。我们分析的起点是本国处于外币资本净流入（在分析资本净流入与流出时将官方储备资产单列），同时为了稳定汇率需要干预外汇市场，并对干预市场后投放的基础货币进行冲销。

① 陈莹莹：《中国每年通过地下钱庄至少送出去 2 000 亿资金》，《中国证券报・中证网》，http://finance.sina.com.cn/china/jrxw/20140815/013420015864.shtml。

第一种情况：本币充当国际货币，本币替代外币，本币资本净流出，外币资本净流入。本币资本净流出意味着本币资本流出大于本币资本流入。为方便比较，可以设本币资本流出为 A，本币资本流入为 0.5A，本币资本净流出 0.5A。外币资本净流入可以表示为 B－C，其中 B 为外币资本流入、C 为外币资本流出，且 B 大于 C。在外币资本流出和流入规模不变的情形下，本币资本流出替代相应金额的外币资本流出，外币资本净流出变为 C－A，本币资本流入替代相应金额的外币资本流入，外币资本流入变为 B－0.5A。外币资本净流入变为(B－0.5A)－(C－A)，即 B－C＋0.5A。上述分析的含义是，本币资本净流出 0.5A，本币基础货币减少 0.5A；但是，由于外币资本净流入增加了与 0.5A 等值的外币，出于维持汇率稳定的目的，央行需要购买 0.5A 等值的外币，同时释放 0.5A 的本币基础货币。结果是，本币净流出表面上降低了本国基础货币，可是通过央行的外汇市场干预和冲销操作，本国基础货币没有发生变化，本国外汇储备增加了与 0.5A 等值的外币。

第二种情况：本币充当国际货币，本币替代外币，本币资本净流入，外币资本净流入。本币资本净流入意味着本币资本流入大于本币资本流出。为方便比较，可以设本币资本流入为 A，本币资本流出为 0.5A，本币资本净流入 0.5A。外币资本净流入仍然表示为 B－C，其中 B 为外币资本流入、C 为外币资本流出，且 B 大于 C。在外币资本流出和流入规模不变的情形下，本币资本流入替代相应金额的外币资本流入，外币资本流入变为 B－A。本币资本流出替代相应金额的外币资本流出，外币资本净流出变为 C－0.5A，外币资本净流入变为(B－A)－(C－0.5A)，即 B－C－0.5A。上述分析的含义是，本币资本净流入 0.5A，本币基础货币增加 0.5A；但是，由于外币资本净流出减少了与 0.5A等值的外币，出于维持汇率稳定的目的，央行需要少购买与 0.5A 等值的外币，相应地减少了 0.5A 的本币基础货币供给。结果是，本币净流入增加了本国基础货币，可是外币的净流入减少，降低了等值的本国基础货币，本国基础货币没有发生变化，本国外汇储备减少了与 0.5A 等值的外币。

第三种情况是本币流入流出平衡。此种情况出现的概率较低，即便出现，其对本国基础货币和本国外币储备都没有影响。

通过上述分析，我们可以得出一个基本结论：在货币当局干预外汇市场，并进行冲销操作的情境下，本国货币无论是净流入还是净流出，对于该国的基础货币供给没有影响。但是，该国的外汇储备却会发生改变，在本币资本净流出时，本国外汇储备增加；反之，本币资本净流入，本国外汇储备减少。实际的情况可能更为复杂，因为我们在分析问题的时候没有考虑国际收支平衡表中的误差与遗漏项，如果考虑到该项，并且考虑到汇率预期，在外币资本项目净流入的时候，外汇储备增加会多一些；反之，外汇储备降低则更多。同一般分析框架相比，其对货币政策的影响属中性，在本币资本净流出时，增加了货币当局对外汇市场干预的强度；在本币资本净流入时，降低了货币当局干预外汇市场的难度。

中国是属于第一种还是第二种呢？第一种和第二种在外币资本净流入这一条件上是相同的，这同中国的国际收支实际相符合。从中国国际收支平衡历史数据看，2014 年以前，中国基本上在经常项目和资本金融项目上一直保持双顺差。以 2014 年为例，按美元计价，2014 年，中国经常项目顺差 2 197 亿美元，资本和金融项目顺差 382 亿美元，国际储备资产增加 1 178 亿美元，数据显示资本和金融项目流入在显著降低，但是，这不影响两者之和为外币资本净流入这一条件。现在，需要讨论本币属于资本净流入，还是资本净流出。从目前人民币境内外流通的实际看，人民币呈现净流入状态。中国银行的研究报告指出，人民币跨境收支自 2005 年年初以来连续 7 个月保持净流入。直接投资项目下人民币持续净流入，2015 年以来形成的经常项目下人民币“顺差”格局也保持延续，特别是货物贸易中人民币净回流进一步增加，持续的人民币净回流压力对扩大人民币在境外使用可能带来影响。根据上述分析，中国目前基本符合第二种情况。

第二种情况的结果是本币净流入，增加了本国基础货币，可是外币净流入减少，降低了等值的本国基础货币，本国基础货币没有发生变化，本国外汇储备减少了与 0.5A 等值的外币。根据上述结论，我们可以做出如下推论，人民币的净回流不对国内基础货币供给造成影响，但是，可能相应地减少外汇储备。上述推论同现实相符吗？中国的实际情况是，2015 年 6 月末，中国外汇储备余额为 36 938 亿美元，而 2014 年 6 月末为历史最高的 39 932 亿美元。在此一年间，外汇储备余额累计下降了 2 994 亿美元。2015 年 6 月末，基础货币余额为 28.9 万亿元，同比增长 3.2%。结论基本上诠释了实际。在中国目前的货币政策框架下，这种情况相当容易理解，无论人民币是否在境内外流通，在干预外汇市场并进行冲销操作下，外汇储备的增减完全由央行的对冲操作所弥补，即贬值预期催生资本外流（体现为外汇储备下降），资本外流会导致国内基础货币供给收缩，央行需要通过降低存款准备金的宽松政策来确保流动性供应，其结果是外汇储备降低，国内基础货币供给保持大致不变。因此，人民币成为国际货币，并不会对中国货币政策独立性施加额外的限制，其对中国央行货币政策总量目标的实施有利有弊，影响呈中性。但是，结论得出的前提是资本不完全流动，无论是外币资本流动，还是本币资本流动（在目前境外的本币等同于外币管理），都受到相应的资本管制。一旦资本流动的约束条件发生变化，上述结论是否成立还需重新讨论。

第四节　人民币离岸市场发展趋势与对策

经过了近十年的发展，人民币离岸市场已经由单一的香港人民币离岸市场发展到在全球拥有众多的人民币离岸市场，人民币离岸金融产品日趋丰富。在这一过程中，离岸市场对在岸市场和货币政策造成了一定的影响。

一、人民币离岸市场发展趋势

根据全球国际货币离岸市场的发展趋势，离岸市场的全球布局要支持货币全球交易网络，人民币离岸市场发展同样符合这一趋势，必然要走以一个离岸市场为中心，同时全球布局的网络体系。

（一）人民币离岸市场网络的全球布局

在人民币离岸市场发展过程中，香港人民币离岸市场先行一步，已经确定了人民币离岸中心的角色。在香港建立人民币离岸中心所带来的良好发展前景的示范效应下，多伦多、悉尼、卡塔尔、新加坡、卢森堡和伦敦等越来越多的城市纷纷建立了人民币清算中心。清算中心是人民币离岸市场的重要基础设施，建立清算中心的目的是为建立人民币离岸市场做准备。在清算中心的基础上，在离岸市场对人民币产品大量需求的背景下，在争做人民币离岸市场这一竞争的推动下，一个遍布主要时区，遍布同中国经贸往来密切国家和地区的全球人民币离岸市场网络将逐渐形成，网络效应逐步显现。

（二）人民币离岸市场与在岸市场的互动发展

在人民币离岸市场发展的初期，首先，离岸市场需要大量的人民币存款，在岸市场是人民币存款最大提供方，同时在离岸市场金融产品线不丰富的时候，在岸市场可以为离岸市场提供多通道回流渠道和多种人民币在岸金融产品。其次，离岸市场为在岸市场的发展提供了一个安全的屏障。离岸市场的发展能够满足境外人民币计价、支付、结算和投资等多种需求，减轻了境外人民币回流在岸金融市场的压力，提高了国内货币政策独立性，降低了资本流动对国内的冲击。再次，在人民币离岸市场发展到一定程度后，离岸市场和在岸市场形成了良好的分工。在岸侧重于为中国和其他国家的双边提供金融产品与服务，而离岸侧重于为除中国外的第三国交易提供金融产品与服务。同时在岸市场和离岸市场建立起畅通、快捷的资金流动渠道，通过提供互补的人民币金融产品，推动在岸与离岸的共同发展。

（三）人民币离岸市场广度和深度日趋提升

人民币离岸市场从期初的只能提供人民币存款，已发展到目前的可以提供贷款、债券、股票、基金、保险、外汇、衍生品等各种类型的人民币金融产品，但能提供这种广度和丰富金融产品的仅限于香港人民币离岸市场。随着人民币离岸市场的功能逐渐发挥，其他国家和地区建立的人民币离岸市场将逐渐推出各种类型的人民币金融产品，最起码达到香港目前的水平。同时，离岸市场人民币的深度会进一步提高，一方面，离岸市场拥有足够数量的人民币存款和足够大的货币创造能力，客观上为人民币离岸市场提供了充足的货币；另一方面，随着境外机构对人民币计价产品需求的提升，离岸市场人民币产品的交易规模和流动性都将获得巨大的提升。

二、推进人民币离岸市场发展对策

尽管人民币离岸市场已经初步形成了全球布局，但是，人民币离岸市场发展中仍存在一些问题，如离岸市场基础设施建设、离岸与市场的金融安全等，这些直接制约了人民币离岸市场的发展。这就需要制定相应的政策以推动人民币离岸市场的发展，同时尽量降低人民币离岸市场发展对国内货币政策的影响。

（一）构建人民币全球性交易网络

加快推进人民币离岸市场的全球布局和建设，创新性推出各种类型的离岸人民币金融产品，提高人民币在离岸市场中交易与使用的便利性，目的是让人民币更多发挥“第三方使用”这一功能。人民币更多地承担“第三方使用”职能，有三个好处：一是人民币更多地在除中国外的两国间充当贸易计价、支付和结算货币、融资和投资工具时，人民币的国际化程度大为提高。二是人民币在离岸市场的大规模使用，使人民币在离岸市场形成了一个循环网络，而这一网络部分隔离了同在岸的关系，降低了资金在在岸和离岸市场之间的大规模流动，降低了本国利率和汇率的波动性，增强了货币政策的独立性。三是随着人民币在“第三方”使用中的比例提高，离岸市场逐渐形成使用人民币的黏性和惯性，路径依赖导致人民币的离岸交易网络逐步构成。国际交易网络的扩张极大地降低了货币交易成本，进而通过正反馈机制形成排他性，强化或夯实其国际货币的核心地位①。

（二）推进在岸市场汇率和利率的市场化改革

目前，中国离岸市场人民币汇率与利率完全由市场决定，在岸市场人民币汇率与利率正处在市场化改革的过程中。在这一过程中，两种不同市场体系所决定的人民币汇率和利率存在汇差和价差是正常现象，跨市场套利和套汇的存在同样是资本追逐利润的必然结果。可是，套利与套汇导致的外币与本币资本在两个市场之间的非正常流动干扰了货币政策的独立运行。为此，需加快推进在岸市场汇率市场化改革，减少对汇率的干预，让汇率更多地由市场决定，消除汇率在价格形成中非市场扭曲，缩小在岸与离岸市场汇差，消除在岸与离岸之间的套汇空间；继续推进人民币利率市场化，逐步形成由市场决定的人民币收益率曲线，不仅为离岸人民币市场发行各种人民币金融产品提供定价基础，同时缩窄各个期限利率产品在岸和离岸的利差。

（三）建立资本流动的监测与预警体系

随着在岸市场与离岸市场之间的限制逐渐取消和资本账户进一步开放，离岸与在岸市场之间资本流动在规模上与速度上都将达到一个新的高度。大规模资本流动，特别是其中热钱快速在离岸与在岸之间的进出，影响了金融市场的稳定，甚至可能带来金融风险。因此，建立资本流动的监测与预警系统迫在眉睫。一方面它能够监测人民币在在岸与离岸之间的流动；另一方面它可监测外币在在岸与离岸之间的流动。该系统应该包括多个子系统，如证券市

---

① 潘英丽：《人民币离岸市场的全局战略构想》，《人民论坛·学术前沿》2015年第8期。

场、货币市场和外汇市场子系统，统计、监测和分析各个系统的资金动态，资金在各个子系统之间的动态变化，评估资金动态变化可能产生的趋势，及时发布预警信息，有针对性地做好预防措施。

（四）动态监管人民币离岸市场货币存量

人民币离岸市场必须要有足够存量人民币才能够支持离岸市场的计价、支付、结算和投融资的需要，如果离岸市场人民币存量较低，离岸市场交易、支付、结算都将受到影响。在目前阶段，离岸市场已经保有一定数量的人民币，但是，离岸市场的一部分人民币存量会回流到在岸，导致离岸市场存量降低。因此，中国央行应借助资本流动的监管和预警系统对离岸市场的人民币实施监控和管理，一方面，在离岸市场人民币存量下降的时候，可以考虑采取措施限制离岸市场的回流，建立流动性供给机制直接向离岸货币市场注入流动性，并鼓励离岸市场人民币金融创新以截留其向在岸市场的回流；另一方面，在离岸市场人民币流动性过剩的时候，鼓励境内的机构到离岸市场发行债券或者借入人民币，拓宽人民币回流境内的渠道。

（五）加快建设高效便捷的人民币清算体系

人民币清算系统是支持人民币国际化和人民币离岸市场发展的重要基础设施。高效、安全、低成本的离岸人民币清算系统，可以增加人民币离岸市场的交易规模，提高人民币在全球范围内发挥国际货币职能的效率和便利性。中国的人民币清算系统正在处于研发阶段，类似于美元的清算所同业支付清算系统（CHIPS）。该系统是一个著名的私营跨国美元大额支付系统，目前95%的跨国美元最终清算通过 CHIPS 系统进行，为来自全球 95 家会员银行提供美元大额实时最终清算服务，其独立于美国国内的 FEDWIRE（联邦电子资金转账系统）。2015 年 9 月，人民币跨境支付系统的一期工程上线运行，该系统采用实时结算方式，提供清算和结算服务，主要业务是跨境贸易、跨境投融资和跨境的个人汇款，其主要特点是实时的全额结算，处理客户的汇款和金融机构的汇款；此外，直接参与者可以定点接入。集中清算业务大大缩短了清算的路径，提高了效率。该系统的运行时间覆盖了欧洲、亚洲、非洲、大洋洲等人民币业务的主要时区，为境内的直接参与者提供了专线接入方式。

（六）加强同人民币离岸市场货币当局的合作

离岸市场与在岸市场存在极强的互动性和传染性，特别是套利和套汇的存在，会导致大规模的本币和外币资金在在岸与离岸市场之间流动，不仅干扰了在岸市场的金融稳定，也对离岸市场造成了严重冲击。在投机资金短时间大规模流动时，单独依靠在岸或者离岸的货币当局不足以应对危机。因此，需要在岸和离岸的货币当局加强信息沟通，建立定期的互访机制，以及在危机严重时相互合作，共同干预离岸和在岸市场，保持两个市场的稳定。

（七）健全贸易审核、加强贸易融资管理

在存在资本管制的时候，投机资金通常会借道贸易完成在岸市场和离岸市场之间的流动，大量的虚假贸易和贸易融资带来大量的资金跨境流动，影响了国内货币政策的实施。因而，银行部门应加强贸易和贸易融资产品真实性审核，监控一些资金量异常的账户，保持同监管部门的信息沟通，打击假借贸易之名的套利套汇活动。离岸本币贸易融资，仍等于外债管理，应该同外币债务一样，纳入外债管理统一范畴内，防止过度的举借人民币外债务替代外币债务，控制好外债的总体规模，同时避免贸易融资成为投机资金在岸与离岸流动的通道。

第五节　评述性结论

人民币离岸市场正在向形成一个全球性网络进发。随着全球性网络布局的逐渐搭建和人民币离岸金融产品的日渐丰富，其在不断地满足离岸人民币需求的基础上，网络效应逐步显现。一方面，人民币离岸市场的发展提升了人民币在境外使用中的便利性，降低了使用中的交易成本，提高了人民币在全球贸易和投资中的使用份额，助推人民币国际化进程；另一方面，人民币在全球计价、支付、结算、投资、融资和储备中的大量使用，提升了离岸人民币和人民币金融产品的需求，提高了人民币离岸市场的交易规模和流动性，反过来推动了人民币离岸市场的发展。

人民币离岸市场发展核心是依托人民币金融产品的人民币循环网络。离岸市场人民币的初始来源是在岸市场，其循环网络可以在离岸，也可以在在岸。在岸与离岸市场构建的人民币循环网络，一方面可以将人民币输出到离岸市场，提供离岸市场发展所需要的货币，另一方面为离岸市场人民币提供投资的平台和回流在岸的渠道。这一循环网络在离岸市场出现人民币流动性短缺时，确保在岸向离岸的供给；同时，当离岸市场出现人民币流动性过剩时，确保离岸向在岸的回流。离岸与离岸之间的人民币循环网络，一方面，不同的人民币离岸市场之间相互提供流动性，减少了对在岸市场的流动性需求，也降低了人民币回流对在岸市场的压力；另一方面，离岸市场之间的人民币流动，推动了离岸市场的竞争，加速人民币离岸金融产品的创新，提高人民币离岸市场的效率。

人民币离岸市场的人民币存款同样具有货币创造功能。首先，离岸市场的货币创造能力，取决于人民币从在岸向离岸市场的流出规模，相当于离岸基础人民币，它是一个动态变化过程，在岸流入与离岸流出会相应地增加和减少离岸基础人民币。其次，人民币离岸金融市场越发达，人民币在国际贸易和投资中的使用比例越高，离岸人民币需求就越大。再次，境外市场没有法定存款准备金比率，即便有，其比率偏低。综合来看，现阶段，离岸市场人民币货币创造能力不强，离岸货币乘数低于理论上的估计，甚至低于在岸市场的货币乘数。

人民币在在岸与离岸市场之间的资本流动影响国内货币政策的独立性。人民币流出对国内货币供应产生影响，取决于获得人民币债权的境外机构和境外银行以何种形式持有离岸人民币存款，不同的持有形式对应着在岸商业银行和中央银行不同的资产负债表结构及变化，其结果不尽相同。境外机构选择将人民币存于在岸商业银行，对国内基础货币供给和广义货币供给没有影响；境外机构将人民币存在离岸商业银行，离岸银行将账户开在中央银行，在这两种情况下，国内基础货币和国内广义货币的数量会随着人民币在境内外的流动发生增减。

人民币离岸市场和在岸市场是两个不同的定价体系。人民币离岸市场的人民币汇率和利率是市场化定价，在岸市场由于利率市场化和汇率市场化尚未完成，其定价非完全市场化，两个定价体系的不同带来价格的差异。在相当长的时间段内，离岸市场与在岸市场存在着汇差和价差。汇差和价差的存在，激励着套利和套汇资本，导致人民币在在岸与离岸之间流动，大规模的人民币流入流出势必对国内货币政策带来影响，需要中国央行采取反向措施抵消冲击。

上述关于人民币离岸市场发展对于国内货币政策的影响，是在未考虑外币流动约束的前提下得出的。放松该约束,加入外币资本流动,并考虑本币与外币替代,在这个更接近经济实际的一般分析框架下,可以得出人民币在在岸与离岸之间流动对中国央行货币政策总量目标的实施有利有弊,影响呈中性。但是,结论得出的前提是资本不完全流动,一旦资本流动的约束条件发生变化,上述结论是否成立还需要重新讨论。

鉴于人民币离岸市场发展对国内货币政策存在的影响,在推动人民币离岸市场的发展过程中,应该采取相应的措施将人民币离岸市场对在岸市场的影响降低。笔者给出的措施是:构建全球的离岸人民币交易网络,离岸的事情离岸解决;建立资本流动的监管与预警系统,动态监控和分析人民币在岸与离岸流动行为,并在资本流动异常时采取逆向干预,加强同离岸市场货币当局的合作,保持离岸和在岸之间的信息共享与联合行动机制,打击基于贸易渠道和其他渠道的投机资本流入。

第六章 人民币国际化与上海自贸区金融创新

尽管自2009年7月中国启动实施人民币跨境贸易结算试点以来，人民币在国际贸易结算中的使用率迅速提高，但是受制于人民币资本账户开放进展较慢，人民币跨境流通渠道不畅、回流机制不健全，人民币国际持有意愿受到影响。在此背景下，中国上海自由贸易试验区（简称上海自贸区）的设立，为人民币国际化①提供了突破制度性障碍的试验场所。当前，上海自贸区率先实现人民币资本账户基本可兑换的时机日益成熟。为此，上海自贸区应顺应人民币国际化的战略需求，紧紧抓住扩区后新一轮深化金融改革开放的机遇，进一步扩大人民币资本账户对外开放，力争在人民币资本账户可兑换方面实现"质"的突破，从而为人民币国际化注入新的动力和活力。

第一节 人民币使用程度国际比较

人民币国际化水平如何？这取决于人民币的自由使用程度。这一程度越高，国际社会对人民币的市场需求也会越高，人民币则更容易实现作为国际货币的贸易结算、投资计价及国际储备职能。衡量人民币自由使用程度的指标除了人民币在跨境结算中的使用规模外，还主要包括：人民币在官方外汇储备中的占比、人民币的外汇市场交易量、以人民币计值的国际债券市场规模，以及以人民币计值的国际货币市场工具规模，等等。为此，通过上述指标的国际

① 2014年底的中央经济工作会议提出"稳步推进人民币国际化"的要求。这是中国政府首次明确提出"人民币国际化"，表明人民币国际化已经成为构建开放型经济新体制的重要内容。

比较分析，不仅可以综合评估人民币国际化水平，而且还能发现在哪些方面人民币与美元、欧元、英镑及日元等现行主要国际货币之间存在明显差距，为进一步加快人民币国际化进程提供必要依据。

一、人民币与主要国际货币的国际使用与交易规模的现状比较

（一）官方外汇储备规模

根据 IMF COFER 数据库，2014 年第四季度，美元、欧元、英镑、日元、加元、澳元和瑞士法郎在已申报币种的官方外汇储备中分别占比 62.88%、22.21%、3.80%、3.96%、1.91%、1.81%和 0.28%。人民币尚未被单独统计，包括人民币在内的其他货币仅占全球外汇储备的 3.14%，小于四种 SDR 篮子货币（图 6-1）。

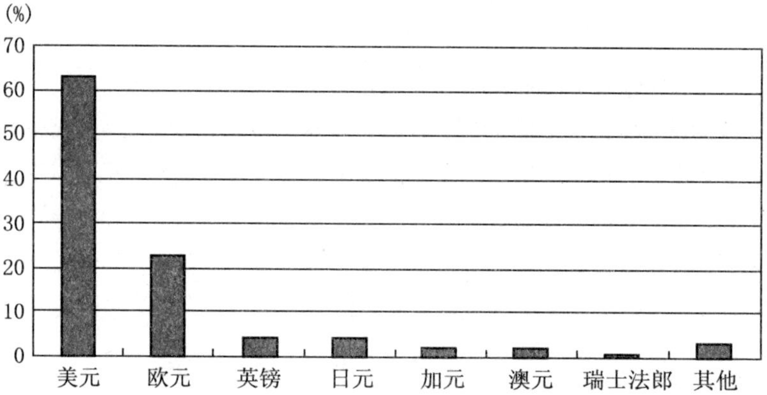

图 6-1　主要货币外汇储备占比（2014 年第四季度）

数据来源：国际货币基金组织（IMF）。

（二）跨境结算规模

根据 SWIFT 的统计，2015 年 8 月人民币在全球支付中的比例已经达到 2.79%，而同期日元的份额为 2.76%，人民币首超日元，跻身全球第四大支付货币。同期美元、欧元与英镑的占比分别为 44.82%、27.20%和 8.45%（图 6-2）。

（三）全球外汇市场交易规模

在即期外汇交易量上，根据 BIS 三年一次的统计报告，2013 年 4 月，人民币日均外汇交易量 339.5 亿美元，占全球即期外汇交易总量的 0.83%，而同期

美元、欧元、英镑和日元交易量分别为 16 912.4 亿美元、7 542.8 亿美元、2 267.4亿美元和 6 123.4 亿美元，分别占全球即期外汇交易总量的 41.33%、18.43%、5.54%和 14.96%(图 6-3)①。人民币与篮子货币相比仍然存在一些差距，仅相当于美元的 2%，欧元的 4.5%，英镑的 14.97%和日元的 5.54%。

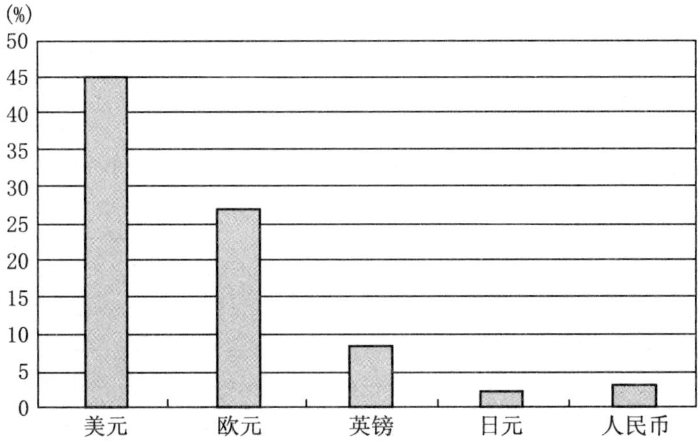

图 6-2 人民币与 SDR 篮子货币跨境结算占比的比较(2015 年 8 月)

数据来源：环球同业银行金融电讯协会(SWIFT)。

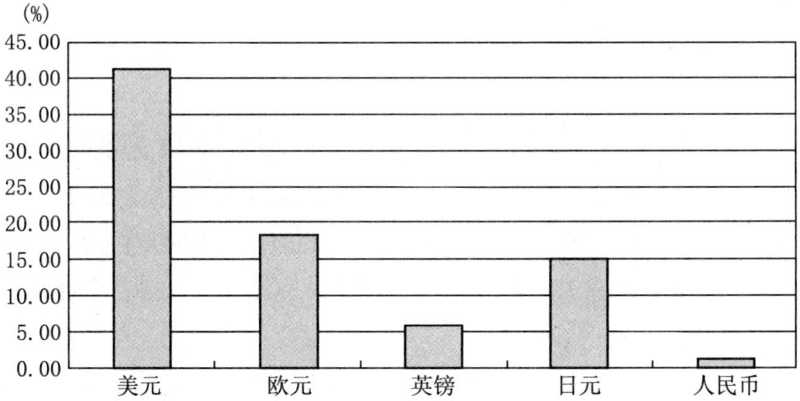

图 6-3 人民币与 SDR 篮子货币即期外汇交易量占比比较(2013 年 4 月)

数据来源：国际清算银行(BIS)。

① 参见 Bank for International Settlements(2014). Triennial Central Bank Survey: Foreign Exchange Turnover in 2013[R], February. http://www.bis.org/publ/rpfx13.htm?m=6%7C35。

在场内衍生品交易量上，根据 BIS 的统计，2013 年 4 月，人民币日均外汇交易量 856.1 亿美元，占全球即期外汇交易总量的 1.3%，而同期美元、欧元、英镑和日元交易量分别为 29 609.5 亿美元、10 314.4 亿美元、4 044.3 亿美元和 6 189.1亿美元，分别占全球即期外汇交易总量的 45.02%、15.68%、6.15%和 9.41%(图 6-4)。人民币与篮子货币相比仍然存在一些差距，仅相当于美元的 2.89%，欧元的 8.3%，英镑的 21.17%和日元的 13.83%。

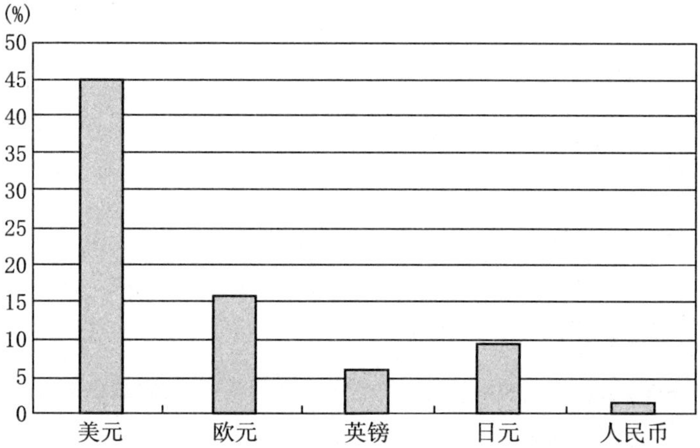

图 6-4　人民币与 SDR 篮子货币场内外汇衍生品交易量占比比较(2013 年 4 月)

数据来源：国际清算银行网站。

(四) 国际债券市场规模

从未偿付国际债券[①]存量来看，根据 BIS 的统计，2014 年第四季度，人民币未偿付国际债券存量 940.3 亿美元，占未偿付国际债券总存量的 0.45%，而同期以美元、欧元、英镑和日元计值的未偿付国际债券存量分别为 84 751.8 亿美元、87 091.3 亿美元、19 453.8 亿美元和 4 210 亿美元，分别占全球未偿付国际债券总存量的 40.36%、41.47%、9.26%和 2%(图 6-5)。人民币与篮子货币相比仍然存在一些差距，仅相当于美元的 1.11%、欧元的 1.08%、英镑的 4.83%和日元的 22.33%。

① 不包括国际货币市场工具，下同。

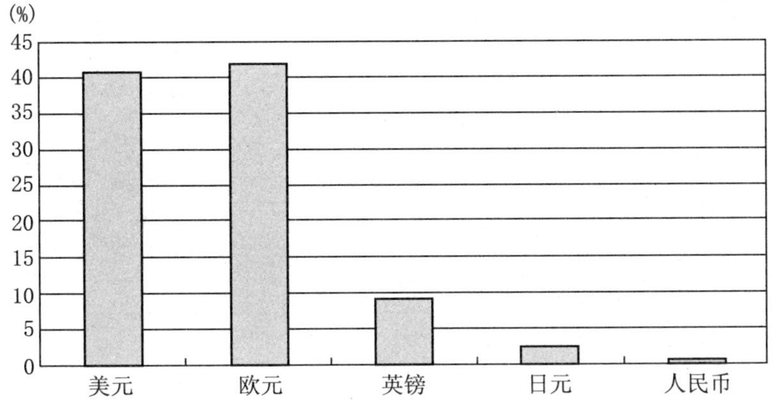

图 6-5 人民币与 SDR 篮子货币未偿付国际债券占比比较(2014 年第四季度)

数据来源:国际清算银行网站。

从国际债券净发行量来看,2014 年第四季度,人民币国际债券净发行量 99.2 亿美元,而同期以美元、欧元、英镑和日元计值的国际债券净发行量分别为 1 030.0 亿美元、192.4 亿美元、−241 亿美元和−13.1 亿美元(图 6-6)。以人民币计值的国际债券净发行量虽然不及美元和欧元,但远远超过英镑和日元。从年度来看,2014 年,除以美元计值的国际债券净发行量(6 148.6 亿美元)一枝独秀以外,以人民币计值的国际债券净发行量为 239.1 亿美元,远高于同期分别以欧元、英镑和日元计值的净发行量,−141 亿美元、109.8 亿美元、−71.9 亿美元(图 6-7)。

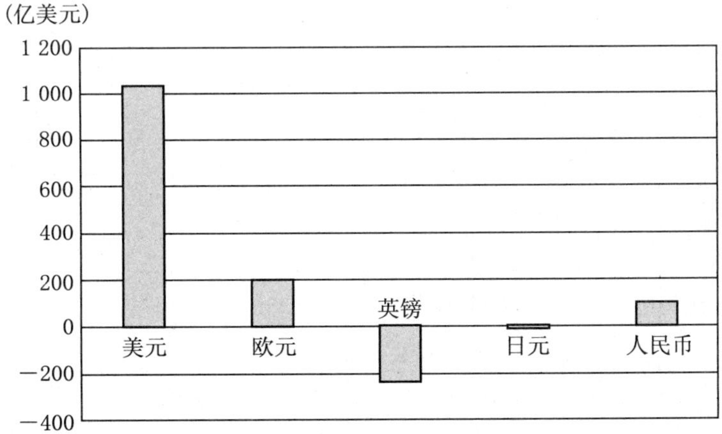

图 6-6 人民币与 SDR 篮子货币的国际债券季度净发行量比较(2014 年第四季度)

数据来源:BIS。

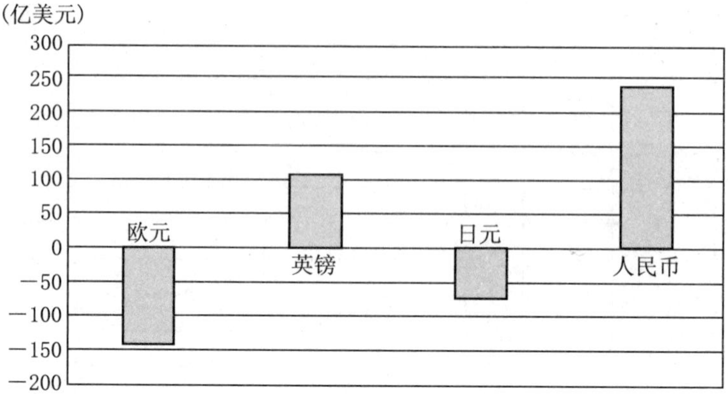

图 6-7 人民币与 SDR 篮子货币的国际债券年度净发行量比较(2014 年)

数据来源:BIS。

（五）国际货币市场工具存量

从未偿付国际货币市场工具存量来看,根据 BIS 的统计,2014 年第四季度,以人民币计值的未偿付国际货币市场工具存量 251.1 亿美元,占全球未偿付国际货币市场工具存量的 2.84%,而同期以美元、欧元、英镑和日元计值的未偿付国际货币市场工具存量分别为 3 625.1 亿美元、2 843.5 亿美元、1 607.3 亿美元和 96.2 亿美元,分别占全球未偿付总量的 41.05%、32.2%、18.2%和 1.09%(图 6-8)。人民币已经超越日元位居全球第四大国际货币市场工具计值货币。

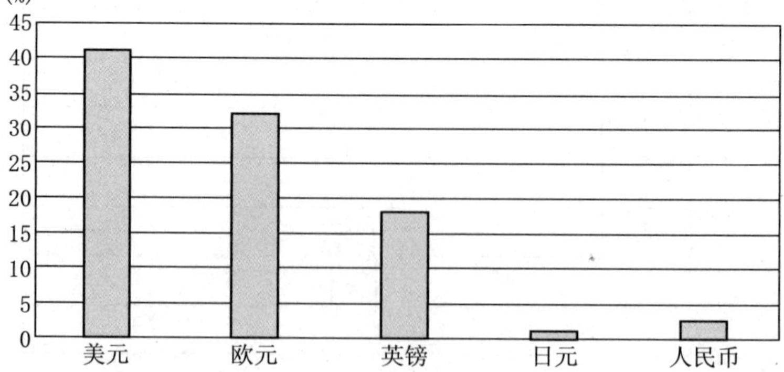

图 6-8 人民币与 SDR 篮子货币未偿付国际货币市场工具占比比较(2014 年第四季度)

数据来源:BIS。

从国际货币市场工具净发行量来看，2014 年第四季度，人民币国际货币市场工具净发行量－29.5 亿美元，而同期以美元、欧元、英镑和日元计值的国际货币市场工具净发行量分别为 34.8 亿美元、－94.3 亿美元、29.2 亿美元和－39.7 亿美元(图 6-9)。以人民币计值的国际货币市场工具净发行量虽然不及美元和英镑，但超过欧元和日元。从年度来看，2014 年，以美元计值的国际货币市场工具净发行量达到 350.9 亿美元，遥遥领先；以人民币计值的国际货币市场工具净发行量为 82.7 亿美元，与欧元的 91.4 亿美元、英镑的 88.3 亿美元相近，远高于同期的日元净发行量(图 6-10)。

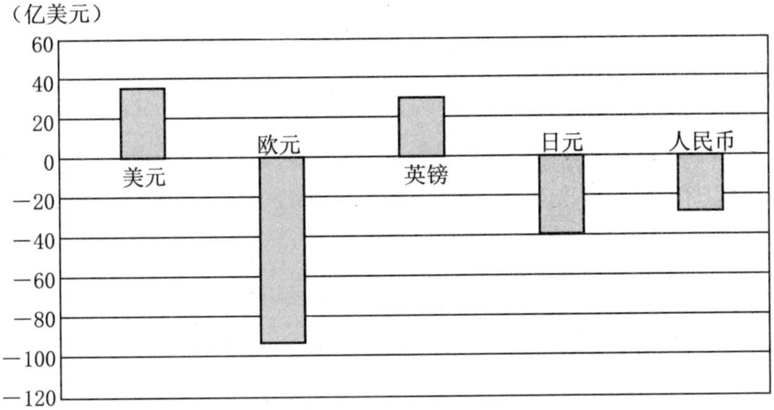

图 6-9　人民币与 SDR 篮子货币的国际货币市场工具季度净发行量比较(2014 年第四季度)

数据来源：BIS。

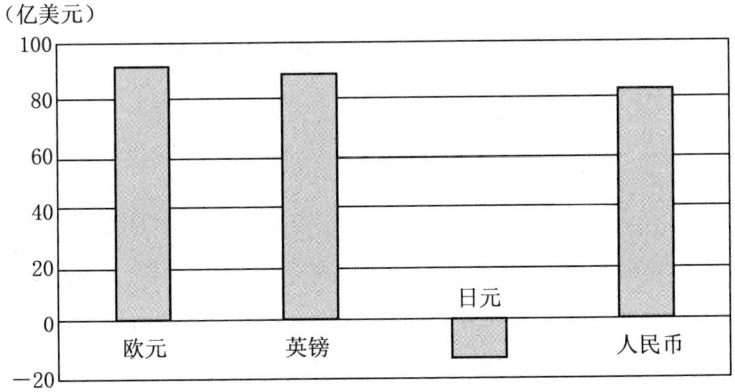

图 6-10　人民币与部分 SDR 篮子货币的国际货币市场工具年度净发行量比较(2014 年)

数据来源：BIS。

二、人民币与主要国际货币的国际使用与交易增长的动态比较

由于人民币外汇储备规模未被单独统计，所以下文主要从跨境结算规模、外汇市场交易规模、国际债券规模和国际货币市场工具四个方面进行动态比较。

（一）跨境结算规模

2012 年 6 月，人民币在国际支付中的占比仅为 0.25%，是日元的 1/10 左右，全球排名第 20 位；到 2015 年 3 月增长到 2.03%，是日元的 2/3 左右，全球排名第 5 位，仅次于四种 SDR 篮子货币。在两年多时间里，人民币在国际支付中的占比增长了 7 倍，排名上升了 15 位，而日元的全球占比基本维持不变（图 6-11），可以预见在未来的一两年内，人民币有望超过日元成为全球第四大支付货币。

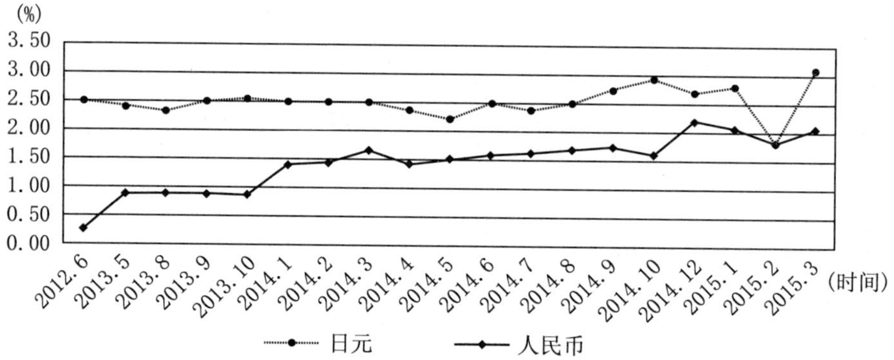

图 6-11　人民币与日元跨境结算占比比较

数据来源：SWIFT。

（二）全球外汇市场交易规模

在即期外汇交易量上，根据 BIS 统计报告，2001 年时人民币日均即期外汇交易量 0.4 亿美元，仅相当于英镑的 9‰，占全球即期外汇交易总量的 1‰左右，而到 2013 年人民币日均交易量达到 339.5 亿美元，达到英镑的 14.97%，占全球交易总量的 1.66%。2001—2013 年，BIS 一共发布五份统计报告，五次统计人民币平均增长率 443.2%，而英镑平均增长率仅 52.5%。按这种增长率计算，2016 年人民币即期外汇交易量将达到 1 844.2 亿美元，2019 年将达到

10 017.5 亿美元，远远超过英镑的 5 272.9 亿美元(图 6-12)。

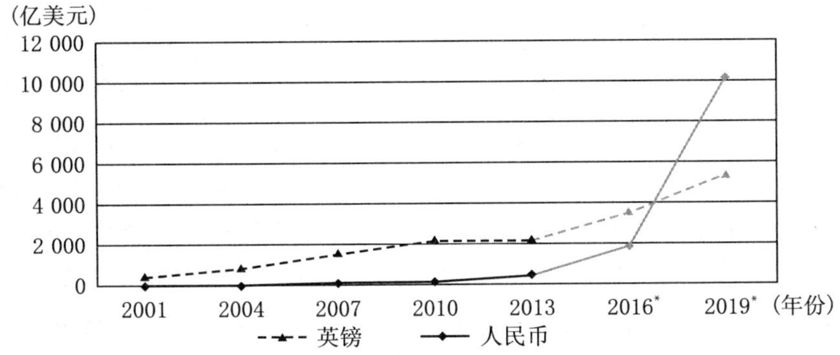

图 6-12 人民币与英镑即期外汇交易量增长情况

注：带 * 号的表示估计量。
数据来源：BIS。

在场内外汇衍生品交易量上，2001 年时人民币日均场内外汇衍生品交易量 0.6 亿美元，仅相当于英镑的 5‱，不到全球场内外汇衍生品交易总量的 1‱，而到 2013 年人民币日均交易量达到 856.1 亿美元，达到英镑的 21.17%，占全球交易总量的 2.6%。人民币平均每三年(即 BIS 每次统计间隔)的增长率达 525.3%，而英镑平均增长率仅 37.43%。按这种增长率计算，2016 年人民币场内外汇衍生品交易量将达到 5 353.4 亿美元，接近英镑的 5 558.1 亿美元(图 6-13)。

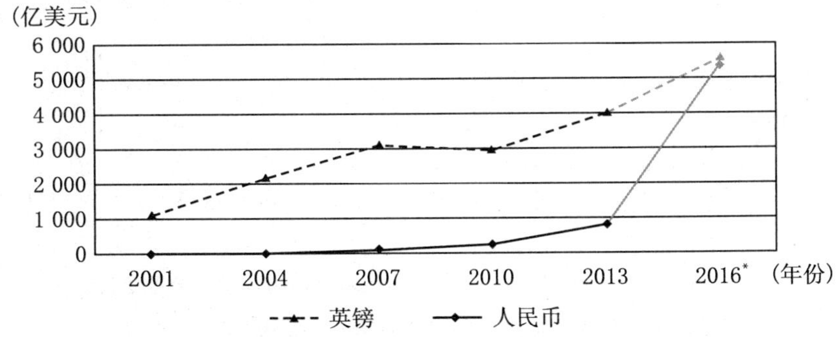

图 6-13 人民币与英镑场内外汇衍生品交易量增长情况

注：带 * 号的表示估计量。
数据来源：BIS。

（三）国际债券市场规模

自2005年人民币汇率形成机制改革以来，以人民币计值的国际债券迅速增长。2005年人民币未偿付国际债券存量仅3.9亿美元，只为日元的8‰，但到2014年增长到940.3亿美元，是日元的22.33%，年均增长率84.06%（图6-14）；而同期美元、欧元、英镑、日元的年均增长率分别为8.5%、6.35%、7.02%和-1.07%。若按此年均增长率计算，人民币未偿付国际债券存量将于2017年超越日元，2020年超越英镑（图6-15）。鉴于IMF对SDR篮子每5年评估一次，上一个考察期（2005—2009年）末，人民币未偿付国际债券存量114.8亿美元，而本次考察期（2010—2014年）末，未偿付国际债券存量达到940.3亿美元，增长了7.19倍；而同期的美元、欧元、英镑和日元的增长幅度分别为42.55%、-13.14%、-6.19%和-38.26%。若按此增速类推，下一考察期（2015—2019年）末，美元、欧元、英镑、日元和人民币未偿付国际债券存量分别为120 813.1亿美元、75 646.2亿美元、18 249.9亿美元、2 599.1亿美元和7 699.7亿美元，人民币国际债券存量将远远超过日元（图6-16）。

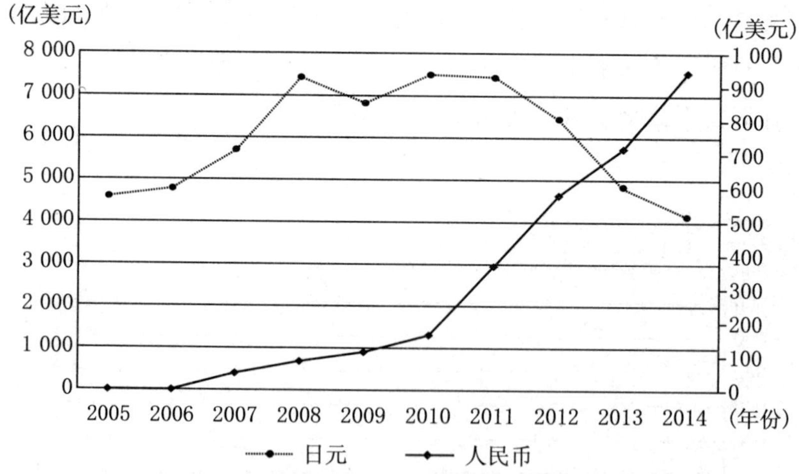

图6-14 2005—2014年人民币与日元未偿付国际债券总额比较

注：日元的数据以左轴刻度表示，人民币的数据以右轴刻度表示。
数据来源：BIS。

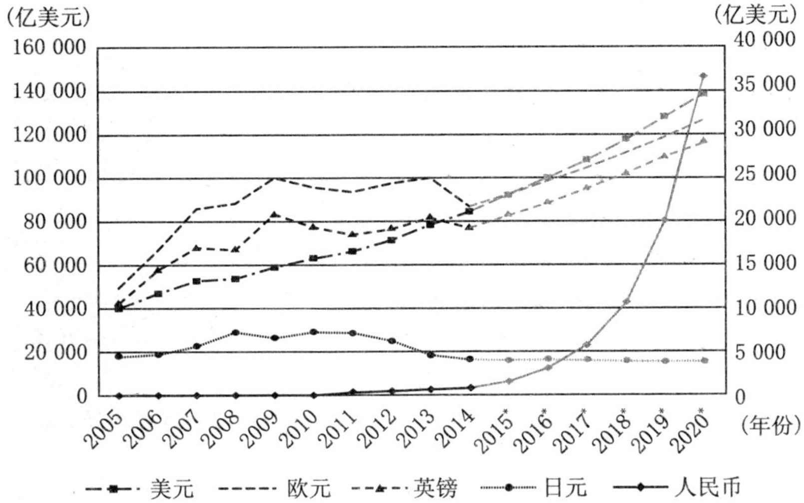

图 6-15　人民币与 SDR 篮子货币的未偿付国际债券总额的增长趋势比较

注：美元、欧元的数据以左轴刻度表示；英镑、日元与人民币的数据以右轴刻度表示；带＊号表示估计量。

数据来源：BIS。

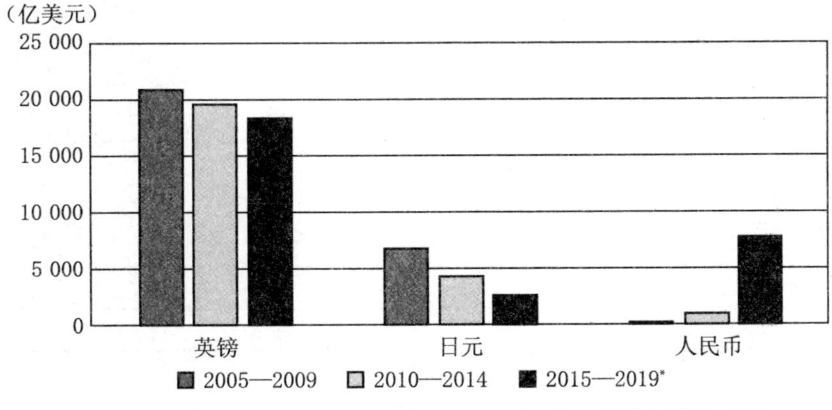

图 6-16　人民币与英镑、日元的未偿付国际债券总额增长潜力比较

注：带＊号的表示估计量。

数据来源：BIS。

在国际债券净发行量方面，2005 年人民币国际债券净发行量 2.6 亿美元，是美元的 9‱，欧元的 3‱，英镑的 1‰，日元的 15.4%，但到 2014 年增长到 239.1 亿美元，超越了欧元、英镑和日元(图 6-17)。

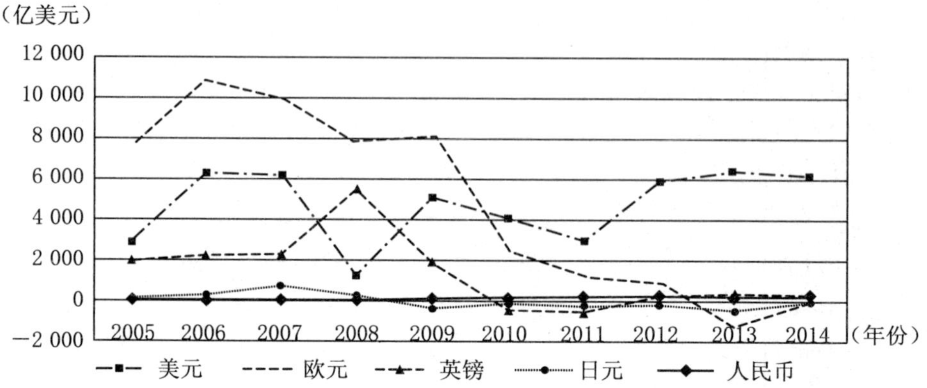

图 6-17　2005—2014 年人民币与 SDR 篮子货币国际债券净发行量比较

数据来源：BIS。

（四）货币市场工具存量

在国际货币市场工具规模方面，2010 年以人民币计值的未偿付货币市场工具存量仅 0.1 亿美元，只有日元的 4‰，但到 2014 年增长到 251.1 亿美元，是日元的 2.5 倍左右(图 6-18)。

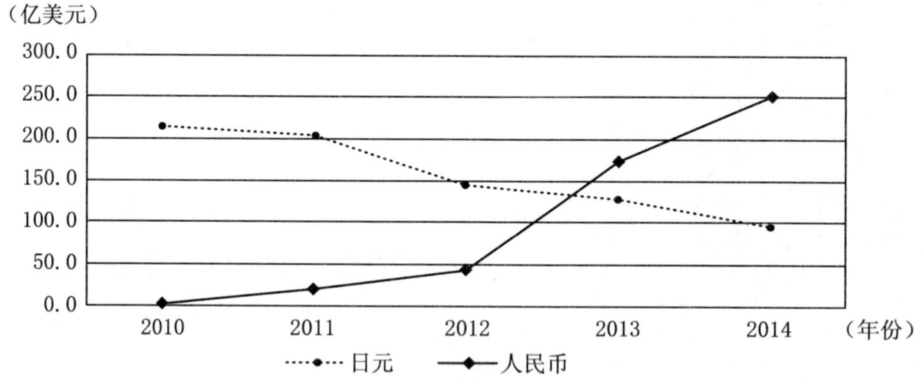

图 6-18　2010—2014 年人民币与日元未偿付国际货币市场工具总额比较

数据来源：BIS。

在国际货币市场工具净发行量方面，2010 年人民币国际货币市场工具净发行量 0.1 亿美元，到 2014 年增长到 82.7 亿美元，四年年均净发行量 50.3 亿美元，超过了欧元和日元(图 6-19)。

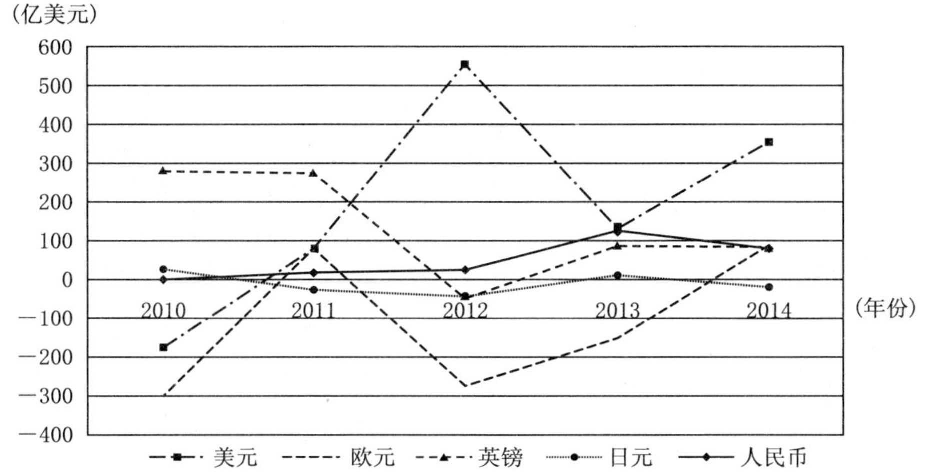

图 6-19　2010—2014 年人民币与 SDR 篮子货币国际货币市场工具净发行量比较

数据来源:BIS。

从上述衡量人民币自由使用的静态与动态指标看,目前人民币的国际使用程度和认可度已经获得了极大的提升。具体表现在如下方面。

第一,已有越来越多的国家开始接受人民币并以此作为官方储备货币之一。目前,据统计已超过 30 家境外央行把人民币纳入外汇储备,人民币在 2014 年 10 月已成为全球第七大储备货币。尽管如此,人民币在各国外汇储备中所占的比重还是较低的,目前人民币可能还排在澳元、加元之后。

第二,人民币在国际贸易中的使用比例近 5 年也在不断提高,从 2009 年 0.02%上升至 2014 年 25%。同时,人民币作为国际支付货币的全球排名也在快速上升。据环球同业银行金融电讯协会(SWIFT)的统计数据显示,截至 2014 年 12 月,人民币占全球支付货币市场份额的 2.17%,已经接近日元的 2.69%,使得人民币成为全球第五大支付结算货币,仅次于 SDR 篮子的四种货币,即美元、欧元、英镑及日元。

第三,人民币计价的国际债券发行快速上升。2010 年时,人民币所占国际债券市场发行份额只有 0.07%,排在第 17 位,此后 5 年快速增长,至 2014 年时份额已经达到 0.5%,排名升至全球第 8 位。

第四,人民币外汇市场交易量占比也在快速上升。据国际清算银行(BIS)统计数据显示,离岸人民币(CNH)交易量在全球外汇交易量中的份额从 2010

年的0.9%涨至2013的2.2%。截至2013年一季度末，即期外汇交易量全球排名第11位，场内外汇衍生品交易量全球排名第9位。

表6-1 人民币自由使用技术指标的全球排名

进出口贸易规模	货物贸易世界第1(2014年)
国际外汇储备规模	第7位(2014年10月)
跨境结算支付规模	第4位(2015年8月)
全球即期外汇交易规模	第11位(2013年4月)
全球场内外汇衍生品交易规模	第9位(2013年4月)
国际债券市场规模	第9位(2014年第四季度)
国际货币市场工具规模	第4位(2014年第四季度)

数据来源：作者整理。

第二节 人民币国际化深化战略分析

前文研究表明，人民币在进出口贸易结算和支付以及国际货币市场工具方面是强项，在外汇储备被持有方面尚可，但在国际债券发行、外汇及其衍生品交易上是弱项。为此，针对目前存在的问题，下一步该如何推进人民币国际化，影响与制约人民币国际化的因素有哪些？都是值得深入探讨的问题。

一、深化人民币国际化战略的路径选择

尽管人民币国际化战略自2009年启动实施已有多年，但有关实施路径与战略举措方面仍存在不少争议。

国内学者在人民币国际化的路径研究方面存在两种截然不同的观点。目前，国内多数学者持有两个“三步走”的观点，即从货币职能上讲，采取从“贸易结算化”到“金融投资化”再到“国际储备化”；从区域演进上讲，遵循从“周边化”到“区域化”再到“国际化”(陈雨露，2013；夏斌、陈道富，2011；曹红辉，2008等)。但另一方面，也有不少国内学者认为，虽然人民币的国际化在功能和空间上采取“分步走”的设想是符合理论逻辑的，但人民币国际化并不一定要经过区域这个步骤，人民币可以直接走国际化道路，成为国际储备货币；而且人

民币也不需要按部就班地去实现贸易结算、投资计价职能，而可能直接获得国际储备货币职能（张岸元，2013；国家发改委经济研究所课题组，2014 等）。

此外，国内学者还进一步探讨不同路径下如何实现人民币国际化，提出了各自相应的政策建议。比较具有代表性及影响力的研究成果为：李稻葵（2008）提出了人民币国际化的境内境外“双轨制”设想；李向阳、丁剑平（2014）指出应加快丰富和完善人民币走出去和回流的循环通道设计，并强调建立统一的人民币跨境清算系统的重要性；李婧（2014）认为中国可以通过多种方式促进人民币国际化，其核心措施是跨境贸易人民币结算和发展香港离岸人民币市场，持类似观点的还有乔依德等（2014），沈建光（2011）、屠晶（2011）等。但不少学者结合美元、日元、英镑的国际化模式分析，指出当前人民币国际化所采用的“贸易结算＋离岸市场”模式存在的问题，主张应采用“资本输出＋跨国企业”模式（王国刚，2014；王元龙，2013；殷剑峰，2011 等）。张明（2011）也指出人民币国际化路径中的“跛足”跨境贸易人民币结算格局问题，即通过进口贸易的人民币结算而输出人民币无益于减轻国内不断增加的外汇储备的压力。还有一部分学者则强调货币互换协议和跨境贸易人民币结算是人民币国际化发展进程中两大重要手段，两者相辅相成，缺一不可（梅德平，2014；刘芮，2014；刘轶、高劲，2014 等）。

从目前人民币国际化实施路径看，贸易项下的人民币输出与资本项下的人民币回流，形成人民币跨境流动机制。贸易项下的人民币输出渠道主要表现为“跛足”的人民币跨境贸易结算，即进口贸易的人民币结算规模高于出口贸易。这种现象一是将随着人民币升值预期减弱，人民币汇率波幅的增大等因素而不可持续；二是在中国经济发展模式仍处在从出口导向型向内需主导型转型过程中，贸易顺差也与这样的路径依赖相悖。为此，推动人民币国际化的有效方式不是将中国的贸易顺差变为逆差，而是应选择“贸易顺差＋资本流出”的人民币国际化路径，它应成为未来人民币国际化路径的必然选择。

人民币国际化无论采取何种路径，其核心问题是如何建立人民币在国际经贸活动中的可接受性和广泛的交易网络，其前提在于扩大人民币对外输出，形成人民币跨境循环流动机制。目前，人民币的跨境流向仍以单向为主，即从境内流向境外或从境外流向境内，不仅循环回流的渠道还不通畅，而且纯境外流动的规模也较小。人民币从境外流向境内的主要途径是通过境外发行债券，将募集的资金回流至境内，也可以在境内直接投资；而人民币对外输出渠道通常是依靠进口贸易的人民币结算。在当前贸易项下人民币流出速度放缓的背景下，如何不断拓宽人民币对外输出渠道，增加人民币跨境使用途径，同时又可使人民币在境外能够“留得住”并循环起来，这是进一步推进人民币国际化亟待解决的重大课题(图 6-20)。

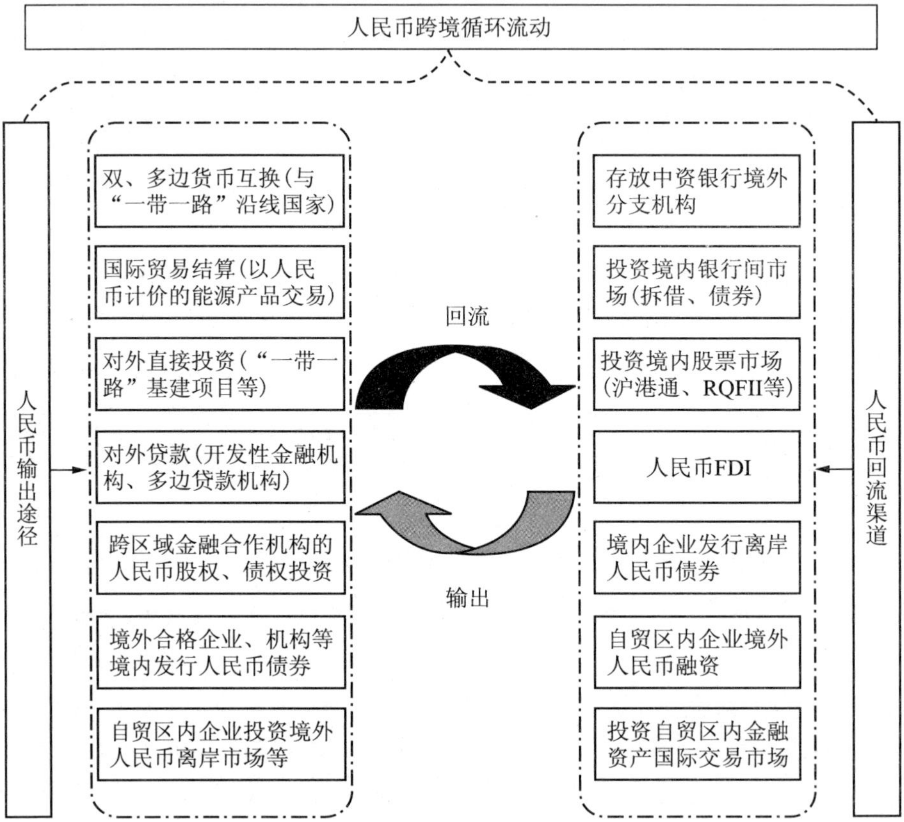

图 6-20 人民币跨境循环流动机制

二、制约人民币国际化进程的主要因素

人民币国际化进程取决于诸多条件：必须存在一个多元化交易的人民币现货市场，为人民币资产的计价与投资提供坚实的基础；必须放开居民对外投资与非居民对内投资，以此形成真实的本外币需求与供给关系；必须存在一个人民币外汇衍生品交易市场，以此形成人民币的期货价格，实现对人民币汇率

的可预期——只有预期才能决定各国是否持有人民币。人民币国际化并不存在明确的时间表，其何时实现关键在于国内和国际条件是否成熟。如果在很多先决条件尚未满足的情况下，草率推进人民币国际化进程，很可能会放大潜在的风险，带来一系列不良后果。这也是中国政府所担忧且不希望发生的。但反之，如果政策运用得当，风险控制良好，且能保持政策的连贯性和稳定性，人民币国际化的进程也有可能明显缩短，或许在未来的 5—10 年内，就能够取代日元和英镑，成为全球第三大国际货币。此外，人民币国际化进程中还需要特别关注以下诸多影响因素。

（一）人民币币值的基本稳定

人民币国际化进程虽然依赖于市场选择，但制度安排则是市场需求得以满足的手段，如果制度安排不能适应市场需求，将会直接影响人民币国际化的进程。

市场化的汇率形成机制是影响货币国际化进程的重要制度因素之一。因为只有汇率水平能够反映外汇市场的供求状况，货币的价值才真实可信，这样的货币自然会受到国际市场欢迎。目前，人民币的境外需求规模的扩大在很大程度上受到人民币汇率制度的制约。缺乏弹性化的汇率制度不仅是人民币国际化的制度隐忧，而且也影响着资本账户的开放。从经典的“三元悖论”上讲，随着人民币资本账户不断开放，为保证中国货币政策的独立性与有效性，实现更为灵活、更具弹性的人民币汇率制度将是必然的选择。

过去 20 多年，人民币汇率市场化改革已经取得了较大进展。尤其是 2005 年 7 月汇改以来，人民币挂牌汇率的浮动区间限制已逐步取消，银行间市场人民币兑美元交易价的日浮动区间也逐渐扩大，从汇改初期 3‰的上下波动幅度，持续扩大至 2014 年的 2%。与此同时，人民币汇率中间价形成的市场化也在稳步推进。2006 年 1 月 4 日，中央银行在银行间外汇市场引入询价交易方式和做市商制度，改汇率中间价形成方式为当日开市前由中国外汇交易中心向做市商询价，去掉最高和最低价后得到的加权平均价作为当日的基准价格，并授权其对外发布。

尽管人民币汇率中间价在引导市场预期和稳定汇率方面发挥了积极作用，但是，由于人民币汇率中间价的形成透明度不高、供求信息反映不全面，加上中间价波动率较低，导致银行间市场交易价与中间价长期背离。尤其是在单边预期的市场环境下，虽然近年来银行间市场汇率波幅不断扩大，但人民币交易价通常持续在中间价的升值或者贬值区间浮动，使多数时候人民币中间价成为一个不可交割的价格，影响了它的基准性和权威性，同时也导致交易价动辄涨停或者跌停，从而制约了汇率整体弹性的改善。

为此，央行于 2015 年 8 月 11 日宣布进一步完善人民币汇率中间价报价机制，决定未来人民币中间价的定价将以上一交易日即期汇率收盘价、外汇市场供求状况以及国际主要货币汇率变化作为主要参考标准。央行此举不仅触及汇率改革的核心内容，将中间价的决定权交给了市场，为完善人民币汇率市场化形成机制的改革打开了一个崭新的局面，而且与加快人民币资本账户可兑换和推进人民币国际化的开放战略部署一脉相承，是人民币汇改十周年之际的又一次历史性突破。

此次新一轮汇率改革，优化了做市商报价，使人民币中间价的形成再次回归到按照国际上通行的基准价格形成机制，从而较好地解决了中间价与市场交易价的走势长期背离的问题，提升了中间价的市场基准地位(图 6-21)。但另一方面，2015 年 8 月 11 日新汇改以来，人民币汇率中间价和境内外交易价都出现了较为剧烈的波动。8 月 11 日、12 日、13 日，连续三个交易日，中国银行间外汇市场主要做市商报价，加权平均得出的人民币兑美元中间价，较上一日均浮动了上千个基点，8 月 11—13 日，三天人民币中间价累计贬值幅度达 4.66%。

一国货币要成为国际货币，由购买力衡量的基本价值稳定是关键因素，是一国货币实现国际化的内在基础。这一点对于人民币从一个弱势货币走向国际储备货币而言，尤为重要。因为只有国际社会相信人民币币值能够保持长期稳定，人民币才能超越国家主权而成为其他国家愿意持有的货币；反之，如果人民币币值不稳定，就会导致其名义汇率的波动和不确定性，从而影响其作为国际价值尺度和支付手段的作用，国际社会持有人民币的愿望就会下降。

为此，强化人民币贬值预期管理，防止形成人民币长期贬值预期，对于促进人民币汇率形成机制改革、推动人民币国际化进程显得至关重要。应该看到，尽管短期内外汇市场出现了较大震荡，但这并不代表人民币汇率发生了趋势性变化，更不能将此次人民币汇改简单等同于人民币贬值。

此次人民币贬值是对前期人民币汇率高估部分的“扭曲纠正”，也是前期外汇供求失衡压力的集中释放。由于此前人民币汇率中间价的非市场化定价，汇率价格不能真实地反映市场供求关系，人民币盯住美元机制安排也使得央行一直处于被动困境。在中美经济、金融周期大分化的背景下，人民币兑美元持续被动升值已经成为中国经济不可承受之重。因此，这种短暂性的贬值变化也是汇率反向调整的市场力量重新积聚的过程。人民币汇率并不存在大幅升值和贬值的基础。一旦调整期过后，市场情绪趋稳，并开始适应新的运行环境，则外汇供求关系有望重新趋于自主平衡，市场汇率也终将围绕均衡汇率上下波动，保持汇率基本稳定(图 6-21)。

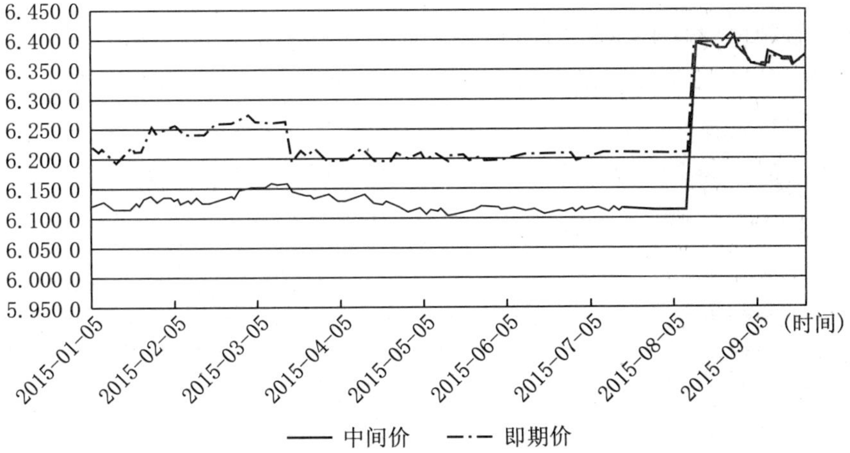

图 6-21　人民币汇率中间价走势长期偏离甚至背离即期价

数据来源：万得数据库(WIND)。

(二) 人民币资本项下的可兑换

金融制度对货币国际化的制约主要体现在人民币资本账户的管制上。从货币国际化的理论和实践经验来看，货币自由化并不是货币国际化的一个阶段，但却是货币国际化实现必不可少的重要内因和前提条件。只有实现了自由兑换的货币才能在国际市场大规模自由流动，才能真正担负起国际间贸易结算、资产计价和外汇储备的国际货币职能。综观国际主要货币，美元、欧元和日元，尽管实现国际化的途径各有不同，但无一例外都是在国际市场上可自由兑换的。可见，人民币资本账户的可兑换是影响人民币国际化进程的最重要的制度因素，不实现人民币资本账户的可兑换，人民币国际化战略就会成为无源之水、无本之木。

从人民币资本账户开放现状看，目前在中长期性质的双向直接投资与贸易融资方面已经基本放开,资本管制相对较严的主要是在证券投资、跨境借贷与衍生品交易等居民和非居民之间的短期跨境投融资项目。按照 IMF 编制的 2011 年《汇兑安排与汇兑限制年报》划分的七大类 40 项资本交易项目来看,目前中国不可兑换项目有 4 项都是风险极高、缺乏真实交易背景支持、易于投机的项目,占比 10%,主要是非居民参与国内货币市场、基金信托市场以及买卖衍生工具。部分可兑换项目有 22 项,占比 55%,主要集中在债券市场交易、股票市场交易、房地产交易和个人资本交易四大类。其中,对绝大多数项目的管制表现为不对称特征,如对企业对外直接投资的资本流出管制相对宽松,而对居民资本流出的管制相对严格;对非居民向居民提供商业、金融信贷和担保尽管存在一定管制,但对短期的信贷担保管制比较松,而对长期的信贷担保管制比较严格;对外汇资金投资房地产市场有严格管制;等等。基本可兑换项目 14 项,主要集中在信贷工具交易方面(表 6-2)。

表 6-2　　　　中国资本账户可兑换限制明细表

可兑换现状 相关交易	不可兑换	部分可兑换	基本可兑换	完全可兑换	合计
资本和货币市场工具交易	2	10	4	—	16
衍生品及其他工具交易	2	2	—	—	4
信贷工具交易	—	1	5	—	6
直接投资	—	1	1	—	2
直接投资清盘	—	—	1	—	1
房地产交易	—	2	1	—	3
个人资本交易	—	6	2	—	8
小计	4	22	14	—	40

注:"可兑换现状"包括不可兑换、部分可兑换、基本可兑换和完全可兑换。其中,部分可兑换指存在严格准入限制或额度控制;基本可兑换指有所限制,但限制较为宽松,经登记或核准即可完成兑换。

资料来源:中国人民银行调查统计司课题组:《中国加快资本账户开放的条件基本成熟》,2012 年。

上述对人民币资本和金融账户诸多限制的存在,势必制约人民币的交易货币和储备货币的功能,导致人民币国际流通货币功能的便利性和避险性远逊于其他主要国际货币,从而极大影响国际社会持有人民币的意愿。尽管如此，资本账户开放是一个长期性的问题，不可能一蹴而就。从历史经验看，欧洲国家货币从经常项下的可自由兑换到资本项下的可自由兑换，平均花费了15—20年。日本在完成经常项目可自由兑换之后，也花费了20年才实现资本项目的可自由兑换。

中国从1996年实现人民币经常项下的可自由兑换至今，也已近20年。目前，在人民币资本项下的可兑换方面，实现人民币资本账户的基本开放只差"临门一脚"，但却迟迟未踢，这充分反映了监管层对于资本账户开放后资本外流可能带来的汇率压力和系统性风险的担忧。从已经开通的沪港通，到即将启动的深港通，应该说技术层面已毫无难度，但决策层对开放资本账户的时机选择却异常慎重。不管怎么说，人民币资本账户开放关系中国金融改革核心环节的成败，决定了在人民币实现国际贸易结算货币职能之后，能否再进一步成为国际金融投资计价的货币。

（三）在岸金融市场体系健全

决定人民币国际化进程的最根本因素是人民币的境外需求，即人民币在国际市场上被接受的程度。目前，人民币国际化的主要障碍在于国际上缺少以人民币计价的金融产品，缺少为境外投资者提供人民币投资、避险的场所。只有境外投资者可以购买具有吸引力的以人民币计价的金融产品，他们才愿意大量持有人民币，人民币才有望成为可自由使用的国际货币。因此，必须存在发达的在岸金融市场体系，为人民币资产的计价与投资提供坚实的基础，进而对人民币的境外需求起到实质性的拉升作用。

所谓发达的金融市场体系，指拥有一个高效、开放、成熟及完备的金融市场，不仅包括多层次的金融市场、多元化的投资主体和多样化的投资产品，而且还能够为本币计值的金融资产提供有着足够数量和高度流动性的交易市场。只有发达的金融市场体系才能为国际范围内的资产转移、资金流动提供低成本、高效率的服务，才能吸引更多的货币和资金到该市场上，从而为该国货币国际化创造条件。

目前，中国内地金融市场不仅缺乏广度，而且也缺乏深度。虽然中国内地已拥有股票、债券、外汇、期货、黄金、产权等交易市场，但金融市场的发展尚未完善，尤其在债券及金融衍生品交易市场方面仍处于发展的初级阶段，而且内地金融市场还缺乏多样化的以人民币计价的金融产品。中国债券市场发展的滞后成为境外持有者对长期持有人民币作为投资与储备货币心存顾虑的主要原因。它制约着人民币国际化的深层次拓展。

从货币国际化的经验看，境内金融市场的发展和完善是一个国家货币能否成为国际货币的最重要因素之一。美元为什么能够持续成为国际货币？当然跟美国政治、经济、军事各方面的实力有关，但同时也与美国的金融市场，尤其是债券市场和金融衍生品市场的发达水平密切相关。历次国际金融危机发生时，投资者总是习惯于用美元购买美国政府的债券，因为美国政府债券信用程度是所有政府债券中最高的，因此美元往往在危机中能够保持坚挺并成为人们追逐的对象。这说明美元之所以能够成为国际货币，一个极其重要的因素是其具有极强的投资和避险功能。因此，对人民币国际化而言，加快发展一个具有高流动性的、对外开放的境内债券市场尤其重要。

中国债券市场的对外开放始于2010年，在2015年已有明显提速（表6-3）。虽然中国已经允许世界银行、国际金融公司等政策性金融机构在境内发行人民币债券，但由于人民币资本账户开放与外汇管制等方面的限制，目前尚没有境外普通企业和金融机构发行人民币债券。

表6-3　银行间债券市场对境外机构投资准入的标志性政策文件

日　期	政　策	准入渠道
2010年8月16日	中国人民银行《关于境外人民币清算行等三类机构运用人民币投资银行间债券市场试点有关事宜的通知》	境外央行、港澳地区人民币清算行、境外参加银行三类机构获准在核定额度内投资银行间债券市场
2013年3月15日	中国人民银行《关于合格境外机构投资者投资银行间债券市场有关事项的通知》	QFII获准投资银行间债券市场
2015年6月3日	中国人民银行《关于境外人民币业务清算行、境外参加银行开展银行间债券市场债券回购交易的通知》	已获准进入银行间债券市场的清算行和参加行可开展债券回购交易——包括债券质押式回购交易和债券买断式回购交易
2015年7月14日	中国人民银行《关于境外央行、国际金融组织、主权财富基金运用人民币投资银行间市场有关事宜的通知》	取消了对这三类机构的额度限制，将其投资范围从现券扩展至债券回购、债券借贷、债券远期、利率互换、远期利率协议等交易

资料来源：中国人民银行网站。经过作者整理。

总之，没有投资便利、产品丰富、规模巨大和对外开放的金融市场，人民币要成为真正的国际货币是不可能的。为此，必须加快健全中国金融市场体系，不仅需要扩大市场广度（如多种金融工具），拓展市场深度（如发达的二级市场），形成和国际规范程度相统一的金融市场，而且还需要扩大金融市场对外开放，使得境外持有人民币的投资者能够在市场上进行便利的投资。

（四）人民币离岸市场建设

随着人民币对外支付的增加，在境外沉淀的人民币资金量会越来越大，境外人民币投资渠道建设是一个绕不过去的问题。在此背景下，人民币离岸市场成了满足境外机构和个人使用人民币进行贸易结算和投融资需求的主要平台。

人民币离岸市场的发展需要依靠人民币境外循环和跨境使用"两条腿走路"。但由于人民币资本账户的管制仍然存在，人民币的跨境使用受到了限制。因此，人民币离岸市场规模的壮大需要依靠"境外循环"。

目前，以跨境贸易和离岸人民币市场的形式形成境外人民币市场，以及央行货币互换的形式，为这一"境外循环"的人民币市场提供了流动性支持和补充。中国与其他国家/地区签署央行货币互换协议，目的不仅是为了通过提供短期流动性来应对国际汇率波动，还想让这些人民币在对外贸易投资中被使用。但这取决于能否让互换的人民币进入两国/地区间商业银行的授信体系，让境外企业能够更加便利地获得人民币和使用人民币，进而增强境外企业使用人民币的意愿和规模。

从目前离岸人民币市场的发展现状看，可供投资、交易的金融产品种类和数量仍较为有限，投资收益吸引力也不足，因而人民币投资规模仍偏小，无法在各离岸市场内部以及各市场之间建立起有效的境外"循环圈"，从而制约了离岸人民币资金池以及整个市场的增长能力。

作为跨境贸易结算的关键环节，完善的人民币离岸清算机制是离岸人民币市场的核心机制。由于市场中的金融产品创设、投资和交易结算都需要通过市场清算机制来提供人民币流动性，可以说清算机制就是离岸人民币市场的"心脏"。

截至 2015 年 5 月末，人民银行不仅在 15 个国家和地区建立了人民币清算安排，覆盖东南亚、西欧、中东、北美、南美和大洋洲等，而且还在上述这些国家和地区确定了一家中资银行作为当地人民币清算行（表 6-4）。目前，上海正在建造面向全球的人民币跨境支付清算中心，目的是将现有的人民币跨境支付结算资源和渠道进行整合，从而提高效率，加强交易的安全性；同时，人民币全球清算中心的建立也有助于形成境内、外双轨制的人民币监管服务体系，以及有序、可控的人民币良性循环机制。

表 6-4　　境外人民币清算安排大事记

国家和地区	时　　间	境外清算行
中国香港	2003 年 12 月	中国银行（香港）有限公司
中国澳门	2004 年 9 月	中国银行澳门分行
中国台湾	2012 年 12 月	中国银行台北分行
新加坡	2013 年 2 月	中国工商银行新加坡分行
英　国	2014 年 6 月	中国建设银行（伦敦）有限公司
德　国	2014 年 6 月	中国银行法兰克福分行
韩　国	2014 年 7 月	交通银行首尔分行
法　国	2014 年 9 月	中国银行巴黎分行
卢森堡	2014 年 9 月	中国工商银行卢森堡分行
卡塔尔	2014 年 11 月	中国工商银行多哈分行
加拿大	2014 年 11 月	中国工商银行（加拿大）有限公司
澳大利亚	2014 年 11 月	中国银行悉尼分行
马来西亚	2015 年 1 月	中国银行（马来西亚）有限公司
泰　国	2015 年 1 月	中国工商银行（泰国）有限公司
智　利	2015 年 5 月	中国建设银行智利分行

从长远来看，离岸人民币市场的深度、广度和境内外联通程度将决定人民币是否能成为全球性货币。在目前人民币资本项下尚未实现可兑换的制约下，人民币离岸金融市场难以有效连接国内金融市场，从而使得可供境外投资者选择的金融产品相对单一，吸引力差。这不仅阻碍了人民币国际化向纵深推进，也使跨境贸易人民币结算量的高速增长变得难以持续。为此，加快实现

人民币资本项下的可兑换，有效连接人民币离岸、在岸两个市场，已经日渐成为人民币国际化向纵深发展亟待解决的问题。

综上，人民币究竟能否成为国际货币，归根结底取决于未来 10 年中国经济能否持续稳定增长、中国金融市场能否不断发展壮大。这是人民币国际化的坚实基础。只有经济强大、市场健全才会带来坚挺的货币，海外投资者才愿意持有人民币，人民币也才有旺盛的市场需求。

第三节　上海自贸区金融创新的作用、进展及风险

上海自贸区自设立以来，通过在人民币资本项目可兑换、利率市场化、人民币跨境使用、外汇管理等诸方面的先行先试，不断突破目前制约人民币国际化的制度性障碍，为加快人民币国际化进程创造有利条件。从此种意义上讲，上海自贸区的金融开放与金融创新本质上就是人民币国际化的试验田。其依靠金融制度创新成为推进人民币国际化的突破口。

一、上海自贸区金融创新对人民币国际化的促进作用

（一）上海自贸区为人民币国际化提供了一块突破制度性障碍的试验田

上海自贸区建设的核心是投资自由化和金融制度改革深化。自贸区总体方案提出的在人民币资本账户可兑换、金融市场利率市场化、人民币跨境使用等方面创造条件进行先行先试，实现金融机构资产方价格实行市场化定价，建立与自由贸易区相适应的外汇管理体制，全面实现贸易投资便利化，深化外债管理方式改革，促进跨境融资便利化，深化跨国公司总部外汇资金集中运营管理试点等所有金融创新政策、举措都有利于突破目前限制人民币金融计价交易的制度性障碍，刺激人民币投资交易，进一步扩大人民币的国际流通规模，促进人民币国际化。

（二）人民币资本项下的可兑换是实现人民币国际化的重要前提条件

自上海自贸区启动以来，即以实现资本账户可兑换与金融服务业开放为目标实施金融创新试点，这与人民币国际化战略一脉相承。随着人民币跨境贸易结算规模的不断扩大，对人民币金融投资交易的需求与日俱增。但长期以来，跨境人民币业务呈现单向的发展趋势，流通渠道不畅、回流机制不健全，

严重制约了国际投资者持有人民币的意愿。上海自贸区借助本外币资金池、境内外双向投资等措施，逐步构建人民币的回流渠道，提高了人民币的流动性，增强了投资者持有人民币的信心，这将极大激发人民币国际化的动力，促进人民币的国际使用，加快人民币国际化进程。

（三）扩区后的上海自贸区的金融创新将着力建设上海的离岸金融市场，为全球人民币离岸业务打造“总部”和“枢纽”

目前，香港是最大的离岸人民币中心，但受制于香港自身发展等因素，香港离岸人民币市场还缺乏足够的深度与广度容纳全球离岸人民币，且无法很好地与境内在岸市场形成无缝对接。相反，在上海自贸区建立和培育人民币离岸市场有着先天的优势：一是由于上海人民币离岸市场设在境内，对央行的货币政策更加敏感，在金融市场信息、人民币定价方面具有独特的信息优势及话语权优势，因而可以为全球其他人民币离岸市场提供流动性、信息服务，发挥人民币离岸市场“总部”的作用；二是能更好地实现与境内在岸市场、境外离岸市场的无缝对接，不仅有利于构建离岸人民币回流机制，而且也有助于促进人民币跨境业务的产品创新；三是上海自贸区还具有流动性充沛、清算支付便捷、市场容量宽广的优势，可以充当人民币离岸财富管理中心。

二、上海自贸区金融创新的进展与成效

上海自贸区自成立运行以来，不断深化金融改革创新，从 2013 年 9 月最初确立金融制度改革（简称金改）的总体政策框架到 2014 年 5 月以自由贸易账户为核心的分账核算系统正式启动运作，再到 2015 年 2 月自由贸易账户实施细则的推出，标志着自贸区金融制度改革正在朝着加快人民币资本账户可兑换进程方向演进。其时，又适逢 IMF 对特别提款权（SDR）进行 5 年一次的审查，为推动人民币纳入 SDR 货币篮子，央行拟从逐步解除对个人跨境投资、进一步开放国内资本市场以及修改《外汇管理条例》三个方面，加快推进人民币资本账户开放进程，力争在上海自贸区率先实现人民币资本项下的可基本兑换。

（一）金融创新进展

从上海自贸区金融制度改革创新的演变脉络看，自其金融改革大致经历

了三个发展阶段，业界将其比喻为金融改革所经历的三个版本，即由“金改 1.0 版”到“金改 2.0 版”，再到目前的“金改 3.0 版”，完成了金融改革的“三级跳”。

1. 金改 1.0 版：总体政策框架落地

2013 年 9 月，上海自贸区启动之初，“一行三会”出台了支持上海自贸区建设的“51 条意见”，标志着上海自贸区金融创新的总体政策框架基本建立，推动了金改的顺利起步。在“51 条意见”中，人民银行的“30 条意见”涉及自由贸易账户体系、资本项目可兑换、利率市场化、人民币跨境使用、外汇管理体制改革、风险管理等内容；银监会的 8 条措施主要是支持中外资银行入区经营发展，支持民间资本进入区内银行业；证监会的 5 条措施旨在深化资本市场改革、提升中国资本市场对外开放度；保监会的 8 项措施侧重于完善保险市场体系，促进功能型保险机构的聚集。同时，中国人民银行上海总部与上海银监局、证监局和保监局先后出台了支付机构跨境人民币支付业务、扩大人民币跨境使用、放开小额外币存款利率上限、外汇管理等 10 余项实施细则。这些意见和实施细则共同构成了上海自贸区前两个阶段金融改革的总体政策框架。

2. 金改 2.0 版：自由贸易账户建设

2014 年 5 月，围绕贸易和投资便利化，金融改革政策全面投入实施，以自由贸易账户为核心的强大的风险管理系统正式投入运行，标志着上海自贸区金改进入了 2.0 版的时代。自由贸易账户体系建设，为深化上海自贸区的金融改革奠定了坚实基础。从某种意义上讲，自由贸易账户的推出可以被视为上海自贸区金融创新进程的“分水岭”，意义极其重大。

上海自贸区的制度创新应首先放在完善金融基础设施建设，而不仅仅是具体业务的对外开放上。金融基础设施建设做得越好，就越能加快开放的进程。自由贸易账户体系作为最重要的金融基础设施，是实现人民币资本账户可兑换所必须依赖的载体，有了这一账户系统，才能准确把握跨境人民币的来源、数量及流向，才能增强宏观审慎监管能力，有效防范金融制度创新可能带来的系统性风险，确保中国经济和金融市场的稳定。

3. 金改 3.0 版：资本账户可兑换提速

2015 年 2 月，中国人民银行上海总部发布《中国（上海）自由贸易试验区分账核算业务境外融资与跨境资金流动宏观审慎管理实施细则》（简称《实施细则》),被业界看作上海自贸区跨入"金改 3.0"阶段的标志。《实施细则》的推出,意味着上海自贸区全面放开本、外币境外融资,同时取消境外融资的前置审批,取而代之的是运用风险转换因子等新的管理方式,依托自由贸易账户系统进行事中、事后监管。这表明以自由贸易账户系统为标志的事中、事后风险管理和金融安全系统全面到位,"金改 3.0 版"将加快实施人民币资本账户可兑换进程。

同年,4 月 6 日,国务院出台了《进一步深化中国(上海)自由贸易试验区改革方案》,将上海自贸区的实施范围扩大到 120.72 平方公里,除了涵盖原来 28.78 平方公里的海关特殊监管区域,还新增了陆家嘴金融片区、金桥开发片区和张江高科技片区等。上海自贸区的"扩区",将有利于扩大人民币资本账户可兑换制度创新试点的范围,进一步强化自贸区金融服务的辐射功能,加速推进上海建设全球人民币交易、清算、产品创新及定价中心的进程。

(二) 金融创新成效

上海自贸区自正式启动运营以来,各项金融支持意见、措施和细则在逐步落地,金融创新成果不断显现,形成了一批可复制、可推广的经验(表 6-5)。上海自贸区成了名副其实的"试验田"、"风向标"。其中,与人民币国际化息息相关的创新举措,主要包括人民币跨境使用、跨境人民币双向资金池、经常项下跨境人民币集中收付、自由贸易账户系统以及本外币境外融资。

1. 扩大了人民币跨境使用范围

上海自贸区允许区内机构(重点监管名单内企业除外)和个人开展跨境贸易人民币结算业务。银行可为个人开展的货物贸易、服务贸易跨境人民币业务提供结算服务。银行在了解客户、了解业务、尽职审查即"展业三原则"基础上,可凭个人有效身份证件或者工商营业执照直接为客户办理跨境贸易人民币结算业务,在必要时可要求客户提交相关业务凭证;同时,还开放跨境电子商务人民币结算业务,由上海地区银行业金融机构与自贸区内具备互联网支付资质的支付机构合作开展。

2. 上海自贸区探索开展企业集团内跨境双向人民币资金池业务,满足跨国公司资金全球有效配置的需求,提高资金使用效率

通过人民币双向资金池业务,跨国公司可以实现集团内部各关联企业之

间的资金跨境划转，便于归集和管理集团内部的境内外企业生产经营活动产生的现金流，也便于境内外人民币资金池内资金进行双向流通，但融资产生的现金流不能入池。

3. 上海自贸区开展跨境人民币集中收付业务试点，以此整合集团下属多家企业的经常项下跨境资金结算，拓展集团内收支集中管理、集中运作功能

集中收付与双向资金池两个业务最大的区别在于：集中收付业务方面，区内企业除了为集团内成员单位，还可以将集中收付扩展到境内外的关联企业，也就是与区内企业存在供应链关系、密切贸易往来的集团外企业。虽然，上述两项业务已在全国复制推广，但全国版对企业资质的要求远高于上海自贸区。

4. 上海自贸区启用自由贸易账户系统

作为上海自贸区金融创新的基础工程，自由贸易账户的推出，不仅将企业与银行、证券、保险等金融机构有效连接，实现了境内外金融市场的融通，而且更为重要的是，使得强大的风险管理和事中、事后监管体制得以基本建立，从而有力推动了自贸区金融创新进程。对境内企业来说，拥有自由贸易账户基本就是拥有了一个可以和境外资金自由汇兑的账户。经常贸易项下和直接投资项下的资金，可以自由从自由贸易账户划转到境内的同名一般账户，没有任何障碍。同时，对监管层而言，依托自由贸易账户系统能够实现对跨境资金流动的逐笔实时监测，监控跨境资金的来龙去脉，从而大大增强了风险监管效力。

5. 上海自贸区不断扩展自由贸易账户功能，提供本外币一体化的自由贸易账户金融服务

2015 年 4 月，上海自贸区正式启动了自由贸易账户外币服务功能，自由贸易账户既可以提供各类人民币服务，也可以提供经常项下和直接投资项下的外币服务。自由贸易账户外币服务功能的启动，为企业提供了账户内本外币资金兑换便利，降低了企业的融资成本和汇兑成本，有利于更好管理汇率风险。目前，上海自贸区共有 28 家金融机构通过了分账核算系统验收，共开立 22 000 多个自由贸易账户。但相对自贸区内 18 万家注册企业，未来自由贸易账户的数量增长空间还很大。依据央行上海总部信息公告，不是每个银行都要设立一个分账体系，有需要的银行还可以“挂在上述 28 家金融机构下面”，通过这 28 家金融机构间接参与自由贸易账户业务。

表 6-5　　上海自贸区金融创新主要政策举措一览

业务领域	政策名称	发布时间
金融综合业务（11 项）	中国证券监督管理委员会关于《资本市场支持促进中国（上海）自由贸易试验区若干政策措施》	2013 年 9 月 29 日
	中国银行监督管理委员会《关于中国（上海）自由贸易试验区银行业监管有关问题的通知》	2013 年 9 月 30 日
	中国人民银行关于《金融支持中国（上海）自由贸易试验区建设的意见》	2013 年 12 月 2 日
	中国人民银行上海总部《关于在中国（上海）自由贸易试验区放开小额外币存款利率上限的实施意见》	2014 年 2 月 25 日
	上海海关《关于在中国（上海）自由贸易试验区开展期货保税交割业务的公告》	2014 年 4 月 21 日
	上海海关《关于在中国（上海）自由贸易试验区开展融资租赁业务的公告》	2014 年 4 月 22 日
	中国银行监督管理委员会《关于试行中国（上海）自由贸易试验区银行业监管相关制度安排的通知》	2014 年 5 月 14 日
	中国人民银行上海总部关于《中国（上海）自由贸易试验区分账核算业务实施细则》和《中国（上海）自由贸易试验区分账核算业务风险审慎管理细则》	2014 年 5 月 22 日
	上海市人民政府《〈关于本市进一步促进资本市场健康发展实施意见〉的通知》	2014 年 9 月 15 日
	中国（上海）自由贸易试验区管委会、上海市商务委员会、上海市金融服务办公室《关于印发〈中国（上海）自由贸易试验区大宗商品现货市场交易管理规则（试行）〉的通知》	2014 年 11 月 17 日
	上海银监局《关于中国（上海）自由贸易试验区扩展区域银行业监管有关事项的通知》	2015 年 4 月 24 日
外汇管理业务（3 项）	国家外汇管理局《关于〈中国（上海）自由贸易试验区外汇管理实施细则〉的批复》	2014 年 2 月 26 日
	国家外汇管理局上海市分局《关于印发〈支持中国（上海）自由贸易试验区建设外汇管理实施细则〉的通知》	2014 年 2 月 28 日
	国家外汇管理局《关于发布〈跨境担保外汇管理规定〉的通知》	2014 年 5 月 12 日
信托业务（1 项）	上海市浦东新区人民政府、中国（上海）自由贸易试验区管理委员会《关于印发〈信托登记试行办法〉的通知》	2014 年 9 月 3 日
商业保理业务（1 项）	中国（上海）自由贸易试验区管理委员会《中国（上海）自由贸易试验区商业保理业务管理暂行办法》	2014 年 6 月 19 日

续表

业务领域	政策名称	发布时间
保险业务（3项）	中国保险监督管理委员会《支持中国（上海）自由贸易试验区建设》	2013年9月29日
	中国保险监督管理委员会办公厅《关于进一步简化行政审批支持中国（上海）自由贸易试验区发展的通知》	2014年5月19日
	上海保监局《关于印发〈中国（上海）自由贸易试验区保险机构和高级管理人员备案管理办法〉的通知》	2014年7月31日

资料来源：作者根据公开信息整理。

6. 上海自贸区全面放开本、外币境外融资，取消境外融资的前置审批，取而代之用风险转换因子等新的管理方式优化境外融资结构

区内中资、外资企业和金融机构在开设自由贸易账户后，均可以其实缴资本为基数从境外借用人民币资金，但资金用途有所限制，不得用于投资有价证券、衍生产品或委托贷款。过去只有具备投资差的外资企业才可以从境外融资，而上海自贸区允许企业开展人民币境外借款业务后，使得更多的中资企业可以不再仅仅依赖银行贷款或境内高成本融资渠道，而可以直接向境外融资，吸收低成本的资金用于实际经营。目前上海自贸区已建立一套以资本约束机制为核心的宏观审慎管理制度。企业境外融资不再需要行政审批，并相应与企业资本金挂钩，由市场主体自主计算从境外融资的规模，以避免外债膨胀和资本错配。这不仅为企业更好地统筹利用境内外两个市场、本外币两种资源创造条件，而且也有利于自贸区加快建立本外币一体化的跨境资金流动监管体系。

此外，上海自贸区推动同业首笔分账核算项下的人民币贸易融资发展，并完成在自由贸易账户内首笔购汇、平盘和跨境结算等动作，实现自贸区分账核算业务的扬帆起航，逐步建立起面向国际市场的自贸区跨境金融服务体系。

上海自贸区金融改革为扩容后的其他自贸区金融改革提供了有益的借鉴。根据国务院近期印发的广东、天津和福建自贸区建设方案，各个自贸区都有非常丰富的关于金融改革的内容，其中大部分内容是上海自贸区已经实践或正在实践的内容。例如，宏观审慎的外债管理框架、跨境人民币境外融资、资本项目可兑换、本外币账户管理创新、本外币一体化的管理机制、反洗钱和反恐怖融资等，都已在上海自贸区取得了相对成熟的经验，可以供其他自贸区

开展金融改革时参考、借鉴。

三、上海自贸区金融创新面临的风险及挑战

资本账户开放是上海自贸区最重要的金融创新试点项目，但推进人民币资本账户开放，就可能因此而加速资本跨境流动，存在短期国际资本大进大出的风险。从历次新兴经济体爆发的国际金融危机看，在短期资本流入之时，投机性较强的国际短期资本能迅速引起流入国的金融市场的大幅波动，强烈冲击该国的汇率和利率并引发连锁性风险；而当出现大规模短期资金回流时，又会对流入国的金融市场和实体经济造成较大的负面影响，进而波及该国的金融稳定，引发系统性风险。中国之所以未能遭受数次国际金融危机对国内金融体系的较大冲击，并不是因为中国金融监管体系的健全，而是很大程度上得益于资本账户的管制。为此，随着上海自贸区内金融创新的推进，资本账户的开放，跨境资本流动的风险将对上海自贸区改革成功与否形成重大考验。

从上海自贸区的金融开放实践看，央行推进人民币资本账户可兑换分两步走：第一步是建立自由贸易账户，这是资本账户可兑换的基础设施建设；第二步才是实现资本账户可兑换。现在上海完成了第一步，正在迈向第二步。

实现人民币资本账户可兑换的方式很重要。资本账户开放不等于无规划、无秩序地自由开放，也并不意味着全面开放。如果在放松资本管制的同时，把握好开放的时机、次序、节奏，利用好额度管理并结合审慎和适当的监管，则可以更好地管理资本流动的规模和波动性。因此，央行在操作模式上采取分类别有管理的可兑换，而不是放任自流。一是对有实体经济需求的部分资本账户率先在上海自贸区开展可兑换试点，对于已是部分可兑换的项目放松管制使其成为基本可兑换项目，对目前管制较松的基本可兑换项目则进一步放开管制使之成为完全可兑换项目；二是遵循先本币开放后外币开放的原则，逐步实现资本账户可兑换。具体而言，央行通过在上海自贸区设立区别于一般账户的自由贸易账户，率先实现人民币资本账户开放，然后等条件成熟时，在自由贸易账户内实现本外币可互换，进而再从自由贸易账户延伸至一般账户。

随着上海自贸区资本账户对外开放程度的不断提高，尤其是上海自贸区与跨境人民币结算和贸易投资相关的金融业务及制度创新，境外人民币的回

流规模将不断扩大，这无疑会对国内货币供给及其宏观调控政策产生较大冲击。为此，如何强化对人民币外债与跨境资本流动的宏观审慎管理是未来上海自贸区深化金融创新，推进人民币国际化面临的巨大挑战。

第一，外债管理不仅需要加强对单一借债机构的微观管理，而且更加需要注重国家层面的总量管理，两者之间是相辅相成的互补关系。一方面，单一借债机构看似合理的借债行为却可能会导致集体的相同借债行为的不合理性，引发超乎预期的系统性风险，造成整个金融体系和实体经济的不稳定；另一方面，外债流入不仅会直接影响借债机构的资产负债状况，而且还会对中国货币供给产生冲击，削弱宏观经济政策的调控效果。为此，外债管理应在不断完善微观管理的同时，更加注重加强宏观总量管理和调控，实现宏观审慎管理与微观审慎管理的有效对接和有机配合，确保金融体系安全与经济平稳发展。

第二，从理论上讲，合理的外债使用有助于降低融资成本，提高资金的配置效率，但过度借入外债又会加大潜在的系统性风险。为此，建立外债规模的量化分析指标体系，分别运用存量与流量指标评估外债规模，可达到合理、适度控制外债规模的目的。前者可采用国际上通用的反映外债偿还能力的各种指标临界值来综合判定外债规模是否处在国际公认的合理区间；后者需依据国内经济发展的实际状况，通过考察如外债增幅与经济增速、外汇储备增幅与外债还本付息增长等因素之间是否保持合适的比例关系，对外债规模实施动态调节。此外，还应建立外债使用效益的评价机制，通过调整外债的使用结构及资金投向，提高实际利用外债的收益。

第三，与外币外债相比，本币外债不会引发由于债务无法偿付、本币大幅贬值而引发的债务危机、货币危机，因而长期以来中国的外债管理重点关注以外币计价的外债。这就使银行金融机构能够通过从事跨境本币融资业务来规避外币外债的指标限制，造成利用本外币外债监管的制度进行套利的行为。然而，本币外债对于国内货币供给的冲击相对突出，与宏观经济周期变动的联系也更为紧密。为此，在推动资本项目对外开放、促进人民币国际化的背景下，应加强人民币外债的管理，而且在管理方式上应改变以往重视微观管理的思路，从加强货币流动性管理出发，更多地运用货币政策手段，将人民币外债纳入社会融资总量的调控范畴。通过运用宏观审慎的价格调节工具，影响人民币资金的价格和跨境流动，实现对人民币外债总量的控制。

第四，无论是外币外债还是本币外债的流入都具有明显的顺周期性特征。为此，一方面应根据宏观经济周期的各阶段特点，实施逆周期的跨境资本流动管理，如在经济处于上行阶段时，采取征收托宾税、实行无息存款准备金制度等手段，提高利用外债的成本，减缓跨境资本流入的压力；另一方面，还要根据宏观经济形势的变动，适时调整外债指标总量，实施逆周期的动态总量管理模式，如当经济过热、跨境资金净流入压力较大时，可根据政策调控目标适当调减外债规模。同时，通过设定和调整本外币外债的风险权重，调整各类外债业务发展，优化外债结构。

第五，短期外债已成为中国外债的主要构成，其中贸易信贷是短期外债增加的主要原因。对短期外债应围绕"借入、使用、偿还"整个流程加强"一站式"全程管理。要将包括由虚假贸易融资、预收或延付货款流入等方式形成的各类"隐性债务"纳入外债管理框架，通过建立全口径外债统计监测系统，关注"隐性债务"的存量流量及资金流向，消除"短借长用"的期限错配现象，以有效控制外债规模，提高防范流动性风险的预警能力。

第六，境内外利差、汇差导致跨境短期资本假借进出口贸易渠道从事套利、套汇以及跨币种的套息交易，并形成潜在的跨境资本流动逆转的系统性风险。为此，应加快利率市场化和人民币汇率形成机制改革，从根本上减少跨境套利、套汇等投机交易机会。此外，还需加强对金融创新业务可能带来的外债资金变相流入的监管。

第四节　深化自贸区金改，促进人民币国际化的建议

当前，人民币国际化已进入深水区。人民币国际化的驱动模式也正从人民币的跨境贸易结算向国际金融投资交易转变；其核心就是人民币能否取得对可交易金融资产的定价权，而这又以人民币实现资本项下的可兑换为前提条件。

上海国际金融中心的建设尤其是人民币金融产品中心的形成，对人民币国际化进程起到了至关重要的作用。通过拓展人民币金融产品中心的创新空间，推出满足各类机构和个人投资者需求的金融产品，可以提升人民币的投资计价功能，进而促使人民币金融产品中心成为推动人民币国际化的核心载体。

为此，上海自贸区应抓住扩区后新一轮深化金融改革开放的契机，强化自

贸区建设与上海国际金融中心建设的高效联动，通过自贸区金融制度的创新、金融服务的拓展、金融市场的辐射来推进资本市场的对外开放，力争在人民币资本账户可兑换方面实现“质”的突破，从而把上海打造成“最开放的自贸区”①。

首先，要进一步扩大上海金融市场的对内对外开放程度，拓展境内外投资者参与上海金融市场的渠道，增强上海金融市场的投融资功能和国际化水平。只有开放、自由的金融市场体系才能为国际资本在全球范围内充分流动与集聚提供低成本、高效率的服务，从而吸引更多的资金流向上海金融市场，使上海尽快成为全球人民币金融资产配置的枢纽。

从发展现状看，上海拥有足够深度、广度的交易所、银行间交易平台和众多要素市场，包括全国性货币市场、资本市场、外汇市场、商品期货市场、黄金市场、产权市场和金融衍生品市场等，上海现代金融市场体系架构已基本搭建成型。但是，上海各金融市场发展失衡，债券市场与金融衍生品市场发展明显滞后，无法发挥人民币资产有效配置的功能。尤其是上海金融要素市场的对外开放程度相对较低，资金难以自由流动，使上海无法依托金融市场优势成为人民币回流最大的目的地和集散地。为此，上海自贸区应着力推进金融市场对外开放，不断提高人民币投融资市场国际化水平。

一是推动自贸区离岸金融市场发展。作为上海自贸区人民币跨境使用和资本项下可兑换两项金融改革政策的突破口，离岸金融市场建设既能促进跨境资本流动，又能丰富人民币金融产品，从而有助于推动人民币从贸易流通货币转变为投资计价货币。

目前人民币离岸金融的重要途径主要是依托香港开展离岸人民币业务。然而大量的香港离岸人民币资金回流至内地又会使国内金融市场遭受冲击，因而亟须构建一道风险防火墙来缓冲外部冲击，而在上海自贸区开展离岸金融业务，打通与香港等境外离岸金融中心的资金联系，就可容纳大量境外离岸人民币资金的回流。为此，上海自贸区应加快建设人民币离岸金融市场，促进上海自贸区与香港离岸市场之间深化合作。特别是在人民币债券、同业拆借、金融衍生品等领域，要实现互联互通，以推动更多的海外银行与客户使用和交

---

① 与其他自贸区相比，上海自贸区肩负着特殊历史使命，即通过深化金融制度改革，为实现到 2020 年把上海建成与中国经济实力和人民币国际地位相适应的国际金融中心的战略目标奠定坚实基础。

易人民币。同时,还要通过率先实现人民币资本账户基本可兑换,逐步对接境内外离岸市场与在岸市场,促进人民币跨境循环。

二是着力提升上海债券市场的国际化水平。一方面,以大力发展"熊猫债"为重点,探索将发行主体范围扩大到信用级别高并具有国际债券融资经验的外国政府、境外金融机构和非金融企业;允许更多具有合法人民币资金来源的境外金融机构,如商业银行、保险公司、证券公司、基金管理公司等,进入银行间债券市场投资,形成多层次、开放性、跨境流通便利的在岸人民币债券市场。另一方面,加快建设上海自贸区离岸人民币债券市场。在债券发行机制上除了允许"熊猫债"的发行外,还可将境内区外的金融债、企业债等引入到区内,为上海自贸区提供一个人民币的投融资平台,逐渐形成拥有一定广度和深度的人民币债券市场。这个离岸市场一旦形成,不但会吸引大批境外发行人的参与,而且境外流通的大量人民币也将回流至自贸区内的投资项目,相应的境内区外的闲置资金流也可以通过自贸区的人民币债券平台以资本和金融项目的方式输出到境外,形成良性的人民币境内外循环。

此外,还应加快发展离岸人民币外汇市场。目前,境内即期人民币汇率(CNY)与香港离岸人民币汇率(CNH)均承担着人民币汇率的定价职能,形成了"双层汇价体系"[①]。在岸、离岸的汇价差为境外投机者提供了跨境套利的机会,同时也增加了境内金融机构应对不确定的汇率风险的难度。建设上海自贸区人民币离岸外汇市场的目的就是为了起到一个风险缓冲的作用,若通过允许境内以及境外的金融机构在自贸区内进行跨境人民币的外汇交易,使境内区外的外汇交易市场可以延伸至自贸区内,就能产生一个基于上海自贸区的离岸人民币汇率市场,使在岸人民币向离岸人民币汇价回归,进一步促进人民币的国际化。

三是加快建设面向国际的金融市场体系。上海在建设人民币金融产品中心的过程中,应确保人民币商品期货的定价权。因为选择何种货币结算与储备,本质上也是一个国际贸易商品定价权问题。由于目前国际市场上的大多数大宗商品是以美元定价,因而使得大多数国际贸易都是通过美元来结算,而

① 通常,香港作为人民币离岸市场其人民币交易需求都来自海外,且不存在交易管制,因而CNH被认为能更加真实地反映人民币国际市场的真实情况。

且大多数国家选择储备美元也是为了能够用本币之外的货币来支付进口产品或支撑其自身的货币。尽管上海期货交易所已成为中国内地交易最活跃的期货交易所，铝、天然橡胶及燃料油期货的“上海价格”在国际和地区的影响日益强化，尤其是上海市场作为全球三大铜定价中心之一的地位已经确立，但还需要大力扶持上海期货交易所，通过逐步推出金属、能源等新的商品期货品种，为大宗商品生产者和消费者提供价格发行和套期保值功能，从而进一步提升在国际定价体系中的地位，力争使之成为人民币大宗商品的定价中心。为此，上海自贸区可以利用中国在国际大宗商品中需求端的巨大影响，以原油等大宗商品期货为起点，探索建立面向国际的大宗商品的期货交易平台，增强中国在国际大宗商品市场上的话语权。具体而言，上海自贸区应依托已成立的上海国际能源交易中心，形成能源产品以人民币定价的交易机制，提升人民币标价的期货产品的国际影响力。

虽然 2012 年已颁布新修订的《期货交易管理条例》，放宽了境外投资者参与境内期货交易的门槛，但因受到 QFII 及 RQFII 的投资渠道及额度的限制，境外投资者的参与度并不高，中国期货市场的国际化水平仍然较低。而境外投资者参与不足的期货市场难以产生具备国际影响力的定价，这也使得中国在国际大宗商品交易与期货交易中一直处于被动地位。因此，上海自贸区的国际能源交易平台应同步向境外及境内区外的投资者开放，允许其参与各类大宗商品的交易，同时通过采取在自贸区内的封闭式资金运作模式，确保在风险可控前提下，实现有管理的市场对外开放。

除了上海期货交易所在自贸区内建立了承担国际原油期货交易平台的上海国际能源交易中心外，上海证券交易所在自贸区内筹建的国际金融资产交易平台应是面向自贸区并与国际金融市场接轨的资本市场体系。国际金融资产交易平台将为区内企业直接融资、中国企业海外投资并购、区内或境外投资开展风险对冲、境内证券机构拓展国际业务等提供服务、工具和平台。上海自贸区还应允许基础性资产证券化产品能够在国际金融资产交易平台上进行交易。目前在上海自贸区计划推出的国际金融资产交易平台，可进行交易的金融资产主要是境外股权投资资产，而没有包含其他资产证券化产品。为此，建议考虑将与实体经济挂钩的贸易融资资产打包销售，即以进、出口贸易融资为基础做成证券化金融产品，在此平台上面向海外投资者销售。

其次，要通过拓展人民币金融产品的创新空间，不断推出满足境内外人民币投融资需求的金融产品，推动上海成为人民币跨境投融资中心。由于跨境人民币投融资业务联系着境内外贸易企业和金融机构，且在人民币金融产品的投融资交易过程中，将会吸引大量银行、保险、信托、证券、基金管理、私募股权、私募证券、QFII 等境内外投融资机构参与上海金融市场交易，因此跨境人民币投融资业务不仅将打通人民币流出和回流渠道，扩大上海金融市场对外开放程度，而且还有助于推动上海形成各类人民币产品的全球价格，提升其金融资产定价能力和国际金融中心地位。这无疑对促进人民币国际化进程具有极其重要的意义。

为此，上海自贸区应进一步扩大人民币跨境使用，促进人民币资金的跨境双向流动。一方面，逐步扩大符合条件的境外机构在境内发行人民币计价债务产品的渠道，支持自贸区内企业的境外母公司或子公司在境内发行人民币债券，同时允许境外机构参与人民币计价的黄金交易、特定商品期货交易及金融衍生品交易；另一方面，放松个人外汇管制，启动合格境内个人投资者境外投资试点（QDII2），允许符合条件的个人通过开设自由贸易账户开展境外实业投资、不动产投资和金融类投资。其中，做好人民币汇率走势预期管理有助于控制市场风险，是放松个人外汇管制的关键。

此外，上海自贸区还可按照“以点带面、先行先试”思路，开展特定区域探索，为全面推进人民币跨境业务积累经验。可先允许在浦东新区注册，允许符合一定条件的企业在海外发行以人民币计价的企业债券并可以结汇；允许在浦东新区设立总部的银行开展有额度管理、风险可控的境外人民币投贷业务，以及允许境内基金管理公司子公司开展跨境资产管理业务。

再次，要加快人民币跨境支付系统建设，提升跨境人民币交易的清算效率。通过在上海自贸区开发建立集中统一的跨境支付系统（CIPS），整合现有人民币跨境支付结算渠道和资源，推动上海清算所系统与 CIPS 系统相连接，形成覆盖主要时区、高效安全的人民币跨境支付清算体系①。这一系统的运行

① 2015 年 10 月 8 日，人民币跨境支付系统（一期）已正式上线运行。这标志着中国支付体系跨境支付系统建设已取得重大进展，金融市场基础设施建设再上新台阶。CIPS 系统（一期）的建成运行也是中国人民币国际化发展的重要里程碑。接下去 CIPS 系统（二期）的建设将致力于进一步延长系统运行时间，覆盖更广的时区，实现与债券结算系统、中央对手等金融市场基础设施的连接。

不仅将支持境内机构使用人民币对外贷款和投资，进一步扩大人民币的海外使用，提升其国际地位，为上海国际金融中心建设提供有力支撑，同时还可进一步创新外汇管理制度。研究探索在上海自贸区开展人民币资本账户限额内可兑换，逐步扩大本外币兑换限额直至最终取消限额，实现可兑换。上海自贸区可以依托自由贸易账户体系，对风险较大的资本项目，尝试开展限额内可兑换试点。在额度之内允许符合条件的自贸区内企业自主开展跨境投融资活动，与投融资有关的资金进出、汇兑将一概不受外汇限制，进而力争在上海自贸区率先实施人民币资本账户可兑换，为在全国范围推进人民币资本账户可兑换提供经验，探索改革路径。

最后，人民币资本账户可兑换与混业竞争对现行监管制度提出了严峻挑战。上海自贸区除了应建立健全宏观审慎管理框架下的跨境融资和资本流动监管体系以外，还需加强在自贸区先行先试金融监管的简政放权、负面清单管理以及加强联合监管等。国家金融管理部门应研究探索将部分贴近市场、便利产品创新的监管职能下放至在沪金融监管机构和金融市场组织机构，并探索建立以地方金融服务部门牵头的一体化属地监管和混业监管体制。这不仅有助于增强“交叉性金融产品、跨市场金融创新”与“金融监管、法律法规”之间的协调机制，进一步释放金融机构的业务创新活力，而且也为全国范围内探索“大金融”监管改革框架积累经验。

此外，自贸区内外金融监管尺度的不同所导致“监管洼地”的存在，为自贸区内外的企业提供了监管套利的可能性。金融业不同于制造业，其巨大的渗透性、影响的广泛性，注定了自贸区与境内市场不可能会作为两个完全独立的金融市场，因此，上海自贸区的金融创新试点可循序渐进，但是试验取得的可复制经验在条件成熟的情况下，推广的速度要快，能在其他地区推广的要尽快推广，能在全国推广的要推广到全国。这样可以最大限度地降低利用监管因素套利的可能性。同时还应进一步强化自贸区内外金融监管的协同性，从根本上消除利用监管因素套利的行为。

主要参考文献

[1] 埃斯瓦・普拉萨德.中国汇改机不可失[N].金融时报,2012-3-29。

[2] 巴曙松.汇率形成机制与结构调整[J].经济,2009(10).

[3] 巴曙松.人民币汇率形成机制改革比汇率水平重要[N].中国经济时报,2010(4).

[4] 巴曙松,王群.人民币实际有效汇率对中国产业、就业结构影响的实证分析[J].财经理论与实践,2009(5).

[5] 巴曙松,王志峰.当前人民币汇率争议及汇率形成机制改革方向:文献综述[J].浙江金融,2008(10).

[6] 巴曙松,杨现领.国际货币体系中的美元与欧元之争:文献综述[J].西南金融,2009(4).

[7] 柏文轩.资本账户开放可刺激海外人民币债券发行[N].经济参考报,2013-6-6.

[8] 毕玲娜.人口老龄化与产业结构调整[J].中国城市经济,2010(12).

[9] 曹红辉.人民币区域化的新进展及其发展态势[J].中国金融,2008(10).

[10] 曹勇.印度资本账户开放:经验与启示[J].世界经济与政治论坛,2005(4).

[11] 曹勇.做市商制度、人民币汇率形成机制与中国外汇市场发展[J].国际金融研究,2006(4).

[12] 陈炳才.分类有序推进资本账户开放.http://www.cssn.cn/news/479850.htm, 2012-4-20.

[13] 陈炳才,程宪平.美元欧元日元地位变化趋势及其对人民币汇率机制的启示[J].管理世界,2001(6).

[14] 陈炳才,田青.资本账户开放与人民币国际化[J].中国金融,2013(11).

[15] 陈栋.深化区域合作推进经济转型和协调发展[J].贵州社会科学,2012.

[16] 陈建奇.破解“特里芬”难题——主权信用货币充当国际储备的稳定性[J].经济研究,2012(4).

[17] 陈建奇.以开放促进中国金融改革. http://www.ftchinese.com/story/001044280, 2012-4-26.

[18] 陈静.量化宽松货币政策的传导机制与政策效果研究——基于央行资产负债表的跨国分析[J].国际金融研究,2013(2).

[19] 陈雨露.人民币国际化要分三步走[N].人民日报海外版,2013-4-18.

[20] 崔执树.论人民币汇率制度的选择[J].经济问题,2009(1).

[21] 丁建平,王君.中国和印度资本项目开放的探索和比较[J].世界经济研究,2002(1).

[22] 丁志杰.人民币需要完善中间价机制. http://www.ftchinese.com/story/001044212/unreg.

[23] 丁志杰.重启人民币汇率改革路径选择:去美元化[J].国际贸易,2010(4).

[24] 樊纲.人民币汇率应维持有限度波幅[N].联合早报,2010-8-11.

[25] 樊纲,曹勇.做市商制度与人民币汇率形成机制的完善[J].武汉金融,2006(2).

[26] 范敬春.迈向自由化道路的俄罗斯金融改革[M].北京:经济科学出版社,2004.

[27] 范艳红.中国产业结构升级研究[J].东方企业文化,2010(6).

[28] 冯百侠,刘思琪.人民币升值对中国出口企业的影响及应对策略[J].河北联合大学学报,2012(1).

[29] 冯菊平.改革现行外汇结售汇体制的探讨,国际金融研究[J],2002(5).

[30] 冯用富.中国金融进一步开放中汇率制度选择的方向[J].金融研究,2000(7).

[31] 冯用富.中国进一步开放中汇率制度选择的方向[J].金融研究,2000(7).

[32] 管涛.稳妥开放资本流出,为完善人民币汇率机制创造条件[J].新金融,2011(7).

[33] 郭树清.中国资本市场开放和人民币资本账户可兑换[J].金融监管研究,2012-12.

[34] 郭威:资本账户开放顺序的国际实践及对中国的启示[J].财经科学,2007(8).

[35] 国家发改委经济研究所课题组,人民币国际化战略和实施路径[J].经济研究参考,2014(9).

[36] 国家外汇管理局四川省分局课题组.香港人民币离岸市场对境内货币政策的影响研究.西南金融,2014(4).

[37] 何帆,徐奇渊.人民币汇率改革的经济学分析[M].上海:上海财经大学出版社,2008.

[38] 何慧刚.资本项目自由化、汇率制度弹性化与人民币国际化[J].南京社会科学,2007(5).

[39] 何慧刚(2007a).放松资本控制进程中利率市场化和汇率制度弹性化[J].国际贸易,2007(5).

[40] 何慧刚(2007b).中国资本账户开放、利率市场化和汇率制度弹性化[J].经济经纬,2007(4).

[41] 河合正弘.日本汇率政策对人民币的经验与教训[J].国际金融研究,2004(10).

[42] 贺力平.步出单一钉住制——中国外汇和汇率体制发展目标与前景[J].国际贸易,2000(1).

[43] 贺力平.谈论人民币升值的长远影响[J].国际经济评论,2005(11—12).

[44] 洪饶云、郑琳、胡新.江西省承接产业转移的现状及趋势分析[J].华东经济管理,2012.

[45] 胡涛,张树敏.中国利率市场化与汇率形成机制关系分析[J].金融与经济,2006(9).

[46] 胡晓炼.不断完善有管理的浮动汇率制度[J].中国金融,2010(15).

[47] 胡晓炼.汇率体制改革与货币政策有效性,www.pbc.gov.cn,2010-7-30.

[48] 胡晓炼.人民币汇率形成机制改革的成功实践[J].中国金融,2010(16).

[49] 胡晓炼."十一五"时期中国货币政策调控的成就,2010-12-27,www.

pbc.gov.cn.

[50] 胡晓炼.实行有管理的浮动汇率制度是中国的既定政策，www.pbc.gov.cn.

[51] 胡晓炼.谈利率市场化进程，财新网，2012-3-12.

[52] 胡晓炼.有管理的浮动汇率制度的三个要点，ww.pbc.gov.cn.

[53] 胡晓炼.中国外汇管理体制改革的历程和经验[J].中国金融，2008(7).

[54] 胡祖六.人民币升值水到渠成，FT 中文网，2003-5-30.

[55] 胡祖六.入世：中国开放资本项目的催化剂[J].国际经济评论，2001(4).

[56] 华民.中国资本项目的开放：挑战与机遇[M].上海：学林出版社，2003.

[57] 黄继炜.印度资本账户开放研究——兼论印度汇率制度[J].亚太经济，2009.

[58] 黄水木.人民币升值环境下的汇率制度改革[J].理论前沿，2007(10).

[59] 黄燕君.日本利率自由化的原因影响及其对中国的启示[J].现代日本经济，2000(6).

[60] 黄燕君.现行人民币汇率形成机制的问题与完善措施[J].经济导刊，1996(3).

[61] 黄益平，谢沛初.中国资本项目开放的条件、时机与进程[J].中国金融，2011(14).

[62] 黄志刚，郑良玉.中国经常项目盈余下降是周期性的吗[J].国际金融研究，2013(7).

[63] 黄志强.人民币国际化与中国银行业的机遇和挑战[J].中国金融，2011(17).

[64] 贾恩卡洛·道尔夫.国际金融与开放经济的宏观经济学[M].上海：上海财经大学出版社，2006.

[65] 姜波克.国际金融新编[M].上海：复旦大学出版社，2001.

[66] 姜波克.国际金融学[M].北京：高等教育出版社，2002.

[67] 姜波克.均衡汇率理论和政策新框架的再探索.复旦学报，2007(2).

[68] 姜波克.利率、汇率和人民币自由兑换[J].上海金融，1994(11).

[69] 姜波克，陆前进.汇率理论和政策研究[M].上海：复旦大学出版

社，2000.

[70] 姜波克，张青龙.国际货币的两难及人民币国际化的思考[J].学习与探索，2005(4).

[71] 姜波克，朱云高.资本账户开放研究：一种基于内外均衡的分析框架[J].国际金融研究，2004(4).

[72] 姜华东.俄罗斯汇率制度转轨的进程、原因与效果[J].俄罗斯研究，2007(2).

[73] 姜凌、韦伟.论人民币汇率机制改革的产业转移与结构优化效应——以四川省为例的分析[J].天府新论 2007(2).

[74] 姜忠辉.论高新技术对中国产业结构升级的促进作用[J].科技与管理，2004.

[75] 金中夏.稳步推进利率市场化改革，《新世纪》，2012-2-20.

[76] 克鲁格曼、奥伯斯法尔德著，黄卫平等译.国际经济学(第八版)[M].北京：中国人民大学出版社，2011.

[77] 孔繁荣.论战后台湾汇率制度的演变[J].集团经济研究，2006(2).

[78] 李长春：货币竞争下的美元与欧元国际货币地位比较分析[J].现代经济探讨，2011(10).

[79] 李稻葵.双轨制推进人民币国际化[J].中国金融，2008(10).

[80] 李稻葵，刘霖林.人民币国际化：计量研究及政策分析[J].金融研究，2008(11).

[81] 李菲菲，李欣欣.人民币国际化背景下的人民币汇率制度改革[J].企业导报，2011(15).

[82] 李海英，石建勋.国外关于人民币国际化研究的最新动态——基于2010—2011 年的相关研究汇总[J].当代财经，2012(1).

[83] 李建伟，杨琳.美国量化宽松政策的实施背景、影响与中国对策[J].改革，2011(1).

[84] 李建中.转换·升级·优化——关于加快浙江产业结构调整的思考[J].浙江经济，2005(3).

[85] 李婧.解析人民币盯住美元制[J].管理世界，2002(11).

[86] 李婧.人民币国际化道路设计的再评估[J]，经济社会体制比较，2014(1).

[87] 李婧.人民币汇率制度选择:文献综述[J].世界经济,2002(3).

[88] 李强,魏明欣,侯国智,吴成章.加快产业结构升级是促进吉林经济发展的必然选择[J].吉林农业,2000(7).

[89] 李向阳、丁剑平,人民币国际化:基于资本项目开放视角[J].世界经济研究,2014(5).

[90] 李扬,余维彬.人民币汇率制度改革:回归有管理的浮动[J].经济研究,2005(8).

[91] 李志刚.人民币汇率近期波动及其政策意义[J].中国发展观察,2012(1).

[92] 梁红.资本账户开放:你准备好了吗.http://opinion.caixin.com/2015-06-23/100821625.html.

[93] 梁琦、徐原.汇率对中国进出口贸易的影响——兼论 2005 年人民币汇率机制改革[J].管理世界,2006(1).

[94] 林冰.人民币升值下中国外贸企业国际结算多元化研究[J].中国商贸,2012(9).

[95] 林毅夫.关于人民币汇率问题的思考与政策建议[J].世界经济,2007(3).

[96] 刘厚俊、王丹利.劳动力成本上升对中国国际竞争比较优势的影响[J].世界经济研究,2011(3).

[97] 刘辉.人民币离岸市场的形成与发展——基于香港的实践.http://www.icaijing.com/entrepreneurship/article3322350/.

[98] 刘利.美国利率自由化的原因过程和结果[J].国际金融研究,2000(2).

[99] 刘利刚.中国应进一步有序推动金融改革[J].http://big5.ftchinese.com/story/001042552, 2012.

[100] 刘林奇.人民币对美元实际汇率与中美贸易净出口关系的实证研究[J].国际贸易问题,2007(11).

[101] 刘芮.基于货币互换协议和跨境贸易人民币结算的人民币国际化探讨[J].现代经济信息,2014(16).

[102] 刘世锦,王晓明,袁东明,张俊伟.中国产业结构升级面临的风险和对策[J].经济研究参考,2012(13).

[103] 刘晓辉.人民币汇率制度的渐进转型及其国际借鉴[J].改革,2008(4).

[104] 刘轶、高劲.基于货币互换协议和跨境贸易人民币结算的人民币国

际化研究[J].对外经贸,2014(3).

[105] 卢锋.中国金融改革应先内后外[J].http://www.ftchinese.com/story/001044480, 2012.

[106] 卢向前,戴国强.人民币实际汇率波动对中国进出口的影响:1994—2003[J].经济研究,2005(5).

[107] 陆前进.人民币汇率变动和后危机时代汇率市场化改革[J].社会科学,2010(4).

[108] 陆前进,柴天仪.印度汇率制度的改革及对中国的启示[J].国际金融研究,2011(5).

[109] 罗伯特·蒙代尔.汇率与最优货币区,蒙代尔经济学文集第五卷[M].北京:中国金融出版社,2003.

[110] 罗伯特·蒙代尔.金融体系中中国的地位和作用[J].国际金融研究,2004(7).

[111] 罗伯特·蒙代尔.蒙代尔经济学文集[M].北京:中国金融出版社,2003.

[112] 罗伯特·蒙代尔.中国应当保持与美元挂钩的汇率体制[J].中国金融家,2004(12).

[113] 罗伯特·蒙代尔.最优货币区理论[J].美国经济评论,1961(9).

[114] 罗纳德·麦金农.论中国的汇率政策和人民币可兑换[J].国际金融研究,2004(7).

[115] 罗纳德·麦金农.麦金农经济学文集[M].李瑶,译.北京:中国金融出版社,2006.

[116] 罗纳德·麦金农.美元本位下的汇率[M].北京:中国金融出版社,2005.

[117] 罗纳德·麦金农.人民币国际化应循序渐进:中国已做好准备?(在陆家嘴金融论坛上的演讲),2009-9-5.

[118] 罗奇.重估人民币将是错误的[N].法国《论坛报》,2003-10-13.

[119] 罗熹.循序推进人民币国际化进程[J].求是,2009-5-14.

[120] 骆殉,吴建红.基于 GARCH 模型的人民币汇率波动规律研究[J].数理统计与管理,2009(1).

［121］马骏.人民币国际化的下一个瓶颈是资本管制［J］.国际融资，2012(3).

［122］马竣.建议人民币汇率采用有弹性的一篮子模式［N］.中国观察网，2010-3-9.

［123］马先仙，龚坚.印度汇率制度改革与启示［J］.南亚研究季刊，2009(1).

［124］梅德平.中国央行货币互换与跨境贸易的人民币结算［J］.江汉论坛，2014(10).

［125］梅新育.跨境贸易人民币结算收付差额问题、根源及其化解［J］.国际贸易，2011(11).

［126］潘英丽.关于人民币国际化的几个核心问题.潘英丽新浪博客，2012-1-13.

［127］潘英丽.关于人民币汇率制度选择的几个问题.潘英丽新浪博客，2012-5-2.

［128］潘英丽.破解人民币的双重悖论，FT 中文网，2011-8-24.

［129］潘英丽.人民币离岸市场的全局战略构想［J］.人民论坛·学术前沿，2015(8).

［130］戚克栴.资本市场开放前提举证、国别差异与中国的进程［J］.改革，2013(8).

［131］钱凯.人民币国际化问题的观点综述［J］.经济研究参考，2009(42).

［132］乔依德、李蕊、葛佳飞.人民币国际化：离岸市场与在岸市场的互动［J］.国际经济评论，2014(2).

［133］曲凤杰.从管理浮动到自由浮动：韩国汇率制度转型的经验及启示［J］.新金融，2007(8).

［134］曲凤杰.完善人民币汇率形成机制与资本账户开放［J］.经济研究参考，2006(27).

［135］沈国兵.外商在华直接投资与中美贸易平衡问题［J］.财经研究，2005(9).

［136］沈建光.离岸市场：迈向人民币国际化的基石［J］.中国金融，2011(14).

［137］沈珊珊.国际储备货币欧元与美元的比较［J］.经济问题探索，2011(12).

［138］盛松成.谈资本账户开放之路［J］.《新世纪》，2012(16).

［139］盛松成.协调推进利率汇率改革和资本账户开放［N］.中国证券报，

2012-4.

［140］盛松成，刘西.金融改革协调推进论［M］.中信出版社，2015-4.

［141］施建淮.中国资本账户开放：意义、进展及评论［J］.国际经济评论，2007(11—12).

［142］施琍娅：自贸区跨境资金宏观审慎管理框架［J］.中国金融，2015(11).

［143］斯蒂格利茨、刘遵义.人民币未低估　不必调整汇率，FT中文网，2005-4-28.

［144］孙国峰.经常项目顺差和资本项目逆差——总体平衡目标下中国国际收支格局演变的选择［J］.国际金融研究，2014(10).

［145］孙国峰.美德两难与中国金融改革——悼念麦金农教授［J］.财经，2014(29).

［146］孙国峰.资本输出：人民币国际化的战略选择［J］.比较，2014(6).

［147］孙海霞，杨玲玲：货币国际化进程影响因素研究［J］.上海财经大学学报，2010(6).

［148］孙军.人民币汇率调整对中国产业结构的影响分析［J］.新疆财经，2006(1).

［149］孙立坚.世界经济失衡背景中的人民币汇率制度改革［J］.广东金融学院学报，2008(3).

［150］孙立行.基于人民币国际化视角的人民币汇率形成机制改革问题研究［J］.世界经济研究，2010(12).

［151］孙明春，张萍.人民币汇率、利率与套利资本流动［J］.金融研究，1997(8).

［152］孙晓杰，高明.人民币国际化战略中的人民币汇率制度安排［J］.China's Foreign Trade，2010(16).

［153］孙永梅，祝金甫.汇率低估与中国经济结构调整［J］.财经问题研究，2005(4).

［154］孙郁婷.离岸金融中心：人民币国际化必经之路［J］.新财经，2011(12).

［155］屠晶.人民币国际化进程中离岸金融市场发展研究［J］.金融论坛，2011(12).

［156］汪小亚.中国资本账户开放与利率——汇率政策的协调［J］.金融研

究,2001(1).

[157] 王大贤.人民币汇率改革进程应该由谁掌握[J].金融经济,2011(11).

[158] 王国刚.人民币国际化的冷思考[J].国际金融研究,2014(4).

[159] 王佳妮,李文浩.GARCH 模型能否提供好的波动率预测[J].数量经济与技术经济研究,2005(6).

[160] 王稳,周兆立.从拉丁美洲金融危机看汇率制度的发展[J].中国海洋大学学报,2003(5).

[161] 王曦,才国伟.完善人民币汇率形成机制的改革措施:机理与次序[J].国际金融研究,2006(12).

[162] 王学武.汇率制度改革:真的要"舍中间,取两极"吗?[J].国际经济合作,2000(3).

[162] 王宇.由外债依赖和钉住汇率制度引发的韩国货币危机[J].中国金融,2005(16).

[164] 王元龙.人民币国际化的顶层设计与推进策略.金融与经济,2013(4).

[165] 王元龙.人民币汇率:制度选择与改革操作[J].经济学动态,2003(7).

[166] 王泽填,姚洋.人民币均衡汇率估计[J].金融研究,2008(12).

[167] 魏巍贤.中国出口与有效汇率的关系分析[J].统计研究,1997(5).

[168] 吴华,缪海斌.中国产业结构调整对汇率变动的冲击效应分析[J].国际金融研究,2012(1).

[169] 吴念鲁,陈全庚.人民币汇率研究[M].北京:中国金融出版社,2002.

[170] 吴晓灵.人民币汇率没有低估[N].证券时报,2010-3-9.

[171] 伍志文,李海菠.拉美和东亚国家的汇率制度选择及其对中国的启示——兼谈人民币汇率升值问题[J].经济科学,2004(6).

[172] 武良成.中俄经济转轨过程中不同汇率制度选择比较[J].南开经济研究,2002(4).

[173] 奚君羊.资本流动对人民币汇率的影响[J].国际金融研究,2002(2).

[174] 夏斌.对上海自贸区的认识与建议[J].全球化,2013(11).

[175] 夏斌,陈道富.国际货币体系失衡下的中国汇率政策[J].经济研究,2006(1).

[176] 夏斌,陈道富.中国金融战略 2020[M].北京:人民出版社,2011.

[177] 夏晓苏.基于经济转型角度分析中国人民币汇率机制改革[J].经济管理者,2011(6).

[178] 香港金融管理局.货币与金融稳定情况半年报告[R].2015-9.

[179] 项卫星,王冠楠.人民币汇率变动对中美贸易结构收支的影响——基于SITI分类标准的实证分析[J].东北亚论坛,2012.

[180] 谢震.被逼出来的巴西金融改革及其启示[J].南方金融,2003(5).

[181] 熊芳,黄宪.中国资本账户开放次序的实证分析[J].国际金融研究,2008(3).

[182] 胥良.印度部分资本项目管理现状及对中国的借鉴[J].上海金融,2005(12).

[183] 徐飞,接铭珠.基于中国贸易结构下的人民币汇率制度改革探究[J].金融经济,2011(5).

[184] 徐向梅.俄罗斯　汇率制度的演进和外汇市场的发展[J].国际经济评论,2004(7).

[185] 颜伟,刘冬荣.现行人民币汇率制度的缺陷与直接成本分析[J].上海金融,2009(10).

[186] 央行课题组.加快资本账户开放条件基本成熟[N].财经微博,2012-2-27.

[187] 易纲.汇率制度的选择[J].金融研究,2000(9).

[188] 殷德生.上海自贸区金融开放的核心价值[J].中国社会科学报,2014-6-16.

[189] 殷剑峰.人民币国际化:"贸易结算+离岸市场",还是"资本输出+跨国企业"?——以日元国际化的教训为例[J].国际经济评论,2011(4).

[190] 于民.人民币国际化进程中流出和回流机制建设.金融时报,2009-6-1.

[191] 余淼杰.人民币升值有利于降低中美贸易顺差吗?——基于引力模型的理论和实证研究[J].北京大学中国经济研究中心讨论稿系列,No.C2009002.

[192] 余永定.从当前的人民币汇率波动看人民币国际化[J].国际经济评论,2012(1).

[193] 余永定.人民币国际化还是资本跨境流动自由化[N].财新网,2011-12-31.

[194] 余永定.人民币灵活汇率机制是基本经济政策,http://finance.qq.com/a/20100623/005383.htm.

[195] 余永定,高海红.人民币国际化研究,中国社会科学院世界经济与政治研究所国际金融研究中心工作论文,2010.

[196] 余永定,何帆主编.人民币悬念[M].北京:中国青年出版社,2004.

[197] 余永定,覃东海.中国的双顺差:性质、根源和解决办法[J].世界经济,2006(3).

[198] 余永定,中国资本项目自由化之我见[N].财经网,2012-3-31.

[199] 约翰·威廉姆森.汇率制度的选择:国际经验对中国的启示[J].国际金融研究,2004(10).

[200] 曾庆久.人民币汇率制度选择与改革路径——基于升值压力条件下的分析[J].未来与发展,2007(5).

[201] 曾峥,王亚斌.人民币实际汇率升值与中国出口商品结构调整[J].世纪经济,2007(5).

[202] 詹姆斯·麦金托什.短线观点:中国开始放松资本管制.金融时报,2012-3-14.

[203] 张岸元.人民币国际化问题再认识[C],国家发改委宏观经济研究院.调查研究建议,2013(5).

[204] 张斌,何帆.货币升值的后果——基于中国经济特征事实的理论分析框架[J].经济研究,2006(5).

[205] 张斌,何帆.如何调整人民币汇率政策:目标、方案和时机[J].国际经济评论,2005(3).

[206] 张炳雷.产业结构调整中资金约束问题的经济学分析[J].经济视角,2006(4).

[207] 张春.国际货币体系改革与人民币国际化,英国金融时报中文网,2014-5-7, http://www.ftchinese.com/story/001056092.

[208] 张纯威.美元本位、美元环流与美元陷阱[J].国际金融研究,2008(6).

[209] 张国兵,安烨.人民币国际化进程中的资本账户开放分析[J].当代

经济研究，2013(3).

[210] 张礼卿.人民币汇率制度：现状、改革方向和近期选择[J].国际金融研究，2004(10).

[211] 张立光，潘海艳.日韩金融自由化过程中利率与汇率、资本流动关系的研究[J].金融发展研究，2011(10).

[212] 张明.国际金融危机下的人民币汇率形成机制改革[J].中国金融，2010(21).

[213] 张明.人民币国际化的最新进展与争论[J].经济学动态，2011(12).

[214] 张明."外升内贬"背景下的人民币汇率形成机制改革[J].经济理论与经济管理，2011(1).

[215] 张明.以资本账户开放促人民币国际化？[N].FT 中文网，2012-1-31.

[216] 张明.资本账户开放应谨，FT 中文网，2012-3-15.

[217] 张明、何帆.人民币国际化进程中在岸离岸套利现象研究[J].国际金融研究，2012(10).

[218] 张茉楠.汇率异动下的人民币国际化之路[J].发展研究，2012(2).

[219] 张青龙，王舒婷.国际收支结构研究：基于人民币国际化视角的分析[J].国际金融研究，2011(5).

[220] 张曙光.人民币汇率问题：升值及其成本——收益分析[J].经济研究，2005(5).

[221] 张为群.中国资本账户开放与利率——汇率政策的协调[J].金融研究，2001(1).

[222] 张一民.人民币汇率形成机制探讨[J].经济学动态，2004(7).

[223] 张谊浩，裴平，方先明.中国的短期国际资本流入及其动机——基于利率、汇率和价格三重套利模型的实证研究[J].国际金融研究，2007(9).

[224] 张玉春，惠树鹏，于鹏生.甘肃省承接发达地区产业转移的金融支持问题研究[J].中国管理信息化，2012.

[225] 张志超.汇率制度理论的新发展：文献综述[J].世界经济，2002(1).

[226] 张宗新.金融开放条件下利率改革和汇率改革的协同效应分析[J].国际金融研究，2006(9).

［227］赵子依.论人民币汇率机制改革对中国对外贸易发展的影响［J］.商场现代化，2006.

［228］中国人民银行.人民币国际化报告［R］，2015-6.

［229］中国人民银行.人民币汇率形成机制改革进程回顾与展望［R］，2011-10-12.

［230］中国人民银行广州分行课题组.香港人民币离岸市场发展对内地货币政策的影响［J］.南方金融，2013-8.

［231］中金公司.人民币汇改时机日趋成熟［R］.中金宏观研究报告，2010.

［232］周小川.国际金融危机：观察、分析与应对［M］.北京：中国金融出版社，2012.

［233］周小川.继续发展中国债券资本市场［J］.中国科技投资，2011(8).

［234］周小川.新时期的金融体系及其宏观管理［J］.资本市场，2011(7).

［235］周小川.逐步推进利率市场化改革［J］.中国金融家，2012(1).

［236］周宇.金融危机与汇率制度的选择［J］.世界经济研究，2002(5).

［237］周宇.论人民币国际化的两难选择［J］.世界经济研究，2012(11).

［238］周宇.论人民币国际化的四大失衡［J］.世界经济研究，2013(8).

［239］周宇.人民币国际化的进展、问题及对策［J］.国际关系研究，2013(3).

［240］周宇.人民币汇率机制［M］.上海：上海社会科学院出版社，2007.

［241］周宇.人民币汇率升值压力的动态变化［J］.世界经济研究，2004(8).

［242］周宇.亚洲金融危机与金融开放问题［J］.世界经济研究，2002(2).

［243］周宇.中国资本项目开放政策调整的动因及内容［J］.世界经济研究，2008(10).

［244］周宇、孙立行.人民币国际化［C］.上海社会科学院出版社，2014.

［245］Aizenman J.，Hausmann R.，2000. Exchange Rate Regimes and Financial-Market Imperfection. NBER Working Paper No.7738.

［246］Alicia García-Herrero，Tuuli Koivu，2007. Can the Chinese Trade Surplus Be Reduced through Exchange Rate Policy. BOFIT Discussion Papers 6 • 2007.

［247］Anyoshi，Akira，Karl Habermeier，2001. Bernard Lauren，etc. Capital Controls Country Experiences with Their Use and Liberalization.

IMF Occasional Paper 190.

[248] Baillie R.T., Bollerslev T., 1989. Intra Day And Inter Market Volatility In Foreign Exchange Rates. Papers 8811, Michigan State-Econometrics and Economic Theory.

[249] Barro Robert J., Gordon, David B., 1983. Rules, Discretion and Reputation in a Model of Monetary Policy. Journal of Monetary Economics, Elsevier, vol.12(1), pages 101—121.

[250] Barry Eichengreen, Rachita Gullapalli, Ugo Panizza, 2011. Capital Account Liberalization, Financial Development and Industry Growth: A Synthetic View[J]. Journal of International Money and Finance, 30(6): 1090—1106.

[251] Bekaert, Geert; Harvey, Campbell and Lundblad, Christian. 2001. Does Financial Liberalization Spur Growth. NBER Working Paper No.8245.

[252] Bergsten, C. Fred, Bates Gill, Nicholas R. Lardy and Derek J. Mitchell, 2006. China: The Balance Sheet, IIE.

[253] Bhagwati, Jagdish. Yes to Free Trade, Maybe to Capital Controls. Wall Street Journal-Eastern Edition, 11/16/98, Vol.232 Issue 97, p38. 1997.

[254] Black, S., 1991. Transactions Costs and Vehicle Currencies. Journal of International Money an(4):512—527.

[255] Blundell, Richard. and Stephen R. Bond, 1998. Initial Conditions and Moment Restrictions in Dynamic Panel Data Models[J]. Journal of Econometrics, 87(1):115—143.

[256] Bordo D., Schwartz J., 1997. Why Clashes Between Internal and External Stability Goals End in Currency Crises, 1797—1994. NBER Working Paper No.5710.

[257] Bulula A, Otker-Robe, 2003. Are Pegged and Intermediate Exchange Rate Regimes More Crisis Prone? IMF Working Paper, wp/03/223. International Monetary Fund.

[258] Calvo G., Reinhart C., 2000. When Capital Inflows Come to a Sudden Stop: Consequences and Policy Options. In Key Issues in Reform of the International Monetary System. Edited by Kenen P., Swoboda A., Washington DC, IMF.

[259] ChenHongyi PengWensheng, 2007. The Potential of the Renminbi as an International Currency. China Economic Issues, HongKong Monetary Authority, No.7.

[260] Chiu, Yi-Bin, Lee, Chien-Chiang, Sun, Chia-Hung, 2010. The U.S. Trade Imbalance and Real Exchange Rate: An Application of the Heterogeneous Panel Cointegration Method, Economic Modelling, Elsevier, vol.27(3).

[261] Cho, S., 1987. BOP Stages, Economic Growth, and Development: A Multinomial Logit Model Analysis. http://210.101.116.28/W_kiss10/81200051_pv.pdf.

[262] Cohen Benjamin J., 1971. The Future of Sterling As An International Currency[M]. Macmillan Press.

[263] Cooper, Richard, 1998. "Should Capital-Account Convertibility Be a World Objective", Essays in International Finance, Princeton University.

[264] Cooper Richard N. 2005, "Living with Global Imbalances: A Contrarian View", IIE,Pb05-3 2005.

[265] Crowther, G., 1957. Balances and Imbalances of Payments, Harvard University Press.

[266] Deppler, Michael, And Martin Williamson. Capital Flight: Concepts, Measurement, And Issues[R]. IMF. Washington. 1987.8.

[267] Edwards, S, 1996. The Determinants of the Choice between Fixed and Flexible Exchange Rate Regimes. NBER Working Paper No.5756.

[268] Eichengreen, Barry, 2004. Global Imbalances and Lessons of Bretton Woods. NBER Working Paper 10497.

[269] Eichengreen Barry, Ricardo Hausmann, 1999. Exchange Rates and Financial Fragility. Paper presented at Federal Reserve Bank of Kansas

City's Conference on Issues in Monetary Policy Jackson Hole, Wyoming, 27—29 August.

[270] Fischer S., 2001. Exchange Rate Regimes: Is the Bipolar View Correct? Journal of Economic Perspectives 15(2):3—24.

[271] Fleming M., 1962. Domestic Financial Policies under Fixed and under Floating Exchange Rates[M]. IMF Staff Paper, 369—379.

[272] Frankel, 1999. No single currency regime is right for all countries of at all times. NBER Working Paper, No.7338.

[273] Frankel, Jeffrey, 2005. On the Renminbi: The Choice between Adjustment under a Fixed Exchange Rate and Adjustment under a Flexible Rate. National Bureau of Economic Research Working Paper 11274.

[274] Frankel, Jeffrey A., 1999. No Single Currency Regime Is Right for All Countries or at All Times. NBER Working Paper 7338.

[275] Fred Bergsten, 2010. Correcting the Chinese Exchange Rate: An Action Plan, Testimony before the Committee on Ways and Means, US House of Representatives, March 24.

[276] Friberg, Richard, 1998. In Which Currency Should Exporters Set Their Price[J]. Journal of nternational Economics, 45.

[277] Garber, Peter, 1998. Buttressing Capital Account Liberalization with Prudential Regulation and Foreign Entry. Essays in international Finance 207, Princeton University.

[278] Geert Bekaert, Campbell R. Harvey, Christian, T. Lundblad, 2001. Does Financial Liberalization Spur Growth? [R]. NBER Working Paper 8245.

[279] Giovannini, Alberto, 1988. Exchange rates and traded goods prices. Journal of International Economics, Elsevier, vol.24(1—2), pages 45—68, February.

[280] Goldstein, Morris, 2005. Renminbi Controversies, IIE.

[281] Goldstein, Morris and Nicholas Lardy, 2005. China's Role in the Revived Bretton Woods System: A Case of Mistaken Identity. IIE, Working

Paper, 5—2.

[282] Guonan Ma, Yan Xiandong and Liu Xi, 2011. China's Evolving Reserve Requirements. BIS Working Papers, No 360.

[283] Halevi, N., 1971. An Empirical Test of the "Balance of Payments stages" hypothesis. Journal of International Economics 1(1):103—117.

[284] Hali J. Edison, 2002. Capital Account Liberalization and Economic Performance: Survey and Synthesis[R]. NBER Working Paper 9100.

[285] Hartmann, P., 2002. The International Role ofEuro[J]. Journal of Policy Modeling 2002, Vol.24.

[286] Heller H. R., 1978. Determinants of Exchange Rate Practices. Journal of Money, Credit, and Banking 10, 308—321.

[287] Hitiris, T., 1988. U.S. Balance-of-payments Stages 1790—1985: A Statistical Investigation. The International Trade Journal 2(3):47—261.

[288] IMF, 2011. Durable Financial Stability Getting There from Here [R]. Global Financial Stability Report, (4).

[289] ItoTakatosh, iEijiOgawa, YuriNagataki Sasak. i On the Desirability of a Regional Basket Currenment. NBERWorking Paper 8002, 2000.

[290] Jeffrey Frankel, 2005. On the Renminbi: The Choice between Adjustment under a Fixed Exchange Rate and Adjustment under a Flexible Rate, NBER working paper 11274, 4.

[291] Jeffrey Frankel, Shang-Jin Wei, 2007. Assessing China's Exchange Rate Regime, NBER working paper 13100, 5.

[292] John. H. Dunning, 1981. Explaining the International Direct Investment Position of Countries: Towards a Dynamic or Developmental Approach Review of World Economics[J]. March 117 (1):30—64.

[293] Kindleberger, C., 1963. International Economics, N. Y.: Irwin.

[294] Klein, M. and Olivei, G., 2001. Capital Account Liberalization, Financial Depth and Economic Growth. Tufts University Working Paper 001.

[295] Kose M. Ayhan, Eswar Prasad, Kenneth Rogoff, and Shang-Jin Wei, 2009. Financial Globalization: A Reappraisal[C]. IMF Staff Papers,

56(1):8—62.

[296] Krugman, P., 1980. Vevhicle Currencies and the Structure of International Exchange [J] Journal of Money, Credit, and Banking.

[297] Kwan, N., 2011. Redback Will Bring China Closer to the World [EB/OL].Available at http://www.ftchstory/001038137/en, 19 April.

[298] Kydland Finn E., Prescott Edward C., 1977. Rules Rather Than Discretion: The Inconsistency of Optimal Plans. Journal of Political Economy, vol.85(3), pages 473—491, June.

[299] Leahy, J., 2011. Latin America Ponders Role of the Renminbi in Bilateral Trade[J]. FT Times, 9 June.

[300] Levchenko, A., Ranciere, R., Thoenig, M., 2009. Growth and Risk at the Industry Level: the Real Effects of Financial Liberalization[J]. Journal of Development Economics, (89):210—222.

[301] Levy-Yeyati E., Sturzenegger and Reggio, 2004. On the Endogeneity of Exchange Rate Regimes. Paper provided by Universidad Torcuato Di Tella in its series Business School Working Papers with number veintiuno.

[302] Lucas, R., 1990. Why doesn't Capital Flow from Rich to Poor Countries. American Economic Review 80(2):92—96.

[303] M. Friedman, 1953. The Case for Flexible Exchange Rate in Essays in Positive Economics(Chicago University Press).

[304] Makin J. H., 1972. Demand and Supply Functions for Stocks of Euro-Dollar Deposits: An Empirical Study. Review of Economics and Statistics, 54, pp.381—391.

[305] Masson P., 2001. Exchange Rate Regime Transitions. Journal of Development Economics 64:571—586.

[306] Matías Braun, Claudio Raddatz, 2007. Trade Liberalization, Capital Account Liberalization and the Real Effects of Financial Development[J]. Journal of International Money and Finance, 26(5):730—761.

[307] McKinnon. R.I., 1993. The Order of Economic Liberalization: Financial Control in the Transition to a Market Economy, 2nd Ed, Baltimore:

Johns Hopkins University Press.

[308] Mckinnon, Ronald, 2004. The Return to Soft Dollar Pegging in East Asia: Mitigating Conflicted Virtue[J]. International Finance, 7(2): 169—201.

[309] McKinnon, Ronald I., 2005. Exchange Rate or Wage Changes in International Adjustment? Japan and China versus the United States", Hitotsubashi University, Discussion paper Series, No.103.

[310] Menzie Chinn, Jeffrey Frankel, 2005. Will the EURO Eventually Surpass the DOLLAR as Leading International Reserve currency? [R]. NBER Working Paper 11510.

[311] Mishkin F., 1999. Lesson from the Asian Crises. Journal of International Money and Finance 18:709—723.

[312] Mundell R., 1962. The Appropriate Use of Monetary and Fiscal Policy Under Fixed Exchange Rates, IMF staff papers.

[313] Mundell R., 1963. Capital Mobility and Stabilization Policy under Fixed and Flexible Exchange Rates[J]. Canadian Journal of Economies and Political Science, (4):457—485.

[314] Mundell R., 1960. The Monetary Dynamics of International Adjustment under Fixed and Floating Exchange Rates[J]. Quarterly Journal of Economies, pp.227—257.

[315] Muth J. F, 1960. Rational Expectations and the Theory of Price Movements. Econometrica 29:315—335.

[316] Nakao, T., 2010. Reforming the International Monetary System-Japan's Perspective [J]. Symposium at the Institute for International Monetary Affairs, 18 March.

[317] Nembhard, Jessica Gordon, 1996. Capital Control, Financial Regulation, and Industrial Policy in South Korea and Brazil. London: Praeger Publishers.

[318] Nicholas Lardy, 2009. China's Undervalued currency, Peterson Perspectives, July 21, 2009.

[319] Nurkse, R., 1953. Problem of capital formation in underdeveloped countries, New York: Oxford University Press.

[320] Obstfeld, 1996. Rational and self-fulfilling balance of payments crises. American Economic Reviews.

[321] Oliver Jeanne and Andrew K. Rose, 1999. Noise Trading and Exchange Rate Regimes, NBER Working Paper No.7104, 4.

[322] Park, Y.C., 2010. RMB Internationalization and Its Implications for Financial and Monetary Cooperation in East Asia[J]. China & World Economy, Vol.18, No.2.

[323] Paul Krugman, 2010. Chinese New Year, The New York Times, January 1.

[324] Poirson H., 2001. How Do Countries Choose Their Exchange Rate Regime? IMF Working Paper wp/01/46.

[325] Polak, J. 1957. Monetary Analysis of Income Formation and Payments Problems. IMF Staff Papers 6:1—50.

[326] Prasad, E., Rajan, R., Zingales, L., 2007. Foreign Capital and Economic Growth[R]. NBER Working Paper 13619.

[327] Quinn, Dennis P., 1997. and Carla Inclán. The Origins of Financial Openness: A Study of Current and Capital Account Liberalization [J]. American Journal of Political Science, 41(7):771—813.

[328] Radelet S., Sachs J., 1998. The East Asian Financial Crisis: Diagnosis, Remedies, Prospects. Brookings Paper 28(1):1—74.

[329] Robert F.Engle, 1982. Autoregressive Conditional Heteroscedasticity with Estimates of the Variance of United Kingdom Inflat. Econometrica, vol.50, issue 4, pages 987—1007.

[330] Ronald I. McKinnon, 2013. "The Unloved Dollar Standard: From Bretton Woods to the Rise of China," Oxford and New York: Oxford University Press.

[331] Roubini N., Wachtel P., 1998. Current Account Sustainability in Transition Economies. NBER Working Paper No.6468.

[332] Sebastian Edwards，2001. Capital Mobility and Economic Performance：Are Emerging Economies Different? [R]. NBER Working Paper.

[333] Subacchi，P.，2010. One Currency，Two Systems：Chinas Renminbi Strategy[M]. Chatham House Briefing Paper，2 November.

[334] Tavlas，George S.，1996. The International Use of Currencies：the Deutsche Market. in Functioning of the International Monetary System，edited by Jeffrey A. Frankel and Morris Goldstein，Vol.2 Washington：International Monetary Fund.

[335] Torben G，A.Tim Bollerslev，Francis X.D，Paul Labys，2001. The Distribution of Realized Exchange Rate Volatility(453).

[336] Ulrich，Hoosain&Wong，2011. RMB Internationalization-Progress，Future Steps and Implications[J]. J. P. Morgans Hands-on China Series，24 January.

[337] Wang Yajie，Hui Xiaofeng，Abdol S. Soofi，2007. Estimating renminbi(RMB) equilibrium exchange rate，Journal of Policy Modeling 2007(29).

[338] Willem Thorbecke，2006. How Would an Appreciation of the Renminbi Affect the U.S. Trade Deficit with China? The B.E. Journal of Macroeconomics，topics. 2006(6).

[339] Williamson，John，2005. A currency Basket For East Asia，Not Just China"，IIE，PB05-1，August，2005.

[340] Wolf.H，2001. Exchange Rate Regime Choice and Consequences. Bundesbank Conference，Oct.26—27.

[341] Yin-Wong Cheung，Menzie D. Chinn，Eiji Fujii，2007. The Overvaluation of Renminbi Undervaluation，NBER working paper 12850，1.

[342] Yoshitomi M.，Shirai S.，2000. Policy Recommendations for Presenting Another Capital Account Crisis. Technical Background Paper of Asian Development Bank Institute.

图书在版编目(CIP)数据

中国对外货币开放新格局/周宇等著.—上海:上海社会科学院出版社,2016

ISBN 978-7-5520-1385-6

Ⅰ.①中… Ⅱ.①周… ②孙… Ⅲ.①人民币-国际化-研究 Ⅳ.①F822

中国版本图书馆 CIP 数据核字(2016)第 086743 号

中国对外货币开放新格局

著　　者:周　宇　孙立行　等
责任编辑:王　勤
封面设计:黄婧昉
出版发行:上海社会科学院出版社
上海顺昌路 622 号　邮编 200025
电话总机 021-63315900　销售热线 021-53063735
http://www.sassp.org.cn　E-mail:sassp@sass.org.cn
照　　排:南京理工出版信息技术有限公司
印　　刷:上海信老印刷厂
开　　本:720×1020 毫米　1/16 开
印　　张:14.75
插　　页:2
字　　数:232 千字
版　　次:2016 年 10 月第 1 版　2018 年 6 月第 2 次印刷

ISBN 978-7-5520-1385-6/F·414　定价:49.80 元

上海出版资金项目
Shanghai Publishing Funds

世界经济新格局·中国经济新常态论丛
姚勤华 权衡 主编

中国对外货币开放新格局

NEW STRATEGY FOR
RMB INTERNATIONALIZATION

○○● 周宇 孙立行 等著

上海社会科学院出版社
SHANGHAI ACADEMY OF SOCIAL SCIENCES PRESS